AN INTRODUCTION TO
OLD ENGLISH

AN INTRODUCTION TO
OLD ENGLISH

By G. L. Brook

Published by the University of Manchester at
The University Press
Second edition 1962

AN INTRODUCTION TO
고대영어 입문
OLD ENGLISH

원저자 부룩(G. L. Brook)

번역 및 주해 문 안 나

한국문화사

> 저자와의
> 협의하에
> 인지생략

고대영어입문

인 쇄	2005년 9월 10일(초판 1쇄)
발 행	2005년 9월 15일(초판 1쇄)
지은이	G. L. Brook
번역 및 주해	문안나
발행인	김진수
편 집	박미영
발행처	한국문화사
등 록	제2-1276호(1991.11.9)
주 소	서울시 성동구 성수1가2동 656-1683 두앤캔B/D 502호
전 화	(02) 464-7708, 3409-4488
팩 스	(02) 499-0846
홈페이지	www.hankookmunhwasa.co.kr
이메일	hkm77@korea.com
가 격	13,000원

ⓒ 한국문화사, 2005
잘못된 책은 교환해드립니다.

ISBN 89-5726-316-0 93740

번역에 붙여서*

고대영어에 관한 개론서나 문법서가 21세기인 현대에 이르기 까지 꾸준히 발간되고 있는 것은 고대영어의 이해가 영어의 올바른 이해의 출발점이라는 기본 입장에 비롯된 것이 아닌가 한다. 영어가 필수적인 요소 가운데 하나로 인식되고 있는 우리 현실에서도 고대영어에 관한 지식은 영어에 대한 폭넓은 이해를 돕는데 중요한 역할을 할 수 있을 것이다. 따라서 한편으로는 현대영어를 보다 잘 이해하기 위해, 그리고 보다 실용적으로는 고대영어 문헌을 있는 그대로 감상하기 위해서는 고대영어에 관한 지식이 필수적이라 할 수 있다.

1800년대 말부터 1900년 전반기까지 이루어진 고대영어에 관한 저술은 당시 저자나 독자들의 라틴어에 관한 지식이 어느 정도 수준을 갖추고 있었기 때문에 현대영어와 다른 점에 관한 자세한 설명 없이 고대영어 동사변화표나 명사의 격변화표를 나열해 주고 있다. 또한 고대영어 이전 단계인 게르만어 시기의 발달단계 및 그 당시 영어가 속한 게르만어 제어들을 함께 비교하거나, 고대영어 방언 사이의 변이를 자세히 언급함으로서, 어렵고 부담스러울 뿐만 아니라 초보자에게는 불필요한 부분을 담고 있는 저술이 대부분이었다. 반면 최근의 저술은 주로 현대 언어학 이론과 접목하여, 현대영어 관점에서 고대영어에 관한 내용을 기술하고 있어, 최근 언어학의 동향을 파악하고 있지 않은 경우에는 이해하기 어려운 문제를 가지고 있다.

---

* 이 책의 번역은 2004년도 인하대학교 저서발간 연구비(INHA-32370)의 지원을 받아 이루어졌음.

내용과 양에 있어 초보자를 압도하지 않으며, 고대영어를 쉽게 접근할 수 있도록 도와주는 입문서를 찾는 것이 고대영어의 이해를 높이는데 있어 우선적 과제라는 생각에서 G. L. Brook의 *An Introduction to Old English*의 번역을 시도하였다. 원저자인 G. L. Brook이 그 서문에서 밝히고 있듯이 대학생을 대상으로 하며, 이들이 고대영어 문헌을 읽고 감상할 수 있는 고대영어 지식을 제공하는 것을 목적으로 한다. 초기의 문법서와는 달리 초보자에 초점을 맞추고 있으면서, 최근의 문법서보다는 기술적인 입장에서 고대영어 전반을 폭넓게 다루고 있다는 장점을 가지고 있다. 또한 초보자를 대상으로 하고 있음에도 불구하고, 고대영어 내용의 단순 기술에서 머물지 않고, 고대영어 현상에 대한 이유도 함께 설명해주고 있다. 따라서 G. L. Brook의 *An Introduction to Old English*는 초보자에게 어렵지 않으면서도, 고대영어에 대한 균형 잡힌 시각을 제공해 줄 수 있을 것으로 생각된다.

본서는 G. L. Brook의 *An Introduction to Old English*를 번역하고 있을 뿐만 아니라, 200여 개의 주해를 통하여 원문 내용에 대한 자세한 설명을 제공한다. G. L. Brook의 *An Introduction to Old English*이 초보자를 대상으로 하였음에도 불구하고 영어를 모국어로 하는 학생들을 대상으로 하였기 때문에 우리에게는 익숙하지 않은 개념이나 용어 있기 때문이다. 또한, 음변화에 대한 설명이 더 필요한 경우에도 주석을 통하여 보완하였다. 특히 고대영어 구문을 다루는 8장에 예로 소개되는 거의 모든 표현들에 대하여 고대영어와 현대영어를 일대일로 대응시킨 행간어휘(interlinear glossary)를 주석에 실어주어 고대영어 구문의 이해에 도움을 주고자 하였다. 고대영어 문헌의 발췌문의 경우 한글 번역만 주지 않고, 고대영어 원본을 함께 실었다. 이는 앞서서 익힌 고대영어 문법을 바탕으로 고대영어를 읽고 해석할 수 있는 좋은 기회를 제공하여 줄 것이다. 문헌의 한글 번역은 의역을 하지 않고 가능한 한 고대영어의 특성을 살리고자 하였다. 예컨대 반복되는 대명사도 어색하지 않는 범위에서 그대로 반복하여 번역하였다. 문법 영역의 본문에 주어진 고대영어의 개별 단어는 각각 그 의미를 한글로 번역하지 않고 현대영어로 두었다. 이는 원서의 단어풀이집에 본문에 주어진 고대영어 어휘가 다시 실리고, 이에 대한 한글 번역을 여기에 두었기 때문에 반복을 피하기 위함이다. 하지만 무엇보다도 Brook이 이미 본문에서 지적하였듯이 주어진 현대영어 의미가 고대영어 단어의 의미의 일부는 될 수 있지만 완전히 대치 할 수 없다는 상황에서 간단한 한글 해석이 그 단어의 의미에 대하여 독자를 오해하도록 만들 위험이 클 수 있다는 염려에서 그렇게 하였다.

   고대영어는 현대영어를 모국어로 하는 화자들에게도 외국어와 같다. 이러한 고대영어의 특성은 영어가 모국어가 아닌 사람이 영어를 모국어로 하는 사람만큼 혹은 그보다 더 고대영어를 익숙하게 잘 할 수 있는 기회를 제공할 수도 있을 것이다. 고대영어 문법의 모든 영역의 기본적인 내용을 손쉽게 접함으로서 고대영어의 이해를 높이고 또한 이를 통하여 고대영어 시기의 작품을 고대영어로 직접 읽고자 이에게 도움이 되고자 이 책을 번역하였다. 한글로 된 고대영어 문법서를 부담 없이 읽고, 고대영어를 한글로 번역할 수 있게 되었음을 알고 기뻐할 독자를 기다린다.

역자 문안나

(이 책의 저작권을 보유하고 있는 원저자 Brook 교수님의 사후 유족들에게 이 책의 저작권에 대한 문의와 계약을 체결하려고 지난 2년간 노력하였으나 부득이 연락이 되지 않았습니다. 이후라도 저작권에 대한 요구가 있을시 해당 저작권에 대한 조치를 취할 것을 약속드립니다.)

목 차

번역에 붙여서 / v
서문 / ix
약어 / xiii

도입   1

제1장 강하게 강세를 받는 음절의 모음   19
제2장 약하게 강세를 받는 음절의 모음   38
제3장 자음   42
제4장 명사   54
제5장 형용사   67
제6장 대명사와 부사   81
제7장 동사   90
제8장 구문구조   124

정선된 참고 문헌   155
문헌   159
주석   196
어휘풀이(Glossary)   213

주해에 사용된 참고 문헌   269
찾아보기   271

서문

　이 책을 집필할 때, 영어 우등생이 되기 위한 대학교 1학년 학생들의 필독서를 기본적으로 염두에 두었다. 관심사가 주로 문헌학인 학생들이 보다 수준 높은 작품으로의 입문을 여기에서 발견하기를 희망한다. 하지만 고대영어의 전문가가 될 의도 없이 고대영어 문헌을 읽을 수 있는 충분한 문법 지식을 얻기를 바라는 학생들이 나의 주된 관심이었다. 어느 정도의 기억하는 작업은 필수적이나, 그것을 최소한으로 줄였다. 나는 가능한 한 무슨 일이 일어났는가를 기술하였으며, 왜 일어났는가를 설명하고자 하였다. 고대영어 문법에 관한 책은 고대영어를 현대영어의 조상으로 다루기보다는 원시 게르만어로부터 발달한 것으로 다룸으로써 종종 불필요하게 어려운 주제를 다룬다[1]: 초보자에게 불필요한 것으로 여겨지는 모음전환(ablaut)이나 그림법칙(Grimm's Law)과 같은 주제는 제외하고, 고대영어 문헌에서 보여지는 변이형들을 설명하는데 필요한 음 변화만을 언급하였다.

　어떤 언어든지 그 언어를 학습하는 것은 처음부터 그 언어로 씌여진 문헌을 학습하는 것과 밀접하게 관계되어 있어야 한다는 믿음에서, 다섯 개의 짧은 고대영어 산문 발췌문을 포함시켰다. 하지만 본서는 독본(reader)이라기보다는 기본적으로 문법서이다. 학생들이 이 문법서에 포

---

[1] 많은 고대영어 문법서들이 고대영어부터 다루지 않고, 원게르만어 시기에는 어떤 형태를 가졌었던가부터 시작하거나, 심지어 인구어 시기부터 시작함으로써 독자의 이해를 더욱 어렵게 하고 있음을 지적하고 있다.

함된 문법이 Wyatt나 Sweet의 독본2)에 실린 발췌문이나 Methuen의 고대영어 총서3)의 문헌들을 읽게 해 줄 것이라는 것을 발견하기를 희망한다. 산문 발췌문은 거의 연대기 순으로 실려 있다; 따라서 쉬운 난이도에서 어려운 난이도 순서로 읽기를 원하는 사람들에게는 3, 4, 5, 2, 1의 순서4)로 읽기를 제안한다. 나는 이 책을 이용하는 모든 이가 고대영어 시기 뿐만 아니라 이후의 시기 동안의 역사적 발달에 관심을 가지기를 희망하기 때문에, 초기 서색슨(West Saxon) 방언으로 씌여진 문헌들을 다시 쓰려는 시도를5) 하지 않았고, 그것들 모두 필사본이나 마이크로필름

---

2) A. J. Wyatt의 대표적인 독본으로서, *An Elementary Old English Reader (Early West Saxon)* (1901, Cambridge (England): Cambridge University Press)와 *An Anglo-Saxon Reader* (1947, Cambridge (England): Cambridge University Press)이 있다. H. Sweet의 독본인 *Anglo-Saxon Reader in Prose and Verse* (1876, Oxford: Oxford Univertisy Press)은 1876년 초판이 발간된 이후 1967년 개정판이 나왔고 이후 1975년 Dorothy Whitelock이 개정판을 낸 이후 2002년까지 15판이 발행되었다(책 표지 및 내용을 살피기 위하여 http://www.amazon.com/gp/reader/019811169X/ref=sib_dp_pt/102-7244003-6883332#reader-page 참고하기). 또 다른 독본으로 T. F. Hoad가 개정한 *Sweet's Second Anglo-Saxon Reader*(1887, Oxford: Oxford University Press, 2nd. Ed. by T. F. Hoad 1978)도 있다. 이외에도 고대영어에 관련한 대표적인 저서로 *Sweet's Anglo-Saxon Primer*가 있다. 이는 1882년에 초판이 발행된 이후 1953년 9판이 발간되었고 최근에 이르기까지 재판되고 있다. (9th ed. Rev. Norman Davis. Oxford: Oxford University Press, 1953.~1990)(책의 표지, 목차, 내용의 발췌문을 살피기 위하여 http://www.amazon.com/gp/reader/0198111789/ref=sib_dp_pt/102-7244003-6883332#reader-link 참고하기)
3) 대부분의 고대영어 필사본의 문헌들은 인쇄, 발행되었다. 다양한 씨리즈가 발행되어 왔는데 그중에 대표적인 씨리즈 가운데 하나가 Methuen의 고대영어 총서(Methuen's Old English Library)이다. 이 총서는 주로 학생을 대상으로 하고 있으며 고대영어 문헌들을 어휘풀이와 더불어 도움이 되는 주석을 함께 실은 연속 간행본들이다. 이 총서 씨리즈가 Methuen사에서는 계속되고 있지 않으며, 현재는 주로 Exeter 대학 출판부에서 Exeter Medieval English Texts로 이미 발행된 간행본들은 참고 문헌이 보강되어 재발행되고 있다.
4) 여기서의 번호는 본서의 뒤에 실린 문헌 발췌문에 주어진 번호(순서)이다.

의 형태로 모아져 분류되어 있다. 원문의 수정이 필요한 경우, 필사본에 대한 해석을 주석에 제공하였다. 초보자들이 어휘를 잘 구분할 수 있도록 충분한 설명이 담긴 주석과 책 속의 참조할 항목을 표시하는 상호참조를 어휘풀이집(glossary)에 덧붙였다.

이 책이 간결한데도 불구하고 내가 신세진 사람들의 명단은 상당하다. 이 책의 참고 문헌에 나열된 저서의 저자들에 빚을 지고 있다. 특히 E. E. Wardale의 「고대영어 문법(*Old English Grammar*)」과 Norman Davis 교수가 개정한 「스위트의 초급 앵글로 색슨(*Sweet's Anglo-Saxon Primer*)」[6]에 실린 구문론에 관한 탁월한 부분에 빚을 지고 있음을 특별히 인정한다. 권두 그림[7]과 산문 발췌문을 인쇄하게 허락해준 Bodleian 도서관의 서쪽 필사본 담당자, Cambridge 대학의 사서, Cambridge의 Corpus Christi 대학의 연구실장과 연구원들, 대영박물관의 보관위원에 감사한다. P. C. Horne 양과 L. D. Hourani 양으로부터 받은 도움에 감사한다. Bruce Dickins 교수, Simeon Potter 교수, R. M. Wilson, F. E. Harmer 박사, R. F. Leslie 그리고 나의 부인에게 가장 큰 신세를 지고 있다. 이들 모두는 타이프라이터로 친 원고와 교정본을 읽어 주었으며, 고대영어 선생으로서 그들의 경험을 이용할 수 있게 해 주었다. 실수에 대한 모든 책임은 나의 것이다.

부룩(G. L. Brook)
1954년 6월

---

5) 필사본의 편집을 의미하는 것 같다.
6) 주석 2 참고.
7) 저작권 때문에 본 역서에는 싣지 못하였다. 동일한 그림이 실린 www.engl.virginia.edu/OE/Tour/Manuscript.images/AlfredPref.html/을 참조하기.

제2판 서문

 이 판에서 내가 행한 모든 개정을 제안한 학생들, 서평가들, 동료들에게 감사할 기회를 가져야 한다. 특히 「영어 연구 평론(*The Review of English Studies*)」에 실린 서평에서 언급된 수정 내용에 대하여는 M. L. Samuels 교수에게, 개인적으로 나에게 보내준 논평에 대하여는 John Braidwood에게 감사한다. 무엇보다도 초판을 점검하고 수정하는데 보여준 인내와 철저함에 대하여 나의 동료 R. F. Leslie 박사에게 감사한다.

G. L. B
1961년 11월

약어

acc. accusative 대격
adj. adjective 형용사
adv. adverb 부사
Ang. Anglian 앵글리안 방언
cj. conjunction 접속사
comp. comparative 비교급
dat. dative 여격
dem. demonstrative 지시사
f. feminine 여성형
gen. genitive 속격
Gmc. Germanic 게르만어
IE. Indo-European 인구어
imper. imperative 명령법
impers. impersonal 비인칭
ind. indicative 직설법
infin. infinitive 원형
instr. instrumental 도구격
interj. interjection 감탄사
interr. interrogative 의문사
Kt. Kentish 켄트어
m. masculine 남성형
ME. Middle English 중세영어
MnE. Modern English 현대영어
n. neuter 중성
Nhb. Northumbrian 노섬브리안 방언
nom. nominative 주격
num. numeral 수사

OE. Old English 고대영어
OHG. Old High German 고대 고지독일어
ON. Old Norse 고대 노스어
ONhb. Old Northumbrian 고대 노섬브리안 방언
OS. Old Saxon 고대 색슨어
part. participle 분사
pl. plural 복수
poss. possessive 소유격
pp. past participle 과거분사
ppl. participial 주된
prep. preposition 전치사
pres. present 현재
pret. preterite 과거
prim. primitive 원시의
pron. pronoun 대명사
reflex. reflexive 재귀사
sb. substantive 실사
sing. singular 단수
subj. subjunctive 가정법
superl. superlative 최상급
sv. strong verb 강변화동사
v. verb 동사
w. with ~와 함께
WGmc. West Germanic 서게르만어
WS. West Saxon 서색슨 방언
wv. weak verb 약변화 동사

*는 뒤에 오는 형태가 보존된 문헌에 기록되어 있지 않음을 나타낸다.[8]

---

8) 실제로 존재하였던 형태가 아니라 비슷한 시기의 다른 언어와의 비교를 통하여

사각괄호 안의 부호는 음성부호이다; 대부분의 경우 국제음성 부호의 음소부호이다.

모음 길이는 글자 위의 가로선으로 표시되어 있다. 양음 악센트 부호(´)는 후기 고대영어에서 모음이 길다는 것을 나타내기 위하여 사용되고 있다(§64(f)).

재구(reconstructed)되었음을 표시한다.

도입

1. 고대영어, 즉 앵글로 색슨어는 5세기 초 정착시기부터 11세기 말까지 게르만 정착자들이 영국에서 사용한 언어이다. 모든 살아 있는 언어들처럼 고대영어는 그 시기 동안 변화해 왔다. 그러나 11세기에는 부분적으로 노르만 정복의 결과로 변화의 속도가 가속화 되었다. 이는 새로운 시기, 즉 중세영어(12세기에서 15세기까지 걸쳐져 있는 시기)로 여기는 것이 편리하다. 고대영어는 역사시기의 처음 3-4세기 동안에 씌여진 문헌의 언어이기 때문에, 또 한편으로는 고대영어가 그 이후의 영어 발달에 비쳐줄 한 줄기 빛 때문에 연구할 가치가 있다.

2. 영문학의 전통은 가장 초기에 기록된 산문과 시의 시대부터 현재에 이르기까지 끊기지 않고 연속된 것이기 때문에 고대영어 작품이 포함되지 않은 영문학 지식은 심각하게 불완전하다. 대부분의 다른 유럽 문학들과 비교해 볼 때 영문학은 실제 문학적 가치를 가진 작품들이 보존된 시기가 놀라울 정도로 초기 시기이다. 쵸서(Chaucer)가 종종 영문학의 아버지로 묘사되지만 시기상으로 쵸서는 보존된 영문학의 연대기적 흐름에서는 중간보다 뒤에 위치하고 있다는 것을 잘 기억해야 한다. 고대영어의 지속적 영향은 후기 작가들에 의해 사용된 고대영시의 주제와 이미지에서 보여질 수 있다. 1882년 11월 26일 Robert Bridges에게 보내는 편지에서 Gerard Manley Hopkins[9]는 '사실 나는 앵글로 색슨어를 배우

---

[9] G. M. Hopkins(1844-1889)는 빅토리아 시대의 가장 위대한 시인 가운데 한 사람으로 여겨진다. 그는 영국 성공회 교도에서 로만 가톨릭교도로 개종하였고, 제수이트(Jesuit)교의 성직자였다. 또한 1884년부터 사망할 때까지는 더블린 대학의 고

고 있는데 지금 우리가 현재 가지고 있는 것보다도 훨씬 더 우월하다.'라고 썼다. Hopkins는 너무 열광하였기 때문에, 의심할여지 없이 진실을 과대평가 하였으나, 고대영시를 공부하는 학생들은 Hopkins 시의 '도약율(sprung rhythm)'10)과 그가 한 말이 서로 관련되어 있음을 이해 할 것이다. 영시는 주어진 시행의 음절수가 아닌 강세에 기반한다. 영시의 기반인 강세 체계가 고대영어에서 계승된 것이며, 군사적 침략과 외국 문학의 유행의 영향에도 불구하고 살아남은 깊이 뿌리박힌 고대영어 고유의 기술이다.

고대영어 원전은 현대영어로는 만족스럽게 읽혀질 수 없다. 시 작품들의 현대영어 번역은 시 번역들이 가지는 단점을 공유한다: 원본의 의미가 가지는 충분한 암시와 정교하고도 세련된 시의 구조를 동시에 전달할 수 없다. 고대영시의 특징 가운데 하나는 하나의 복잡한 이미지를 하나의 복합어에 압축하는 것이다11); 이러한 복합어들의 의미의 해석은 사람

전학 교수를 역임하였다(James Joice도 그의 제자 가운데 하나이었다). Hopkins은 이전에 포크송이나 구전시에서 리듬패턴을 발견하고 이를 도약율(sprung rhythm)이라 불렀으며, 이를 자신의 시에 사용하였다. 그는 도약율이라는 새로운 유형의 리듬 패턴을 발전시켰을 뿐 만 아니라, 새로운 시어 창조에도 기여하였다. 일상어들을 기대되지 않는 문맥에 규칙적으로 넣어 사용하였고, 흔하지 않은 단어 조합으로 된 복합어를 만들어 내었다. 그는 또한 고대영시에 사용하던 두운법(alliteration)도 사용하였다. 하지만 그의 시는 그의 생전에는 하나도 발간되지 않았다. 그의 시는 그의 친구이자, 동료 시인인 Robert Bridges에 의하여 1918년 처음으로 빛을 보게 되었다.

10) Hopkins가 발전시킨 도약율은 일상 구어체의 리듬을 모방하기 위하여 고안된 시의 리듬으로서, 각각의 음보(foot)는 하나의 강세 음절(첫번째 음절)과 여러 개(한 개 이상)의 비강세 음절로 구성된다. 하나의 음보 안에 비강세 음절의 수를 제한하지 않음으로써, 시행의 유연성과 새로운 음향적 가능성을 열었다고 평가되어진다.

11) 대표적인 예가 고대영시의 kenning이다. 이는 어떤 대상을 복합어에 간접적이고, 암시적으로 표현하는 것을 일컫는다. 다음과 같은 복합어가 그 예가 된다: hronrād, hron+rād, 'whale+road' → *sea* '*바다*'; bānhūs, bān+hūs, 'bone+

을 설득시키는 강력한 효과와 간명함을 잃는 대가로만 이루어질 수 있다.

고대영시는 첫 눈에 보이는 것보다 더 다양하지만, 대부분의 경우 위엄을 갖추고 있으며, 종종은 우울할 정도로 성숙하고 진지하다. 삶에 대한 기독교 이전의 게르만적인 견해에 속한 가치들의 체계를 보존하고 있다: 충성과 불굴의 정신은 가장 칭송되고 요구되어지는 자질로 여겨진다. 고대영어 후기시 일부에는 이러한 이상(理想)들이 잘 정착된 기독교 사회의 사고 패턴에 이어져 있음을 보여준다. 991년 덴마크인들에[12] 대한 용감하지만 처참한 영국인들의 대항을 기리기 위하여 씌여진 시인 '몰든 전투(The Battle of Maldon)'는 기독교 신앙에 영웅의 법도(heroic code)를 동화시키고 있음을 보여준다.

고대영어 산문은 시가 달성한 스타일 상의 완성도를 결하고 있지만, 그 질은 과소평가 되어서는 안 된다. 가장 절정기의 산문은 구어체의 장점과 단점을 가진다: 생생하지만 때로는 모호하다. 어휘는 많이 사용되었음에도 불구하고 그 신선함을 잃지 않았다. 보다 자기 의식적인 예술이 종종 열심히 애써 얻고자한 단순함이 고대영어 산문 작가들에 의해서는 애쓰지 않고 자연스럽게 달성되었다.

시와 마찬가지로 산문의 경우도 현대영어 번역이 원전을 만족스럽게 대신할 수 없다. 고대영어는 현대영어와 동일한 통사 구조를 가지고 있지 않으며, 문장이 현대영어 패턴에 맞춰지면 원전의 생생함을 잃게 된다.

---

house' → *a person's body* '신체'; beadolēoma, beado+lēoma 'battle+light' → sword '칼'.

12) 영국을 공격한 바이킹을 지칭한다. 고대영어 문헌에서는 이들을 데인족, 즉 덴마크인(Danes, OE. dēne)이라고 기술하지만 이 당시의 바이킹은 덴마크인 뿐만 아니라 노르웨이인, 아이슬란드인들을 포함한 스칸디나비아인들이었다.

3. 고대영어 문학이 그 자체로서 그리고 후기 문학 연구에 제공할 수 있는 도움 때문에 흥미로운 것과 마찬가지로, 고대영어 시기 언어에 대한 연구도 이중의 가치를 가진다. 즉, 고대영어 문학 연구에 필수적인 준비 단계로서의 가치와, 영어 역사와 후기 영문학 연구에 도움을 주는 것으로서의 가치이다. 초기 시대부터 영어 발달사의 연속성에 단절은 없었지만, 그 사이 너무 많은 변화가 있어서, 초기 문헌은 고대영어를 연구한 사람들에 의해서만 읽혀질 수 있다. 고대영어에 관한 지식은 고대영어 시기 이후의 문학을 공부하는 학생들에게는 여전히 중요하지만, 도움이 덜 된다. 셰익스피어와 밀턴의 작품에는 현대 독자들이 오해하기 쉬운 어휘의 예가 수없이 많다. 그 이유는 그 단어들이 오늘날의 영어 보다는 어원의 의미에 좀 더 가깝게 사용되었기 때문이다. 라틴어와 불어는 학교에서 흔히 가르쳐지지만 고대영어는 그렇지 않기 때문에, 오늘날의 독자들은 고대영어 고유어의 의미 변화보다는 영어에 차용된 외래어들의 의미 변화를 더 잘 알아차린다. 셰익스피어의 희곡을 읽는 독자들이 가장 많이 오해하기 쉬운 어휘는 *yare*(OE. gearu, *ready* '*준비된*')나 *to ear* (OE erian, *to plough* '*밭을 갈다*')와 같은 낯설지는 않지만, 의미 변화를 겪은 오늘날의 어휘나 셰익스피어 작품의 문맥에 꼭 맞을 것 같은 다른 단어들을 닮은 어휘들이다. 독자는 저자가 의도한 이미지에 다른 이미지를 대치시키는 위험에 빠진다. 초기 언어 역사에 생소한 독자는 문제가 있다는 것을 의식하지 못하기 때문에 사전은 아무런 도움을 제공하지 않는다. 두 종류의 예면 충분하다. 멕베스가 'If thou speak'st false, Upon the next tree shalt thou hang alive Till Famine cling thee' (*Macbeth* v.v. 40)[13]라고 하였을 때 그는 여기서 *cling*을 오늘날의 의미

---

[13] 이해를 돕기 위하여 영어를 본문에 두었다. 번역하면, "당신이 거짓을 말하면, 배고픔이 당신을 말라죽일 때까지 옆 나무에 산채로 매달아 놓을 것이다."이 된다. 즉 여기서 *cling*은 현대영어 의미인 '매달려 있다'가 아닌 고대영어 의미와

가 아닌 고대영어 시기에 흔히 사용되었던 의미와 밀접하게 관련된 의미인 'shrivel up'의 의미로 사용하고 있다. 티몬이 'Deconstruction fang mankind'라고 말하였을 때(Timon of Athens, iv iii 23), 그는 fang을 'to strike one's fangs into(송곳니로 찌르다)'의 의미로 사용하지 않는다. 그는 fang이란 동사를 'to seize(붙잡다)'의 의미로 사용하고 있는데 이는 현재 더 이상 사용되지 않으나, 고대영어를 알고 있는 학생들에게는 fōn, 과거분사는 gefangen의 형태로 아주 익숙한 의미이다.

고대영어가 제공하는 도움은 단어의 의미에만 한정되어져 있지 않다. 오늘날 많은 사람들이 lie(눕다)와 lay(눕히다)의 사용에 있어 경험하는 혼동이 이 동사들의 고대영어 시기로 거슬러 올라가면 줄어들게 된다. 불행하게도 현대영어에서 그런 것처럼, 고대영어에서는 강변화 동사의 과거형이 약변화 동사의 원형과 동일하지 않다.14) moe는 셰익스피어에서 자주 나타난다. 고대영어에 익숙한 학생들은 고대영어 māra greater 뿐만 아니라 mā more에 익숙해 있기 때문에 많은 편집자들이 그랬던 것처럼 moe가 more를 잘못적은 것이므로 수정되어야 한다고 가정하는 위험에 빠지지 않는다.15)

4. 어떤 학생들은 역사적 흥미 때문에 고대영어에 끌린다. 번역이 아니라 알프레드왕 그 자신이 사용한 어휘로 영국의 학문적 상황을 설명한 것을 읽으면 신빙성 뿐만 아니라 그 생생함에 있어 확실한 소득이 있다.

가까운 shrivel up 즉 '말라죽다'의 의미로 사용되었다. Thou는 you의 주격, thee는 you의 목적격이다. Speak'st의 -st는 동사에 붙는 2인칭 단수 어미이다.
14) 즉 현대영어에서는 두 동사의 현재-과거-과거분사형이 각각 lie-lay-lain와 lay-laid-laid로서 lie의 과거형 lay와 타동사 lay의 현재형이 동일한 형태를 가지고 있어 혼동을 가져온다. 반면에 고대영어에서는 이들 두 동사는 시제에 따라 형태상으로 동일한 경우가 없다: licgan lie-læg-lægon (제5군 강변화 동사), lecgan lay-legde-legd (제1군 약변화 동사) 더 자세한 것은 본서의 §§184, 193 참고하기.
15) māra에 관하여는 본서의 §125를 mā에 관하여는 §153 참고하기.

고대영어 어휘는 이교도 정신을 기독교 용도로 각색하는데 있어 기독교의 영향을 보여준다. 「앵글로 색슨 연대기(Anglo-Saxon Chronicle)」는 고대영어 산문 스타일이 사실을 있는 그대로 기록하는 것에서 신랄한 서술 기술로 발달하고 있음을 보여준다. 9세기 이후로는 개인적인 메모가 연대기로 획기적으로 변화한다. 영국과 덴마크인들과의 전투를 기술하는 데 있어서, 영국군은 항상 fyrd이고 덴마크군은 here이다. Here는 약탈하다의 의미를 가진 동사 hergian에서 파생된 단어로 경멸적인 의미를 내포한다.[16] 이 연대기의 현대영어 번역자들은 이러한 영국군과 덴마크군 사이의 경제적 어휘 구별을 재현하기 어렵다는 것을 발견한다. 마찬가지로, 현대영어 번역은 Ethelred왕의 전투 전략의 부적절함에 대한 분노를 표현할 때, 11세기의 전환점에 있던 연대기 편자들의 생생했던 비분(悲憤)을 충분히 재현할 수 없다.

5. 유럽 대부분의 언어들과 아시아의 많은 언어들은 인구어로 알려진 하나의 선사 역사 시기의 언어에서 비롯한다. 인구어는 수많은 그룹으로 분기 되었으며, 이 그룹은 각각 독자적인 언어적 특징을 가지고 있다. 인도이란어, 아르메니아어, 희랍어, 발토슬라빅어, 이탤리어, 켈트어, 게르만어를 포함하고 있다. 게르만어 그룹은 세 개로 세분화 된다.

동게르만어 대표적인 중요 언어는 고딕어(Gothic)이다. 이 언어는 현재 사어이나, 성경의 일부를 4세기 고딕어로 번역한 유물들이 꽤 광범위하게 남아 있다. 초기의 기록이기 때문에 고딕어는 고대영어 어휘의 초기 역사에 유용한 정보를 제공해 주지만, 고딕어와 원시 게르만어를 같은 것으로 혼동하지 않는 것이 중요하다. 고대영어 어휘 가운데 고딕어에서 파생된 것은 없다. 고대영어의 어휘와 고딕어 어휘가 함께 유래한 게르만어 형태에 관한 정보를 제공하기 위하여 고딕어 형태가 고대영어

---

[16] fyrd와 here 모두 '군대(army)'를 의미하나 앵글로 색슨 연대기 기록자는 이 두 어휘를 가지고 영국군(아군)와 바이킹 군대(적군)를 구분하였다.

문법에서 인용된다.

북게르만어 혹은 스칸디나비아어는 오늘날 아이슬랜드어, 노르웨이어, 스웨덴어, 덴마크어, 패로어(Faroese)17)에 의해 대표된다. 산문과 시 모두에 있어 가장 귀중한 문학 작품이 고대 아이슬랜드어로 씌여져 우리에게 전수되어져 왔다.

서게르만어는 오늘날 독일어, 네델란드어, 플란더즈어(Flemish), 프리질랜드어(Frisian), 영어에 의해 대표된다. 독일어의 가장 오래된 형태는 고대 고지독일어(Old High German)으로 알려져 있다. 고대영어와 비교하는 데 유용한 다른 초기 서게르만어로서 고대 색슨어(Old Saxon)와 고대 프리질랜드어(Old Frisian)가 있다. 후자는 서게르만어 가운데 고대영어와 가장 유사하며, 이 두 언어들은 때때로 하나로 묶여져, 앵글로 프리지안(Anglo-Frisian)에서 파생되었다고 말해진다.

6. 방언의 차이는 모든 고대영어 원전에서 발견된다. 다양한 방언들 사이의 정확한 경계를 그을 수 있게 할 만큼 충분히 지역화된 고대영어 문헌이 남아 있지 않지만, 켈트어가 사용되었던 서부지역의 Cornwall, Wales와 Strathclyde를 제외한 앵글로 색슨 족이 살던 영국에서는 4개의 주요 방언으로 구분될 수 있다. 고대영어 주요 방언은 다음과 같이:

(a) **서색슨 방언**(West Saxon), Kent와 Cornwall을 제외한 템즈강 남부 대부분을 차지 있던 Wessex의 구 왕국에서 사용된 방언.

(b) **켄트 방언**(Kentish), Jutes족이 사용한 방언. 그들은 Wight섬과 Hampshire의 맞은 편 해안 지역 뿐 만 아니라 Kent와 그 주변 카운티 일부에 거주하였다.

(c) **머시안 방언**(Mercian), 템즈강과 험버(Humber)강 사이 특히 그곳의 서쪽 지역에서 사용된 방언. 빈약한 증거로 우리가 판단하는 한, 동

---

17) 페로스제도(Faeroes)에서 사용하는 언어로서, 패로스 제도는 영국과 아이슬랜드 사이에 있는 21개의 화산군도이며, 덴마크령이다.

앵글리아(East Anglia)에서는 다른 방언을 사용하였다.

 (d) **노섬브리안 방언**(Northumbrian), 험버강 북쪽에서 사용되던 방언.

 머시안 방언과, 노섬브리안 방언은 여러 면에서 공통점을 가졌다. 그래서 이들은 때때로 앵글리안(Anglian)으로 분류되었다. 알프레드왕 지배하에서는 서색슨 방언이 고대영어의 어떤 다른 방언보다도 더 중요하였다. 비록 일부 앵글리안형이 거의 모든 고대영어 원전에 나타나긴 하여도, 현존하는 고대영어 문헌 대부분이 서색슨 방언으로 씌여져 있다. 따라서 비록 현대 표준영어가 앵글리안 방언에서 비롯한 중세영어 동중부 방언에서 발달하였다는 것을 명심하여야 하지만, 서색슨 방언은 고대영어 연구의 기초를 유용하게 형성할 수 있는 방언이다. *Cold, cheese, hear*와 같은 현대영어는 서색슨형이 아니고 앵글리안에서 비롯한 어휘형이다.[18]

철자

 7. 고대영어 글자는 켈트식으로 변형한 라틴 알파벳에 게르만족들이 (묘)비명에 사용한 글자인 룬(Rune) 문자에서 차용한 두 개의 글자를 더하였다. 차용된 룬 문자 가운데 하나는 [w]를 나타내고[19], 나머지 하나

---

18) *cold, cheese, hear*의 서색슨 형은 각각 ceald, cīese (후기형 cȳse), hīeran (후기형 hȳran)이며, 앵글리안 형은 cald, cēse, hēran이다.
19) ƿ : 윈(wyn)이라고 불리우며, thorn과 모양이 유사하다.

는 þ(thorn)으로서 [θ]나 [ð]을 나타낸다. 세 번째 새로운 글자는 d에 한 획을 넣어 만들었으며, 이 '가로선을 가진 d' (đ 혹은 ð)는 룬 문자의 þ처럼 [θ]나 [ð]을 나타내기 위하여 사용되었다. 어떤 문법서에서는 ð는 유성음을 þ는 무성음을 나타내기도 하고, 혹은 어두에서는 þ을 다른 위치에서는 ð를 사용하기도 하나, 대부분의 고대영어 필사본에서는 이 글자들이 서로 바꾸어 사용될 수 있었던 같다.

앵글로 색슨 필사본에서 사용된 많은 글자들은 오늘날의 글자와 그 형태가 달랐다. 고대영어 문헌의 오래된 인쇄본에서는 종종 이러한 글자들을 닮은 특별한 활자체를 사용하였다. 오늘날의 흔한 관례는 가능한 한 특별한 활자체 사용을 피하는 것이지만, 대부분의 고대영어 원전의 간행본에서는 þ, ð와 연자(連字, ligature)인 æ와 œ를 사용하고 있다.

8. 현대영어 *food*에서처럼 우리에게 익숙한 방법인 모음이 긴 것을 나타내기 위하여 모음을 두 번 쓰게 고안된 것이 고대영어 시기라는 것을 발견하지만,[20] 모음 길이는 필사본에 일반적으로 표시되어 있지 않는다. 고대영어 필사본의 모음 위에 종종 씌여진 액센트 부호는 모음의 길이를 나타낼 의도였을지는 모르나 그것은 강세를 나타내기 위해 사용되었을 수도 있다.[21] 문법서나 고대영어 원전의 여러 판의 간행본들에서는 현재 문법에서처럼 모음 길이가 일반적으로 장모음 위와 장이중모음의 강세 모음 위에 가로선으로 표시되어 있다. 많은 음변화가 장모음에만 영향을 주고 단모음에는 영향을 주지 않거나, 거꾸로 단모음에만 영향을 주고 장모음에는 영향을 주지 않기 때문에 모음의 길이의 차이를 파악하는 것은 중요하다. 따라서 영어 어휘의 후기 발달 관점에서 a와 ā 사이의 차이는 a와 e 사이의 차이만큼 중요하다. 고대영어 운율법(versification)에

---

[20] 물론 이런 철자법이 본격적으로 사용된 것은 중세영어 시기이지만, 그 시작은 고대영어 초기이었다.
[21] 즉 단모음 위의 액센트 표시는 강세를 나타냈을 것이다.

서도 모음 길이에 대한 지식은 중요하다. 모음 길이의 차이를 파악하는 것은 다음 단어들에서처럼 서로 표면적으로 유사한 단어들을 구분하는 데 유용한 방법이다: wīg, *war* '전쟁', wiga, *warrior* '전사'; wīn, *wine* '와인', wine, *friend* '친구'; mān, *evil* '사악한', man(n), *man* '남자, 인간'.[22]

9. 고대영어 철자는 대체로 현대영어 철자보다 더 일관성이 있으나, 완전히 음성적이지는 않다. 철자의 차이가 발음의 차이를 반영하는지, 다양한 철자가 같은 소리를 나타내는 다른 방법인지를 결정하는 것이 늘 쉽지는 않지만 중요하다. 예를 들어 후기 고대영어에서 연구개 파열음일 때 c 대신에 k가 때때로 철자로 사용된다(§13(d)). 철자 규정의 예로서 sc(e)acan, *to shake*; fēog(e)an, *to hate*; þen(e)an, *to think*[23]와 같은 단어에서 sc, g, c와 후모음 사이에 e 삽입이 있다. 이런 단어들에서 e는 선행하는 자음이 구개음이라는 것을 나타내는 장치였을 것이다. 따라서 scacan과 sceacan은 아마도 똑같이 발음되었을 것이다. 고대영어에는 묵음이 없었다. 따라서 고대영어 cniht, *boy*에서는 네 개의 자음이 발음되었다. 하지만 이 단어의 현대영어에 해당하는 *knight*에서는 두 개만 발음된다. 고대영어 철자가 현대영어 철자보다 보다 있는 그대로를 기술하고 있음을 보여주는 또 다른 철자 발음 방법은 어말의 위치는 제외하고[24] 겹자음을 두 개 모두 발음하는 것이다. 반면에 현대영어에서는 일반적으로 단순화된다. 오늘날 겹자음은 복합어의 첫 번째 요소의 마지막

---

22) 즉 모음의 길이는 고대영어에서 뜻의 차이를 가져오는 음소이었다. 주어진 예 이외에도 다음과 같은 예가 있다: god '이교도 신', gōd '좋은'; metan '측정하다', mētan '발견하다'; mægþ '아가씨', mǣgþ '부족'.
23) 뒷부분에 있는 어휘풀이에 한글 해석이 주어져 있기 때문에, 본문에서는 주어진 고대영어의 한글 의미를 따로 넣지 않는다.
24) 하지만 다음의 예는 고대영어 초기에는 어말에서 겹자음이 발음되었음을 보여준다: bed, *prayer* '기도', bedd, *bed* '침대'

자음과 두 번째 요소의 첫 자음이 동일할 때만 발음된다. 따라서 고대영어 bucca *he-goat*와 willan, *to desire*의 어중 자음들은 현대영어 *book-case, ill-luck*의 어중 자음들과 같게 발음되었다.25)

10. 음변화가 생기면(§15) 늘 그런 것은 아니지만 때때로 그 음변화는 철자에 반영되었다. 따라서 음변화가 발생한 후에는 동일한 단어에 두 개의 형태, 즉 음변화 이전의 발음을 나타내는 철자를 가진 단어와, 새로운 발음을 나타내는 보다 음성적인 철자를 가진 단어가 나란히 생기게 되었다. 철자의 결과적인 변이는 문제의 음변화가 일어나지 않았던 다른 단어들에까지 확장되면서 '역철자(inverted spelling)'가 발생했다. 예를 들어 고대영어 시기에 g가 i 뒤에서 사라지고 모음의 보상적 장음화가 일어났다(§64 (e)). 따라서 우리는 구형인 dysig, *foolish*와 나란히 dysī을 발견한다. 같은 소리를 나타내는 두 가지 방법이 존재함으로서 ī와 ig는 서로 같이 사용되게 되었다. hig '*he*의 주격 복수'에서 ī 대신에 ig가 사용되는 것과, big *by* (여기서 g가 어원적으로 존재하였다는 것이 입증되지 않는다.)와 bī가 나란히 사용되는 것을 발견한다. 따라서 hig와 big은 역철자라고 불리운다. 마찬가지로, īe는 알프레드왕 시기에 ī로 단순 모음화 되었다. 그 결과 일부 필사본에서는 hieder, *hither*와 같은 단어에서 i 철자를 나타내기 위하여 ie가 사용되고 있다.

---

25) 고대영어에는 겹자음과 단자음은 뜻의 차이를 가져왔다: spanan '*유혹하다*', spannan '*고정하다*'; stelan '*도둑질하다*', stellan '*놓다*'; cwelan, *to die* '*죽다*', cwellan, *to kill* '*죽이다*'.

발음

11. 고대영어 모음은 대략적으로 다음과 같이 발음되었다:

a는 후설 개모음 [ɑ]이었으며 habban, *to have*에서 발견된다. 영어 화자는 *father*에 사용하는 모음을 짧게 발음함으로써 정확한 발음을 바로 습득할 수 있다.

ā는 [ɑː]로 발음되었으며 hām, *home*에서 발견되며, 현대영어 *father*의 a와 같다.

æ는 전설 개모음 [æ]였으며 æcer, *field*에서 발견되며, 현대영어 *bad*의 a와 같다.

ǣ는 장음화된 [æː]와 같은 소리였다. 현대영어 *there*에서 들리는 이중모음의 첫 번째 요소와 거의 유사하며, þǣr, *there*에서 발견된다.

e는 전설 반폐모음 [e]였고, 현대영어 *gate*에서 들리는 이중모음의 첫 번째 요소와 거의 유사하며, settan, *to set*에서 발견된다.

ē는 장음화된 [eː]와 같은 소리였으며 grēne, *green*에서 발견된다.

i는 전설 폐모음 [i]였고 현대영어 *sit*의 i와 거의 유사하며, sittan, *to sit*에서 발견된다.

ī는 [iː]로 발음되었으며, 현대영어 *machine*의 i와 유사하며, rīdan, *to ride*에서 발견된다.

o는 후설 반폐모음 [o]였고, 현대영어 *bone*에서 들리는 이중모음의 첫 번째 요소와 거의 유사하며, god, *god*에서 발견된다.

ō는 장음화된 [oː]와 같은 소리였으며, gōd, *good*에서 발견된다.

u는 후설 폐모음 [u]였고, 현대영어 *full*의 u와 유사하며, munuc, *monk*에서 발견된다. 현대영어 *run*의 u와 같이 [ʌ]로 결코 발음되지 않았다.

ū는 [uː]로 발음되었고, 현대영어 *fool*의 oo와 유사하며, hūs, *house*에서 발견된다.

y는 전설 원순 폐모음 [y]이였고, 불어 *tu*의 u와 유사하며, cynn, *kin*에서 발견된다.

ȳ는 장음화된 [yː]와 같은 소리였으며, hȳdan, *to hide*에서 발견된다.

œ는 전설 원순 반폐모음 [ø]였고, 불어 *peu*의 모음과 유사하며, œxen, *oxen*에서 발견된다.

œ̄는 장음화된 [øː]와 같은 소리였으며 dœ̄ma(n), *to judge*에서 발견된다. 보통은 œ와 œ̄는 서색슨 방언에서는 발견되지 않았다.

12. 이중모음들은 ēa의 첫 번째 요소가 [e]가 아니고, [ɛː] 혹은 [æː]이었다는 것을 제외하고는 씌여진 대로 발음되었다. 일반적으로 하강 이중모음이었다: 즉, 강세가 첫 번째 요소에 왔다. 장 이중모음에서 길이 표시는 일반적으로 강세 요소에만 놓여진다. 예는 다음과 같다: heard, *hard*; bēam, *tree*; weorpan, *to throw*; cēosan, *to choose*; liornian, *to learn*; fīond, *enemy*; giefan, *to give*; hīeran, *to hear*.

13. b, d, l, m, n, p, t, w, x는 현대영어에서처럼 발음되었다. 다른 자음들은 특별한 설명이 필요하다.

(a) f, s, þ(ð)는 겹자음인 경우를 제외하고, 유성음 사이에서 유성음화 되었다; 즉 [v], [s], [ð]로 발음되었다. 다른 위치에서는 무성음, 즉, [f], [s], [θ]로 발음되었다. f는 오늘날 순치 마찰음이지만 고대영어에서는 양순 마찰음을 나타냈을 수도 있다. 유성음의 예는 다음과 같다: giefan, *to give*; wulfas, *wolves*; cēosan, *to choose*; bōsm, *bosom*; baþian, *to bathe*; eorþe, *earth*. 무성음의 예는 다음과 같다: wulf, *wolf*;

pyffan, *to puff*; standan, *to stand*; hūs, *house*; þencan, *to think*; moþþe, *moth*.

(b) h는 모음 앞 어두 위치에서, 그리고 어두 자음군 hl, hn, hr, hw (노섬브리안 방언에서는 제외)에서 현대영어 *hut*에서처럼 [h]로 발음되는 기식음이었다. 예로서 habban, *to have*; hlūd, *loud*; hnesce, *soft*; hring, *ring*이 있다. 노섬브리안 방언의 어두 자음군 hw, 모든 방언에서 어중과 어말에서는 전설모음 뒤가 아닌 경우, h는 무성 연구개 마찰음 [x]로 발음되었다. 이는 스코틀랜드어의 *loch*와 독일어 *noch*의 ch와 유사하며, hwæt, *what*; eahta, *eight*; furh, *furrow*; scōh, *shoe*에서 보여진다. Siehþ, *he sees*; hliehhan, *to laugh*에서처럼 전설모음 뒤의 어중과 어말 위치에서는 독일어 *ich*의 ch와 유사한 구개 마찰음 [ç]였다.

(c) r은 현대 스코틀랜드어에서처럼 어두에서는 전동음(trilled)이었으나, 자음 앞 어말에서는 마찰음이었다. 예는 다음과 같다: rīdan, *to ride*; word, *word*; ǣr, *before*.

(d) 자음 앞 어두 위치, 후설모음이나 제2차 전설모음(§83) 앞의 어두, 어중 위치, 자음이나 후설모음 뒤 어말 위치에서 고대영어 c는 현대영어 *cool*에서처럼 연구개 파열음 [k]였다. 예는 다음과 같다: cnēo, *knee*; cuman, *to come*; cyssan, *to kiss*; sprecan, *to speak*; þancian, *to thank*; weorc, *work*; bōc, *book*. 제1차 전설모음 주변과 구개음 자음군 nc에서 초기 고대영어 c는 대체로 현대영어 *kid*의 k처럼 발음되었다; 고대영어 후기에 c는 현대영어 ch처럼 파찰음 [ʧ]이 되었다. 이는 cēosan, *to choose*; bēc, *books*; benc, *bench*에서 보여진다. 고대영어 후기에 sc는 대체로 현대영어 sh처럼 [ʃ]로 발음되었다: sceolde, *should*; fisc, *fish*.

(e) g가 자음이나, 후설모음, 제2차 전설모음 앞에 오면서 어두에 위치하거나, gg 자음군일 때 고대영어에는 현대영어 *good*의 g처럼 연구개

파열음 [g]이였다. 이는 glæd, *glad*; gōd, *good*; gēs, *geese*; singan, *to sing*; frogga, *frog*에서 보여진다.

후설모음 뒤에 오면서 어중에 위치할 때 g는 유성 연구개 마찰음 [ɣ]이었다. 후설모음, r 혹은 l 뒤의 어말의 위치에서 g는 아마도 스코틀랜드어 *loch*의 ch처럼 [x]로 무성음화 되었을 것이다. 예는 다음과 같다: fugol, *bird*; plōg, *a measure of land*; burg, *town*.

전설모음 앞의 어두에서, 전설모음 앞의 어중과 어말에서 g는 현대영어 *yield*의 y처럼 구개 마찰음 [j]였다. 이는 giefan, *to give*; fæger, *fair*; dæg, *day*에서 보여진다. 이 소리가 게르만어의 [j]를 나타낼 때, 종종 철자 i로 씌여졌다.

Geō, *formerly*와 나란히 iū가 geong, *young*와 나란히 iung 철자가 사용되었다(§83(b)).

cg 자음군은 구개음화된 겹자음 g를 나타냈다. 고대영어 후기에 아마도 [ʤ] 발음을 가졌었을 것이다. 현대영어 *edge*의 dg와 유사하며, hrycg, *back*; secgan, *to say*에서 보여진다.

후설모음이 자음군 ng를 선행하면, g는 현대영어 *longer*의 g처럼 연구개 파열음이었다. 이는 hungor, *hunger*; lang, *long*에서 보여진다. 전설모음이 ng를 선행하면 현대영어 *finger*의 g와 거의 유사한 구개 파열음이었다: lengra, *longer*; þing, *thing*.

강세

14. 복합어가 아닌 단어에서 주 강세는 일반적으로 첫 번째 음절인, 어

간 음절에 왔다. 이는 beran, *to carry*; maþelode, *he spoke*에서 보여진다. 두 번째 요소가 명사나 형용사인 복합어는 일반적으로 첫 번째 요소에 주 강세가 왔다. 두 번째 요소가 동사인 복합어는 두 번째 요소가 주 강세를 가졌다. 이는 복합동사와 단순동사들이 나란히 존재함으로써 생긴 변화이다. 따라서 ándgiet, *understanding*와 ongíetan, *to understand*이, ándsaca, *adversary*와 onsácan, *to strive against*이 나란히 존재하였다. 동사에서 파생되거나, 동사와 밀접하게 관련된 명사와 형용사들은 주 강세를 두 번째 음절에 가진다는 점에서 동사와 일반적으로 일치한다. 접두사 ge-에는 늘 약하게 강세가 부여된다.26) 예는 다음과 같다: bebód, *command*; behêfe, *suitable*; gescéaft, *creation*; gemǽne, *common*. 복합 부사는 éalneg(< ealne weg), *always*와 onwég, *away*에서처럼 더 중요한 요소에 주 강세가 왔다.

음운론

15. 모든 살아있는 언어는 끊임없이 변화한다. 음운론은 소리가 겪는 변화들을 다루는 언어학의 한 분야이다. 고대영어를 전공하는 학생들에게 음변화 연구의 주된 가치는 그러한 연구가 동일어의 수많은 이형태와 문헌에 나타나는 수많은 관련어가 존재하는 것에 대한 이유를 이해하도록 도와 준다는 점이다; 어떤 변화를 기대해야 할 지를 알게 되어, 필요하기 때문에 이유 없이 외워야 하는 분량이 줄어든다.

---

26) 저자는 비강세 음절을 이렇게 표현하는 듯하다.

음변화는 영어사의 각 단계에서 발생되어 왔다. 그러나 그 음변화는 매우 서서히 발생하고, 지난 몇 백년 동안 이 음변화들이 문어(written language)에 반영되어 오지 않았기 때문에, 우리는 대체로 이 음변화들을 알아채지 못한다.

음변화가 언급되면, 항상 우리는 다음을 기억해야만 한다. 말(speech)은 개인들의 행동이고, 어떤 두 사람도 똑같이 말하지 않는다는 것이다. 한 개인의 발음에 있어 사소한 엉뚱함은 일반적으로 알아채지지 않는다. 결국 스스로가 수정할 수도 있다. 그러나 대다수의 화자의 말에서 발생하는 규범으로부터 벗어난 동일한 변이들은 결국 주어진 사회의 대다수의 화자들에 의해 받아들여질 수 있다. 이것이 발생하면, 음변화가 발생했다고 말해진다. 음변화에 흔히 있는 요인은 좀 더 발음을 쉽게 하려는 경향이다. 그러나 이해를 유지하고자하는 욕구가 이러한 경향이 지나치게 나아가는 것을 막는다. 자음동화(§90)와 같은 음변화들은 발음을 쉽게 하고자 하는 경향의 예이다. 그러나 고대영어의 모든 음변화들이 이런 방식으로 설명될 수 있는 것은 아니다. 발성기관의 움직임에 의한 음변화의 음성적 기반을 고려하는 것이 늘 바람직하다. 그렇게 함으로써, 그리고 고대영어 어휘와 동족어의 어휘를 비교함으로써, 문헌에 기록되어 있지 않았더라도 한때 존재했었음에 틀림없다고 알고 있는 형태를 재구하는 것이 자주 가능하다. 예를 들어 slēan, *to strike*는 초기에 *slahan이었다고 말하는 것은 꽤 안전하다고 할 수 있다. 그러한 형태들이 문법에 주어지면 일반적으로 앞에 별표(*)를 붙인다. 이 표시는 그러한 형태들이 가설적인 것임을 나타내는 관습적인 표시이다.

음변화는 독립적인(혹은 고립적인)것과 의존적인(혹은 조합적인) 것으로 분류된다. 제1차 변화는 주변음이 무엇이든지 주어진 시기와 장소에서 언어의 주어진 소리에 영향을 준다; 제2차 변화는 주변음에 의존한다. 이 두 종류의 음변화는 오늘날 영어에 발생하는 음변화에서 그 예를 찾아볼 수 있다. *Day*와 같은 단어에서 이중모음의 첫 번째 요소를 좀 더 입을 벌려 발음을 하려는 경향은 독립적 변화이다; *off*나 *coffee*에서 종종 들리는 o의 장음화는 의존적 변화의 결과이다. 고대영어에서 ā의 전향화(fronting)(§§27, 28)는 독립적 변화이고, 반면에 전설 모음변이(front mutation)는 의존적 변화이다.

16. 음변화의 규칙적 작용은 종종 유추의 영향에 의해 방해받는다. 언어학적 의미에 있어 유추는 주어진 단어의 형태가 다른 단어들과의 연상 작용에서 비롯한 변형으로 구성되어 있다. 음변화와 유추의 본질적인 차이는 전자는 점진적인 발달인 반면에 후자는 급작스런 대체이다. 유추의 효과는 일반적으로 한 언어의 불규칙성을 없애는 것이며, 음운론과 어형론에 영향을 준다. 유추에 의한 음변화 간섭의 예는 pæþ, *path*의 단수 속격에서 발견된다. 규칙형은 pæþes이다. 그러나 유추형인 paþes 역시 복수 주격형인 paþas(여기서 어간 모음 a는 후향화(retraction)(§§27, 29)의 결과이다.)와 같은 복수형의 영향으로 발생한다. 어형론에 있어 유추의 예는 고대영어 시기 초기에 시작하여 그 이후 크게 증가된 경향으로서 강변화 동사가 약변화 동사로의 변화와, 다른 부류의 명사들이 a-격변화(a-declension) 명사로의 변화를 예로 들 수 있다.

제1장
강하게 강세를 받는 음절의 모음

17. §§18-21에서 기술된 음변화는 공통 게르만어(Common Germanic) 시기에 발생하였으며, 따라서 그 영향은 고대영어 뿐만 아니라 다른 게르만어에서도 발견된다. 본 장에서 기술되는 다른 음변화는 앵글로-프리지안(Anglo-Frisian) 혹은 고대영어에 발생하였다. 대부분의 경우 남아있는 가장 초기의 고대영어 문헌의 시기보다 이전의 시기에 발생하였다. 일부 음변화를 야기시킨 모음이나 자음은 그 자체가 변화를 겪거나, 고대영어 초기 문헌 시기 이전에 사라졌다. 그러나 다른 언어들에 존재하는 동족어를 비교함으로서 초기형을 재구하는 것이 자주 가능하다.

게르만어 시기의 변화[27]

18. 다른 자음을 선행하는 비음 앞의 e는 i로 상승되었다.[28] 따라서 제3군의 강변화 동사들에서, bindan, *to bind*; drincan, *to drink*과 bregdan, *to brandish*; helpan, *to help*과 같은 형태들이 나란히 나타난다. 마찬가지로 고대영어 wind, *wind*와 라틴어 동족어인 ventus를 비교하기.

---

27) 원게르만어(Proto Germanic) 시기에 발생한 변화들을 일컫는다.
28) 간단히 공식화하면 다음과 같다: e → i / ___ nasal + C (이후로 C는 자음(consonant)를 지시한다.)

19. e에서 i로의 동일한 변화가 다음 음절에 ī 혹은 j가 올 때에도 일어났다.29) 변화를 일으킨 ī 혹은 j는 일반적으로 나중에 사라지거나 e로 약화되었다. 따라서 직설법 2, 3인칭 단수 현재형인 bir(e)st, bir(e)þ; hilpst, hilpþ가 beran, *to carry*; helpan, *to help*와 나란히 존재하였다.

20. 게르만어에서는 다음 음절에 a, ō, 혹은 ǣ가 오고 그 사이에 비음 + 자음이나 ī 혹은 j가 오지 않으면, (a) u는 o가 되었고, (b) i는 종종 e가 되었다.30) 게르만어의 과거분사의 어미가 a(고대영어에서는 e가 되었다.)이었기 때문에, 제3군의 강변화 동사들에 bindan, *to bind*의 과거분사인 bunden과 더불어 helpan, *to help*의 과거분사 holpen을 가지게 된다. 또한 게르만어 *weraz에서 비롯한 고대영어 wer, *man*와 라틴어 동족어 vir를 비교하기.

21. §18에 기술된 음변화가 일어난 후, h 바로 앞의 n은 선행 모음을 보상적 장음화(compensatory lengthening)를 시키고 사라졌다(§78). 이 변화로 인하여 발생한 장모음은 처음에는 비음화가 되었고, 한층 더 나아가 비음화된 ā는 원시영어 시기에 ō가 되었다 (비음 앞에서 a에서 o로의 유사한 변화는 §23을 참조하기). 예는 다음과 같다: þencan, *to think*의 과거형 þōhte(< *þanhta); þyncan, *to seem*의 과거형 þūhte (< *þunhta); fōn(< *fōhan 혹은 이보다 초기형인 *fanhan), *to seize*(cf. 고딕어 fāhan).

---

29) 표면적으로만 동일해 보이지 전혀 다른 변화로 간주된다. §18의 경우 비음 앞에서의 상승화이고 §19의 변화는 잘 알려진 전설 모음변이(front mutation 혹은 i-mutation)이다.

30) 대략 공식화하면 다음과 같다:
(a) u → o / ___ C_0 V (C)
(b) i → e / ___ C_0 V (C)
C_0 ≠ Nasal + C 혹은 j, V = a, ō, 혹은 ǣ

비음의 영향

22. §21에서 기술된 선행 모음의 보상적 장음화와 a에서 o로의 원순모음화를 동반한 비음 탈락은 앵글로-프리지안의 모음 + 비음 + h가 아닌 무성 마찰음인 [f], [s], 혹은 [θ]으로 구성된 그룹에서 발생하였다. 따라서 cūþe(< *kunþ-), cunnan, to know의 과거; tōþ, tooth(< *tanþ-); gōs, goose(< *gans-); sōfte, softly(cf. OHG. samfto)가 그 예이다.

23. 비음 앞에 위치한 서게르만어(WGmc) ā는 고대영어에서 원순모음화되었고 서게르만어 ō에서 발달한 ō와 합쳐졌다. 따라서 제4군 강변화 동사에서 cunnan, to know과 niman, to take의 과거형 cōmon, nōmon은 beran, to carry의 과거형 bǣron (여기서는 게르만어 ā가 æ로 전설모음화(§28)가 되었다.)과 나란히 발견된다.

24. 비음 앞에 위치한 서게르만어 a는 고대영어에서 약간 원순모음화되었고, 음가에 있어서는 a와 o사이의 모음이 되었다. 가장 초기의 고대영어 필사본에서 흔히 있는 철자는 a이다; 초기 서색슨 방언에서는 o가 더 흔하다; 후기 서색슨 방언에서는 a가 다시 o보다 흔하게 된다. 예로서 mann, monn, *man*; land, lond, *land*가 있다.

25. 서게르만어 e는 고대영어에서는 m 앞에서 i로 상승되었다. 따라서, niman, *to take*은 beran, *to carry*과 동일한 강변화 동사군에 속한다.

26. 서게르만어 o는 niman, *to take*의 과거분사인 numen에서처럼 (beran, *to carry*의 과거분사는 boren이었던 반면에) 고대영어에서는 비음 앞에서 u로 상승되었다.

ā의 전향화(Fronting)와 ǣ의 후향화(Retraction)

27. 게르만어 a는 비음 앞에서 원순모음이 되지 않았을 때(§24) 고대영어에서 æ로 전향화되었다. 예로서 dæg, *day*(cf. 고딕어 dags)와 fæger, *fair*(cf. 고딕어 fagrs)가 있다.

새로 만들어진 æ는 일반적으로 다음과 같은 조건들에서 a로 후향화되었다.

(a) 다음 음절에 후설모음이 오고 개음절(open syllable)에 있을 때: dagas; fatu, 복수 주격~dæg, *day*; fæt, *vessel* 단수 주격.

(b) i가 뒤따르지 않은 w 앞에서: clawe, clēa, *claw*의 단수 속격, 여격(cf. §62).

(c) 앵글리안 방언의 l + 자음 앞에서: 앵글리안 방언 ald, *old*; cald, *cold*.

28. 게르만어 ǣ에서 독립적 변화로 발달한 서게르만어 ā는 비음 앞에서 이미 원순모음화되었을 경우(§23)를 제외하고 고대영어에서 ǣ로 전설모음화되었다. 예로서 sǣd, *seed*(cf. OHG. sāt)와 biddan, *to pray*의 과거 복수형인 bǣdon이 있다.

개음절(open syllable)의 ǣ는 다음 음절에 후설모음이 오고 그 사이에 자음, 특히 g, w, 혹은 r이 끼어있을 때 ā로 후향화되었다. 따라서 sēon, *to see*과 licgan, *to lie*의 과거형인 sāwon과 lāgon; mǣg, *kinsman*의 복수형인 māgas가 있다.

29. 유추가 종종 æ와 ǣ의 후향화의 규칙적 작용을 방해하였고, 따라서 다음과 같은 예가 발견된다: paþas와 같은 복수형과의 유추작용으로 만들어진 pæþ, *path*의 단수 속격형인 paþes와 단수 여격형인 paþe가 pæþes, pæþe와 나란히 쓰였다. 마찬가지로 wǣren, lǣgen과 같은 가정법형[31]이나 sǣton과 같은 과거형과의 유추작용의 결과로 wǣron, *were*

과 lægon, *lay*이 발견된다.

30. 켄트 방언과 남부 머시안 방언에서 전설모음화의 결과로 만들어진 æ는 e로의 다음 단계의 변화를 겪었다. 대부분의 비서색슨 방언들에서는 전설모음화의 결과로 만들어진 æ는 가장 초기의 기록물이 존재하기 이전에 ē로 상승되었다.

분열(Fracture)

31. 음의 분열(fracture 혹은 breaking)은 일부 후자음들 앞에서 전설모음의 이중모음화에 붙여진 이름이다. 이 변화는 입안에서 흐르는 공기 기류의 방해 없이 혀가 앞에서 뒤로 움직임으로 인하여 야기되었다. 결과는 후설모음-전이음이 전설모음과 후자음사이에 만들어졌고, 만들어진 전이음은 선행 모음과 합쳐져 이중모음을 형성하게 되었다. 분열을 야기시킨 자음은 h였으며, l과 r도 뒤에 다른 자음이 오면 변화를 야기시켰다.

32. 자세한 변화는 다음과 같다:

(a) æ는 h나 h + 자음 앞에서, r + 자음 앞에서, (서색슨 방언에서는) l + 자음 앞에서 ea가 되었다. 따라서 제3군 강변화 동사들에서 feohta, *to fight*, weorpan, *to throw*, helpan, *to help*는 과거형을 각각 feaht, wearp, healp를 가지는 반면에 bregdan, *to brandish*는 과거형 brægd를 가진다; 마찬가지로 sellan, *to give*의 과거형 sealde를 참조하기.

(b) e는 h나 h + 자음 앞에서, r + 자음 앞에서, lh와 lc 앞에서 eo가 되었다. 따라서 제3군 강변화 동사들에서 feohtan, *to fight*, beorgan, *to*

---

31) 명령법, 원형, 현재분사형에서는 æ 대신에 e가 발견된다.

protect, feolan, *to penetrate*(< *feolhan, §§64(c), 98를 참조하기), 그리고 āseolcan, *to become sluggish*은 helpan, *to help*과 bregdan, *to brandish*과 더불어 존재한다.

(c) i는 h나 h + 자음 앞에서, r + 자음 앞에서 io(후에 서색슨 방언에서는 일반적으로 eo가 되었다.)가 되었다. 예로서 liornian, leornian, *to learn*; tiohhian, teohhian, *to think*이 있다.

(d) 장모음들은 h 앞에서만 분열되었다: ǣ, ē, ī는 각각 ēo, ēo, īo(후에 ēo)가 되었다. 분열이 일어날 무렵에 ǣ는 서색슨 방언과 가까이 인접한 방언들에서만 존재했었던 반면에, ē는 다른 방언에서는 흔하였고(§30) 서색슨 방언에서는 드물었다. 예로서 nēah, *near*; tēon, *to accuse* (초기형은 *tīhan)이 있다.

33. 앵글리안 방언에서는 서색슨 방언에서 보다 분열이 덜 빈번하였다. 앵글리안 방언에서는 l + 자음 앞 (§27(c)), 종종 r + 자음 앞에서 ald, *old*처럼 서색슨 방언의 ea 대신에 a가 존재하였고, 특히 순음(labials) 주변에서 그러하였다: bearn∼barn, *child*.

34. 전설모음 æ보다는 후설모음 a가 음성적으로 분열(§31)에 더 많이 영향을 받던 경향이 있었기 때문에, 아마도 분열이 a의 전설모음화(§27)보다 더 나중에 일어났을 것이다. 분열은 slēan, *to strike*(< *sleahan, cf. 고딕어 slahan)와 같은 단어에 일어났기 때문에, 아마도 분열은 æ에서 a로의 후향화(§27)보다 먼저 발생하였을 것이다.

35. 고대영어의 소수의 단어들은 r + 자음 앞에서 이중모음을 가지지 않았다; 예로서 irnan, *to run*과 그 과거형 arn, 그리고 berstan, *to burst*과 그 과거형 bærst가 있다. 이러한 단어들에 분열이 일어나지 않은 것은 분열이 발생한 시기에는 r이 모음을 신행하였고, 그리고 나서 음위전환(metathesis)(§91)이 발생하였기 때문이다.

전향 이중모음화(Front Diphongization)

36. 원시 고대영어 시기에 무성 연구개 파열음 c와 유성 연구개 마찰음 g는[32] 전설모음(§83)이 바로 뒤에 오면 조음점이 앞으로 이동되었고, sc 자음군의 c는 뒤에 오는 모음의 음가가 무엇이든 간에 입 앞쪽에서 발음되었다. 이후에 서색슨 방언에서는 전향화된 c, g, sc가 뒤에 오는 전설모음들인 e, æ, ǣ를 각각 ie, ea, ēa로 이중모음화시켰다. 자음으로부터의 후전이음(off-glide)이 형성되어, 뒤에 오는 모음과 결합하여 처음에는 상승 이중모음(rising diphthong)을 형성한 다음, 앞의 전이음에 강세가 옴으로서 하강 이중모음(falling diphthong)이 되었다. 예로서 gieldan, *to pay*(cf. OS. geldan); giefan, *to give*(cf. ON. gefa)와 giefan의 단수 과거형 geaf, 복수 과거형 gēafon; ciele, *cold*; scieran, *to cut*이 있다.

37. ceorfan, *to cut*과 georn, *eager*와 같은 단어들이 보여주듯이, 전향 이중모음화는 분열(fracture)(§31)보다 나중에 발생하였다. 각 단어에서 모음은 게르만어 시기에 e이었다. 이 단어들에서 전향 이중모음화가 분열보다 먼저 발생하였다면, e는 아마도 ie가 되었을 것이다.

38. 철자 g는 게르만어 j에서 왔으며 고대영어에서 [j]를 나타내기 위하여 자주 사용되었다. iung, *young*(cf. 고딕어 juggs)와 나란히 사용된 geong와 gēar, *year*(cf. 독일어 Jahr)에서 보여진다. 이러한 기원을 가진 g와 sc 뒤에서 고대영어에서 자주 이중글자(digraph)인 eo가 자주 발견된다. 심지어는 sceort, *short*, sceolde, *should*, geoc, *yoke*, geong, *young*에서처럼 반모음(semi-vowel)이 원래부터 후설음일 때에도 그러하였다. 이러한 철자가 고대영어 시기에 원래부터 존재하였던 이중모

---

[32] 저자는 문장에서 언급되는 발음을 나타내기 위하여 발음 기호가 아닌 이 발음을 나타냈던 철자를 사용하고 있다. 즉 [k]와 [ɣ]를 의미한다.

을 나타냈는지 혹은 전설모음이 선행하는 자음의 전설성을 표시하기 위한 철자 장치로서 삽입되었는지 확실하지 않다. 일반적으로 후기 발달은 이중모음화가 발생했던 것이 아니라, 이러한 현대영어들이 대체로 전향 이중모음화가 일어나지 않은 서색슨 방언에서 비롯했을 수 있다는 견해를 지지해 준다.

전설 모음변이(Front Mutation)

39. 전설 모음변이(front mutation), 혹은 i/j-모음변이(i/j-mutation)는 i, ɪ, 혹은 j가 선행하는 모음이나 이중모음을 다른 모음으로 바꾸어 놓은 음변화에 붙여진 이름이다. 현재 남아 있는 고대영어 문헌이 씌여진 시기쯤에는 이 변화를 가져온 ɪ나 j는 일반적으로 사라졌거나, e로 약화되었으나, 원시 영어시기의 ɪ나 j의 존재는 선행 모음의 변화로 혹은 같은 어족의 언어들을 비교함으로써 추론할 수 있다. 전설 모음변이는 고대영어의 가장 중요한 음변화들 가운데 하나이며, 대부분의 모음들이 영향을 받았다. 변화의 효과는 영향을 받는 모음들이 조음 위치에서 i에 가까이 가는 것이다. 따라서 후설모음은 상승되었고, 전설 개모음들은 좀 더 폐모음에 가까워 졌다.[33]

40. 전설 모음변이로 인한 변화는 다음과 같다:

a는 æ가 되었다. 앵글리안의 **ældra**(ald, old의 비교급)와 **færeþ**(faran, to go의 3인칭 단수 직설법 현재형)에서 보여진다.

전향화(§27)의 결과 만들어진 æ는 대체로 e가 되었으나, 때때로 자음

---

[33] 저자는 후설모음은 상승되었다고 하나 (Hence back vowels were raised. . . p.17) 이는 잘못된 표현인 듯하다. 전설 모음변이에 영향을 받는 후설모음들은 전설모음화되었다.

군 앞에서 æ가 발견된다. 예로서 æfnan과 efnan, *to perform*[34]; settan, *to set*(< *sættjan < *satjan cf. 고딕어 satjan); *hæri(cf. 고딕어 harjis)에서 발달한 here, *army*가 있다.

a나 o는 비음 앞에서(§24) 일반적으로 e가 되었다.[35] 일부 남동부 방언에서는 æ가 발견된다. 예로서 *framjan(cf. fram, *bold*)에서 발달한 fræmman과 fremman, *to perform*; menn(mann, monn, *man*의 단수 여격, 복수 주격, 대격)이 있다.

o는 œ단계를 거쳐 e가 되었다. 이는 dohtor, *daughter*의 단수 여격인 dehter에서 보여진다.

u는 y가 되었고, 이는 cymest, cymeþ(cuman, *to come*의 2인칭, 3인칭 단수 직설법 현재형[36])와 þyncan, *to seem*(< þunkjan)(cf. 과거형 þūhte < *þunht-)에서 보여진다.

ā는 ǣ가 되었고 이는 hǣlan, *to heal*(cf. hāl, whole); gǣst, gǣþ (gān, *to go*의 2인칭, 3인칭 단수 직설법 현재형[37])에서 보여진다.

ō는 œ̄의 단계를 거쳐 ē가 되었다. 이는 dēman, *to judge*(< *dōmjan) (cf. dōm, *judgement*)와 sēcan, *to seek*(cf. 과거형 sōhte)에서 보여진다. œ̄단계는 앵글리안 방언에서 때때로 유지되었다.

ū는 ȳ가 되었다. 이는 brȳcþ(brūcan, *to enjoy*의 3인칭 단수 직설법 현재형)와 fȳsan, *to send forth*(cf. fūs, *eager*)에서 보여진다.

io는 eo가 되었으며, 이후에 서색슨 방언에서는 i 혹은 y가 되었고, 나머지 방언에서는 그대로 남았다. 이는 서색슨 방언의 fieht(feohtan, *to*

---

34) 파생된(derived) e가 아닌 원래의(original) e를 가진 동사 efnan은 '*행하다*'(to perform)이 아니라 '*평평하게 되다, 고르게 되다*'(to make even)의 의미를 가진다.
35) a는 æ로 변화하였다가 비음 앞에서 e로 되었다라고 주로 설명된다.
36) 전자가 2인칭이고 후자가 3인칭이다.
37) 전자가 2인칭이고 후자가 3인칭이다.

*fight*의 3인칭 단수 직설법 현재형); āfierran, āfirran, āfyrran, *to remove*(cf. feorr, *far*); 서색슨 방언의 ierre, 앵글리안 방언의 iorre, eorre, *angry*에서 보여진다.

īo 혹은 ēo는 īe가 되었으며, 이후에 서색슨 방언에서는 ī 혹은 ȳ가 되었고, 나머지 방언에서는 그대로 남았다. 이는 서색슨 방언의 flīehþ (flēon, *to fly*의 3인칭 단수 직설법 현재형); 앵글리안 방언의 strēonan, *to acquire*(cf. gestrēon, *property*)과 서색슨 방언의 strīenan, strīnan, strȳnan에서 보여진다.

ea는 eo가 되었으며, 이후에 서색슨 방언에서는 i 혹은 y가 되었고, 나머지 방언에서는 e가 되었다. 이는 서색슨 방언의 hliehhan, hlihhan, *to laugh*(cf. 고딕어 hlahjan); eald, *old*의 비교급인 서색슨 방언의 ieldra, 켄트 방언의 eldra(앵글리안 방언에서는 ald에서 파생한 ældra, §33을 참조하기)에서 보여진다.

ēa는 īo가 되었으며, 이후에 서색슨 방언에서는 ī 혹은 ȳ가 되었고, 나머지 방언에서는 ē가 되었다. 이는 서색슨 방언의 hīeran, hīran, 앵글리안 방언의 hēran, *to hear*에서 보여진다.

41. 모든 방언에서 i, ī, ē, æ는 전설 모음변이에 적용을 받지 않았으며, io와 īo는 비서색슨 방언에서 영향을 받지 않았다.[38] e는 게르만어에서 i 혹은 j 앞에서 이미 i가 되었다(§19).

a와 o의 모음변이는 비음 앞을 제외하고는 드물었다. 이는 전설 모음변이가 일어날 무렵에 이들 모음이 다음 음절에 i 혹은 j를 가지는 단어에 나타나지 않았기 때문이다(§§19, 27). 전설 모음변이가 일어날 무렵에 이들 모음이 i 혹은 j 앞에 나타났다면, 이는 일반적으로 유추작용의 결과이다. 예는 다음과 같다:

---

38) æ의 경우 음변화가 적용되지 않았다는 것을 다음의 예에서 보여진다: dǣd, *deed*, '행위'; lǣce, *physician*, '의사'; mǣre *famous* '유명한'.

(a) 동사 faran의 2, 3인칭 단수 직설법 현재형에서 서게르만어 *faris, *fariþ는 전설모음화의 결과로서 *færis(t)와 *færiþ를 규칙적으로 만들어 냈을 것이며, 이들은 전설 모음변이와 그 이후 발생한 어중 탈락(syncope)이나 비강세모음 i의 e로의 약화현상(§72)의 결과로 *fer(e)st와 *fer(e)þ가 되었을 것이다. 그러나 전설모음화 이후에 faran과 같은 단어와의 유추작용의 결과로서 a가 æ를 대신하였다. 그런 이후에 이 유추작용의 결과 만들어진 a가 æ로 전설 모음변이되었고, fær(e)st와 fær(e)þ를 만들었다.

  (b) dehter(dohtor, *daughter*의 단수 여격형)는 *dohtri에서 발달하였으며, 후자에서의 o는 명사의 다른 격에서 왔으며, *duhtri(이 단어는 고대영어에서 *dyhter가 되었었을지도 모른다.)의 음운적으로 규칙적인 u를 대신하였다.

  42. 어떤 쌍의 단어들에서는 o와 y 사이의 변이가 있었다. 이는 fox, *fox*~fyxen, *vixen*; gold, *gold*~gylden, *golden*; coss, *a kiss*~cyssan, *to kiss*에서 보여진다. 이 변이의 이유는 o와 y 모두 초기형 u에서 비롯하였기 때문이다. 초기형인 fox, gold, coss는 a를 가진 어미를 가졌었으며, 이 a가 어간 모음인 u를 o로의 변화를 야기시켰다(§20). 반면에 fyxen, gylden, cyssan은 두 번째 음절에 ī 혹은 j를 가지게 되었고, 그 결과 어간 모음 u에 전설 모음변이가 적용되어 y를 가지게 되었다.

  43. 제2군 약변화 동사에 속하는 동사들은 어간 모음의 전설 모음변이를 보이지 않는다.[39] 이 변화가 적용된 후에 어미의 i가 만들어졌기 때

---

[39] 고대영어 제2군 약변화 동사는 공통적으로 -ian 어미를 가진다. 표면적으로 보기에는 전설 모음변이의 촉발요소(trigger)인 i를 가짐으로써 모음변이가 일어날 것 같지만 다음 문장에 주어진 설명에서처럼 고대영어의 i는 전설 모음변이가 적용될 당시에는 만들어지지 않았다. 또한 게르만어 시기의 *-ōjan(혹은 *-ējan)의 j는 비록 어미에 있었지만 어간 모음 바로 다음 음절에 오지 않기 때문에 전설 모음변이를 가져올 수 없었다.

문이다. 게르만어 시기의 어미는 *-ōjan이었다. 어미의 j는 바로 선행하는 모음을 ē로 변화시켰고, *-ējan은 약하게 강세를 받기 때문에 -ian 으로 약화되었다.

44. 전설 모음변이는 분열(§31)보다 나중에 발생하였다. 이는 서색슨 방언의 ieldra(eald, *old*의 비교급형) 혹은 wiext(weaxan, *to grow*의 3인칭 단수 직설법 현재형으로 *weahsan에서 비롯함)과 같은 단어에서 보여진다. 어간 모음은 a > æ > ea > ie의 순서로 발달하였다; 만약 전설 모음변이가 분열 보다 먼저 발생하였다면, 모음의 발달은 a > æ > e > (eo)이었을 것이다. 전설 모음변이는 전향 이중모음화(§36)보다 나중에 발생하였다. 이는 후기 서색슨 방언의 cȳse, *cheese*(< *cāsi- < Latin cāseus)와 같은 단어에서 보여진다. 어간 모음의 발달은 ā > ǣ > ēa > īe > ȳ이었다; 만약 전설 모음변이가 전설 이중모음화보다 먼저 발생하였다면, 모음의 발달은 ā > ǣ > ēa이었을 것이다.

후설 모음변이(Back Mutation)

45. 고대영어 전설 단모음(i, e, æ)은 후설모음(u, o, a)이 다음 음절에 오면 자주 io, eo, ea로 이중모음화 되었다. 이 변화는 분열과 유사하나, 나중에 발생하였다. siondon, *are*와 seoþþan, *afterwards*에서 보여지는 것처럼 때때로 예외가 있지만, 대체로 후설 모음변이는 하나의 자음 뒤에서만 발생하였다. 이 변화는 서색슨 방언에서 보다는 비서색슨 방언에서 예외 없이 더 잘 적용되었다. 서색슨 방언에서 이 변화는 u, o, a가 뒤에 올 때 i의 후설 모음변이와 u가 뒤에 올 때 e의 후설 모음변이에 한정되어 있으며, 비음이나 유음의 자음 앞에서만 일반적으로 적용되었다. 켄트 방언에서 이 변화는 하나의 모든 자음 앞에서 발생하였고, 앵글

리안 방언에서는 통상적으로는 후설 자음인 c, g, h 앞에서 이 변화는 발견되지 않았다. 변이를 야기시켰던 u는 일반적으로 o로 하강되었거나, 대부분의 문헌이 존재할 시기에는 어중탈락(syncope)되었다. 서색슨 방언의 규칙적인 예는 다음과 같다:

(a) e는 u 앞에서 eo가 되었다. 이는 heofun, heofon, *heaven*; heolstor(초기형 helustr), *darkness*; heorot, *hart*에서 보여진다.

(b) i는 다음과 같은 경우에 io가 되었다(후기에는 eo가 되었다). i) u 앞에서, 이는 siolufr, siolfor, *silver*와 clipian, *to call*의 과거형인 cliopude, cliopode에서 보여진다. ii) a 앞에서, 이는 *their*의 복수 속격인 hiora, heora와 liofas(t), liofaþ (libban, *to live*의 2, 3인칭 단수 직설법 현재형)에서 보여진다.

46. 후설 모음변이의 결과는 특히 서색슨 방언에서 유추에 의하여 자주 제거된다. 가령 서색슨 방언의 복수형 clifu와 scipu(cf. 앵글리안 방언의 cliofu, sciopu)는 단수형 clif, *cliff*와 scip, *ship*의 영향 때문이다.

47. æ에서 a로의 후설 모음변이는 일반적으로 머시안 방언에서만 일어났으며, 이 방언에서 æ는 다시 후향화도 전향화도 되지 않았다. 예는 다음과 같다: 머시안 방언 복수형 featu, *vessels*; fearan, *to go*. 다른 방언에서 æ는 다음 음절에 후설모음이 오면 후설 모음변이가 일어나기 전에 후향화되었다. 서색슨 방언에서는 아주 소수의 단어들만이 æ에서 ea로의 후설 모음변이를 보이며, 이 가운데 가장 흔한 경우가 ealu, *ale*이다.

48. 다음 음절에 후설모음이 오고, w가 선행하면, i와 e는 자주 u와 o로 되었다. 이는 wudu, *wood*(cf. ON. viðr); swutol, *evident*; wuta, *wise man*; woruld, *world*, swostor, *sister*에서 보여진다.

구개자음의 영향

49. 고대영어의 모든 방언에서 구개자음인 c, g, sc는 다음에 오는 모음과 이중모음에 영향을 주었고, c, g, h는 선행하는 모음과 이중모음에 영향을 주었다. 이 영향은 종종 평탄화(smoothing)[40]라고 불리우는데, 일반적으로 이중모음의 단순모음화와, y의 비원순모음화의 형태로 나타났다. 변화의 자세한 내용은 다음과 같다.

50. hs(x의 철자로 표시됨)와 ht 앞에서 e와 i가 음의 분열의 결과로 만들어진 이중모음인 eo와 io는 초기 서색슨 방언에서 다음 음절에 후설모음이 뒤따라 오지 않으면 ie가 되었고, 이 ie는 후기에 y 혹은 i가 되었다. 일반적인 형태는 siex, six, syx, *six*; 복수형 cneohtas와 단수형 cniht, *youth*; feohtan, *to fight*이었다. 그리고 나서, 수평화가 양 방향으로 이루어져 단수형 cneoht, 복수형 cnihtas, 실사 gefeoht, *fight*와 같은 형태가 만들어 졌다.

51. 초기 서색슨형인 ǐe는 그 기원이 무엇이었든 간에 후기에 ȳ 혹은 ī이 되었다. ī는 특히 c, g, h, sc 주변에서 흔하였으나, 때때로 다른 위치에서 발견된다. 예로서 giefan, gyfan, gifan, *to give*; hīeran, hȳran, hīran, *to hear*; ieldra, yldra, *older*가 있다.

52. 경구개음인 c, g, h 혹은 n 앞에서 초기 고대영어의 ȳ는 후기 고대영어 시기에 자주 ī이 되었다. 예로서 cynn, cinn, *race*; dryhten, drihten, *lord*이 있다.

53. 후기 서색슨 방언에서 ĕa는 c, g, 혹은 sc가 선행하거나, c, g, 혹은 h가 뒤에 올 때 ĕ가 되었다. 이는 cerf~cearf(ceorfan, *to cut*의 과거형); gēr~gēar, *year*; scēp~scēap, *sheep*; bēcen~bēacen, *beacon*;

---

[40] 중세영어 시기의 수평화(levelling)와 구분하기 위하여 평탄화란 용어를 사용하였다.

bēg~bēag, *ring*; ehta~eahta, *eight*에서 발견된다.

54. 앵글리안 방언에서 이중모음인 ĕa, ĕo, ĭo는 c, g 혹은 h 앞에서 각각 ǣ, ē, ī로 단순모음화되었다. 이들 자음이 홀로 오거나, 유음이 선행하였다. 이러한 기원을 가진 ǣ는 일반적으로 후기에 ē가 되었고, æ는 자주 e가 되었는데, 이는 특히 유음 + c, g, 혹은 h 앞에서 그러했다. 예로서는 앵글리안 방언의 færh, *pig*; ǣge, ēge, *eye*; werc, *work*; sēc, *sick*; gesihð, *sight*; wīh, *idol*이 있으며, 반면에 초기 서색슨 방언형은 fearh, ēage, weorc, sēoc, gesiehð, wēoh이었다.

순음자음의 영향

55. 소수의 고대영어 단어들이 u를 가지고 있으며, §20에 따르면 그 자리에 o를 기대해야만 한다. u는 특히 순음 앞, 뒤에서 발견된다: full, *full*; fugol, *bird*; lufian, *to love*, wulf, *wolf*.

56. 모음을 선행하는 w 앞에 전설모음 e(게르만어 e에서 파생되었든, 전설 모음변이의 결과이든지 간에)가 오면 eo로 이중모음화 되었다: trēo, *tree*의 단수 속격 treowes; eowestre, *sheepfold*(cf. 고딕어 awistr); meowle, *maiden*(cf. 고딕어 mawilō). trēo의 ēo는 다른 기원을 가진다 (§62).

57. 같은 음절에 속한 w 앞에서, ǣ는 자주 ēa가 되었고 ē는 ēo가 되었다. 이는 brǣw와 brēow, *eyelid*; (spōwan, *to succeed*와 flōwan, *to flow*의 3인칭 단수 직설법 현재형인) spēowð와 flēowð에서 보여진다.

58. 선행하는 w는 i의 원순모음화를 자주 가져왔다. w가 부정접사 (negative particle)(§94)와의 축약(contraction)의 결과로서 사라졌을 때 원순모음화는 특히 더 흔하다. 예로서 hywlc, *which*; wyllan, *to be*

willing; nyllan, *to be unwilling*; nyste, *did not know*(willan의 과거 부정)이 있다.41)

59. 후기 서색슨 방언에서 weo는 그 기원이 무엇이었든 간에 wu가 되었고, 이따금 wo가 되었으며, wio(초기형 wi)는 wu가 되었다: swurd, *sword*, 초기형은 sweord; swustor, *sister*, 초기형은 sweostor; (cwicu에서 아마도 후설 모음변이(§45)에 의한 io 중간 단계를 거친) cwucu, *alive*; (wiht에서 아마도 분열(§32)에 의한 io 중간 단계를 거친) wuht, *thing*.

60. 후기 서색슨 방언에서 wyr은 wur가 되었다: wurm(< wyrm, *serpent*); wursa(< wyrsa, *worse*).

축약(Contraction)

61. 어중의 w, j, h 탈락(§§93, 95, 98)의 결과로 두 모음이 나란히 오게 되었다. 이 결과 일반적으로 좀 더 강한 강세를 받았던 첫 번째 모음이 뒤에 오는 모음을 흡수하거나 뒤에 오는 모음과 결합하여 이중모음이 되었다. w의 탈락의 결과 이루어진 축약과 j 혹은 h의 탈락의 결과 이루어진 축약을 구분하는 것이 편리하다.

62. w는 u나 i 앞에서 소실되었다. 다음에 오는 모음이 u이었을 때, w의 소실후 u는 선행하는 모음, a, e, 혹은 i와 결합하여 이중모음인 au, eu, iu가 되었다. 이 이중모음들은 고대영어에서 ēa, ēo, īo 가 되었다. 예는 다음과 같다: clēa, *claw*, 초기형 clawu, cf. 단수 속격, clawe; trēo, *tree*의 복수 주격 trēo(<*trewu). w 뒤에 모음 i가 왔을 때, w의

---

41) nyllan과 nyste의 축약되기 이전 형태는 각각 ne+wyllan과 ne+wyste이다.

소실 이후 이 i는 선행하는 후설모음의 전설 모음변이를 야기시켰고, 그 결과 만들어진 전설모음에 흡수되었다: sæ, sea(초기형 *sāwi-, 게르만어 *saiwiz).[42]

63. 모음 사이에 위치한 j나 h의 소실로 인하여 축약이 일어났을 때 다음의 규칙들이 주어질 수 있다:

(a) 전설모음 ǽ, ḗ, ī̆는 잇따라 오는 전설모음은 흡수했으나, 잇따라 오는 후설모음과는 이중모음을 형성하였다. 이는 앵글리안의 sīþ, see, 초기형 *sihiþ; 고대영어 fēond, enemy, cf. 고딕어 fijands 에서 보여진다. siehþ와 같은 서색슨형에 관하여는 §98을 참조하기.

(b) 후설모음 ā̆, ō̆, ū̆은 잇따라 오는 모음이 무엇이던 간에 흡수하였다. 한 가지 예외는 ū는 뒤에 a가 오면 일반적으로 축약되지 않았다: fōn, to seize, 초기형 *fōhan; scū(w)a, shadow.

(c) 이중모음은 잇따라 오는 모음이 무엇이던 간에 흡수하였다. 이는 sēon, to see, 초기형 *seohan; hēah, high의 남성 속격 단수형인 hēas에서 보여진다.

모음의 장음화(Lengthening)

64. 단모음은 다음과 같은 조건에서 장음화되었다:

(a) 게르만어에서의 단모음은 마찰음 h 앞에서 비음의 상실(§21)로 인

---

42) 음변화의 순서를 도식화하면 다음과 같다: *sāwi- > *sāi > sǽi > sæ

①: w의 소실   ②: 전설 모음변이   ③: 모음 흡수

하여 보상적으로 장음화되었다. 원시 고대영어시기에 단모음은 다른 마찰음 앞에서 비음의 상실(§22)로 보상적 장음화되었다.

(b) 1음절어에서 어말 단모음은 강한 문장 강세를 받을 때 장음화되었다: hwā, *who*; hē, *he*.

(c) 모음 사이에서 h가 소실되었을 때(§98), 선행하는 단모음이 길어졌다: slēan, *to strike*(< *sleahan, cf. 고딕어 slahan). 유음과 모음 사이에서 h가 소실되었을 때, 어간 모음의 장음화가 발생하였을 수도 있었으나, *Wales, Sale, Hale*과 같은 지명에 적용된 이후의 모음 발달은 모음이 단모음으로 그대로 유지되었음을 보여준다.

(d) d나 n 앞에서 g가 소실되었을 때(§99), 선행하는 단모음은 장음화되었다: sǣde~sægde, secgan, *to say*의 과거; frīnan~frigan, *to ask*.

(e) 전설의 g는 고대영어 후기에 ĭ 뒤에서 자주 소실되었다. 이때 선행하는 모음이 짧으면 보상적 장음화를 동반하였다. 이 변화는 -igi- 연쇄에서 가장 먼저 발생하였다: īl~igil, *hedgehog*; līþ, licgan, *to lie*의 3인칭 단수 직설법 현재. 이 변화는 강세가 약하게 주어진 음절[43])에서 가장 쉽게 발생하였고, 이렇게 만들어진 ī는 이후에 다시 단음화되었다: dysi, *foolish*; ǣni, *any*.

(f) 고대영어 후기에 유음[44]) 혹은 비음 + 유성 자음(예: ld, mb, nd.ng, rd, rl, rn) 앞에서 단모음은 자주 장음화되었다. r + 자음 앞에서의 장음화는 다른 자음군 앞에서의 장음화보다 덜 빈번하였고, 그 효과가 덜 오래 지속되었다. 이 자음군 뒤에 또 다른 자음이 오면 장음화는 일어나지 않았다: húnd~hundred, *hundred*; cíld, *child*~복수형 childru(길이의 변화는 현대영어 *child*와 *children*에

---

43) 비강세 음절을 지칭하는 듯하다.
44) 유음(liquids)은 l과 r을 일컫는다.

보존되었다.). 장음화는 약하게 강세가 부여된 음절에서는 정상적으로는 발생하지 않았다: wolde, *would*, under, *under*, and, *and*.

모음의 단음화(Shortening)

65. 영어 역사에 있어 여러 시기를 통해 다양한 조건하에 장모음이 단음화되는 경향이 있어 왔다. 아마도 고대영어 시기에는 다음의 조건에서 장모음이 단모음화되었을 것이다:
 (a) 세 개의 자음 앞에서: godspell, *gospel*; 복수 bræmblas, *brambles*. 고대영어에서는 st + 유음 앞에서는 단음화가 일어나지 않았다: wræstlian, *to wrestle*.
 (b) 3음절 이상으로 된 단어의 두 개 자음 앞에서: bledsian, *to bless*(< *blōðisōjan).
 (c) 겹자음 앞에서: læssa, *less*; 여격 ænne, *one*; wimman, *woman*; siððan, *afterwards*.

66. 유추가 단음화를 자주 방해하였다: clænsian, *to cleanse* (cf. clæne, *clean*); mētte, mētan, *to meet*의 과거; fēdde, fēdan, *to feed*의 과거. 단음화는 복합어로 여겨졌던 단어에서 일어나지 않았다. 예를 들어 현대영어 *homestead*는 고대영어 hām-stede에서 비롯하며, 여기서 hām의 영향으로 장모음이 보존되었으나, 반면 지명인 *Hampstead*는 ā가 세 개의 자음군 앞에서 단음화된 형태에서 비롯한다.

67. 단음화가 발생한 대략적인 시기 조차 정하기가 어렵다. 하지만 ī의 단모음화는 seoððan이 보여주는 후설 모음변이(§45)를 선행하였다는 것은 분명하다. 한편 bræmblas에서 단음화는 i의 어중탈락(syncope)(§72) 보다 이후에 발생하였다.

제2장
약하게 강세를 받는 음절의 모음

어말 모음(Final Vowels)

68. 경음절(light syllable)의 1음절어 뒤를 제외하고, 원시 고대영어의 i와 ī는 어말에서 소실되었다: giest, *stranger*; fēt, *feet*. 이러한 예들을 볼 때, 어말 i의 소실은 전설 모음변이보다 이후의 변화이었음이 명확하다.45) 경음절의 1음절어 뒤에서 i는 e로 약화되었다: wine, *friend*.

69. 원시 고대영어의 ō는 u가 되었다. 이는 ō-어간 명사(§108)의 단수 주격, 중성의 a-어간 명사(§109)의 단수 주격, 대격, 앵글리안 방언의 동사(§157)의 1인칭 단수 직설법 현재형의 어말의 -u의 기원이 된다. 이 -u는 다른 기원에서 비롯한 어말의 -u와 더불어 중음절(heavy syllable)의 1음절어 뒤와 첫 번째 음절이 경음절인 2음절로 구성된 어간 뒤에서 소실되었고, 다른 조건에서는 어말의 비강세 -u는 유지되었다: hand, *hand*(cf. 고딕어 handus)와 sunu, *son*; 복수 주격, 대격형인 werod, *troops*와 hēafdu, *heads*가 있다.46)

---

45) giest는 *gasti-에서 fēt는 *fōtiz에서 비롯했다.

46) §§68, 69에 소개된 변화를 흔히들 고대영어 고모음 탈락(High Vowel Deletion in Old English)이라 부른다.

주1.
유추로 인하여 첫 번째 음절이 중음절인 2음절 어간 뒤에서 -u의 소실이 자주 일어났으며, 심지어 첫 번째 음절이 중음절인 경우에도 그러하였다. 2음절의 여성명사의 단수 주격형으로 첫 번째 음절의 길이와 상관없이 -u가 없는 형태가 흔하였다: sāwol, *soul*

 주2.
고대영어 후기에 -u는 -o나 -a로 약화되었다: suno, suna~sunu, *son*.

어중 모음(Medial Vowels)

70. ĭ와 i는 i 하나로 합쳐졌고 이는 가장 초기 문헌에 유지되었으며, 후에는 어중탈락(§72)이 일어난 경우를 제외하고 대체로 e가 되었다. 예로서 초기형 birist, biriþ와 후기형 birest, bireþ(beran, *to carry*의 2, 3인칭 단수 직설법 현재형); gyldan, *golden*(cf. 고딕어 gulþeins)가 있다. 구개자음 앞에서 i는 그대로 유지되었다: bysig, *busy*; Englisc, *English*.

71. 게르만어 a는 부정사(infinitive) 어미 -an에서처럼 같은 음절에 속한 n 앞에서 그대로 남아 있었다. 하지만 다른 위치에서는 중간 단계인 æ를 거쳐 e가 되었고, 이는 dæg, *day*의 단수 속격인 dæges와 더 오래 전 형태인 dægæs에서 보여진다. 이렇게 만들어진 e는 g 앞에서 i로 변했다: hunig~huneg, *honey*; manig~maneg, *many* (cf. 고딕어 manags). g 앞에서 e에서 i로의 변화는 전설 모음변이 보다 나중에 발생하였다. 이는 hunig와 manig에 전설 모음변이가 적용 안 된 것을 통하여 확인된다. 고대영어 접미사 -ig는 두 개의 기원을 가진다: 게르만어 -ig- (cf. 고딕어 mahteigs, *mighty*)와 게르만어 -ag- (cf. 고딕어 manags,

many)이다. 첫 번째 접미사는 전설 모음변이를 야기시켰고, 두 번째 접미사는 그렇지 않다. 따라서 고대영어에 bysig, *busy*와 manig, *many*이 있다. 강변화 동사의 과거분사어미 -en에 관하여는 §162 을 참조하기.

72. 고대영어에서 어중 비강세 모음은 바로 뒤에 하나의 자음이 오면, 장음절(long syllable) 뒤에서 탈락되었다: hālgum, hālig, *holy*의 복수 여격; dēmde, dēman, *to judge*의 단수 과거.[47] 하지만 단음절(short syllable) 뒤에서는 그대로 남아 있었다: heofones, heofon, *heaven*의 단수 속격; nerede, nerian, *to save*의 단수 과거. 또한 자음군이 앞에 오거나 뒤에 오는 경우에도 그대로 남아 있었다. 이 자리에서의 탈락은 남겨진 자음군의 발음을 어렵게 하기 때문이다. 예는 다음과 같다: cyninges, cyning, *king*의 단수 속격; hyngrede, hyngran, *to be hungry*의 단수 과거.

73. 어중의 o는 다음 음절에 후설모음(u, o, a) 가운데 하나가 오면 이화작용(dissimilation)으로 자주 e가 되었다: heofenas~heofonas, heofon, *heaven*의 복수; clipedon~clipodon, clipian, *to call*의 단수 과거.

74. 선행 자음을 가진 유음이나 비음이 뒤에 오는 모음의 탈락 결과 어말에 위치하면,[48] 고대영어에서는 새로운 모음이 유음과 비음 앞에 만들어 졌다.[49] 일반적으로 어간 모음이 전설모음인 경우에는 e가 어간 모음이 후설모음인 경우는 u나 o가 새로운 모음으로 만들어졌다. 예는 다음과 같다: æcer, *field*(cf. 고딕어 akrs); fugol, *bird*(cf. 고딕어 fulgs).

---

47) hālig+um (복수 여격어미)에서 hālgum이 되었고 dēman의 경우 제1군 약변화 동사로 재구형은 dōmjan이다. j는 어간 모음을 전설 모음이시키고, 모음화 된 후 탈락된 것으로 여겨진다 (dōmj+de(1인칭 과거) > dēmi+de > dēmde)

48) 즉, V → ∅ / C $\begin{Bmatrix} L \\ N \end{Bmatrix}$ ___ # (C= 자음, L= 유음, N= 비음) 이면,

49) 이러한 모음을 'parasitic vowel(삽입의 모음)'이라고도 부른다.

75. r 혹은 l과 c, g 혹은 h 사이에 모음이 자주 형성되었다.50) 그렇게 만들어진 모음의 음가는 선행하는 어간 모음의 음가에 따라 결정되었다. 전설모음 뒤에서는 대체로 i이였고, 후설모음 뒤에서는 u나 o이었다. 예는 다음과 같다: 단수 주격 bur(u)g, bur(u)h, *city*; 단수 여격 byr(i)g; fyl(i)gan, *to follow*; woruhte, worohte~worhte, wyrcan, *to work*의 단수 과거.

76. 유사한 모음이 자음 r, l, d, t와 w 사이에 만들어 졌다.51) 그렇게 만들어진 모음은 대체로 u 혹은 o이었으며, 때때로 e도 발견된다. 예는 다음과 같다: 단수 속격, 여격형 beaduwe, beadowe~beadwe, cf. 단수 주격 beadu, *battle*; frætuwe, frætewe~frætwe, *trappings*.

---

50) 간단히 규칙화 하면 다음과 같다:

$$\varnothing \to V / \begin{Bmatrix} r \\ l \end{Bmatrix} \underline{\quad} \begin{Bmatrix} c \\ g \\ h \end{Bmatrix}$$

51) 즉 rw, lw, dw, tw, 사이.

제3장
자음

게르만어 시기의 변화[52]

77. 어중 무성 마찰음 [f], [s], [θ], [x]는 유성음 사이에 오고 주 강세가 선행하지 않으면 게르만어에서 각각 [ƀ], [z], [ð], [ɣ]이 되었다.[53] 이 변화는 일반적으로 베르너 법칙(Verner's Law)라 불리우며 고대영어에 많은 영향을 끼쳐왔지만, 그 이후의 변화들에 의하여 그 결과가 자주 불분명하게 되었다. 변화가 일어날 무렵 강변화 동사의 주 강세는 원형과 단수 과거형에는 어간에 부여되었고, 복수 과거형과 과거분사형에는 어미에 부여되었었다. 따라서 복수 과거형과 과거분사형은 변화의 효과를 보여주고 있는 반면에 원형과 단수 과거형은 그러하지 않다. 서게르만어에서의 [z]에서 [r]로의 변화(§79)와 [ð]에서 [d]로의 변화(§80), 고대영어에서의 유성음 사이에서 [f], [s], [θ]의 유성음화(§84)와 모음 사이의 h의 소실(§98)과 같은 변화의 발달로 인하여, 무성 마찰음과 유성 마찰음 사

---

52) 고대영어 시기 이전의 원게르만(Proto Germanic) 시기를 일컫는다.
53) 주어진 마찰음의 조음점은 대략 다음과 같다.

	순치음(labio-dental)	치음(dental)	연구개음(velar)
무성음	[f]	[θ], [s]	[x]
유성음	[ƀ] (=ß)	[ð], [z]	[ɣ]

[s]와 [z]는 현대영어에서 치경음으로 분류되고 있지만, 게르만어 시기 뿐만 아니라 고대영어 시기까지는 주로 치음으로 분류된다.

이의 규칙적인 교체는 불분명해졌다. 예는 다음과 같다:

[f] > [ƀ] geaf(단수 과거)~gēafon(복수 과거), giefan, *to give*. 철자 f는 geaf에서 [f]를, gēafon과 giefan에서는 [v]와 [ƀ]를 나타낸다(§13(a)). giefan의 유성 마찰음은 §84에 기술된 변화 때문이다.

[s] > [z] cēas(단수 과거)~gecoren(복수 과거), cyre(실사), cēosan, *to choose*. r은 z에서 비롯한다(§79). 원형 cēosan의 [s]에서 [z]로의 유성음화는 서게르만어에서의 [z]에서 [r]로의 변화보다는 후에 일어났다.

[θ] > [ð] lāþ(단수 과거)~lidon(복수 과거), geliden(과거분사)54), līþan, *to go*. d는 초기형의 [ð]에서 비롯한다(§80). 원형 līþan에서 [θ]에서 [ð]로의 유성음화(§84)는 서게르만어의 [ð]에서 [d]로의 변화보다 후에 일어났다.

[x] > [ɣ] sliehþ(3인칭 단수 현재)~slōgon(복수 과거), geslægen(과거분사), slēan, *to strike*. 원형의 h는 모음사이에서 소실되었다(§98). n이 [x]와 [ɣ]를 선행할 때(§§21, 78), 원시 게르만어에서 n은 [x] 앞에서 소실되고, [ɣ] 앞에서는 그대로 남아 있었다. 따라서 fōn, *to seize*의 복수 과거형인 fēngon, 과거분사형인 gefangen과 더불어 3인칭 단수 직설법 현재형인 fēhþ를 가진다.

78. 베르너 법칙의 작용이후, 게르만어에서 n은 h[x] 앞에서 소실되었고, 선행 모음의 보상적 장음화와 비음화를 동반하였다. 이후의 고대영어 시기의 비음화된 장모음의 발달에 관하여는 §21을 참조하기. 변화의 예는 다음과 같다: þūhte, *seemed* (원형 þyncan, *to seem*에서 n은 보

---

54) '과거분사'는 역자가 넣음.

제3장...자음

존되었다.); fōn, *to seize* (< *fōhan (§98) < *fanhan) (cf. 과거분사형 gefangen).

서게르만어 시기의 변화

79. 베르너 법칙(§77)에 의하여 [s]에서 만들어진 [z]를 포함하여, 게르만어의 [z]는 어중에서는 [r]이 되었고, 어말에서는 소실되었다55): gecoren(과거분사)~ cēosan56), *to choose*; herian, *to praise*(cf. 고딕어 hazjan); dæg, *day*(cf. 고딕어 dags).

80. 베르너 법칙(§77)에 의하여 [θ]에서 만들어진 [ð]를 포함하여, 게르만어의 [ð]는 d가 되었다: geworden(과거분사)~weorþan, *to become*.

81. 단모음이 바로 선행하고 뒤에 j가 오면 r을 제외한 모든 어중 단자음은 겹자음화(doubling)되었다. 원시 고대영어 시기에 이 변화를 일으킨 j는 긴 어간(long stem) 뒤에서 소실되었고, 짧은 어간(short stem) 뒤에서는 모음화되었다(§95). 따라서 어중 자음으로 r을 가진 제1군 약변화 동사는 -ian 어미를 가지는 반면에 같은 군에 속하는 다른 동사들은 어중 겹자음과 -an 어미를 가진다(§193). 예로서 settan, *to set*(< Gmc. *satjan)과 nerian, *to save*(cf. 고딕어 nasjan); hliehhan, *to laugh*(cf. 고딕어 hlahjan)이 있다.

---

55) [z]에서 [r]의 변화는 rhotacism으로 알려져 있으며, 이는 게르만어에만 한정된 변화는 아니었다. 즉 라틴어 단수, 주격형인 flōs, *flower*의 -s-는 격변화에서 r과 교체현상을 보인다: 단수 속격 flōris (< *flōz-). 또한 현대영어의 *was~were*에서 그 예를 찾아 볼 수 있다.

56) cēosan에서 s가 [z]로 발음됨에도 불구하고 r로 변화하지 않은 이유에 대하여는 §84를 참조하기.

주1.
이 변화의 결과 만들어진 유성 마찰 겹자음 [vv]나 [ƀƀ]은 더 나아가 파열음 [bb]로 변화하였다. 고대영어에서 유성 양순음(bilabial)이나 순치(labiodental) 마찰음은 일반적으로 f로 철자화(§13(a))되었기 때문에, f와 bb 사이의 철자 상의 변이를 보인다: hōf(단수 과거)~hebban, *to have*. g의 발달에 관하여는 §83(a)를 참조하기.

주2.
이 변화가 작용하기 전에 j는 i 앞에서 소실되었고, 어말에서는 i로 모음화되었다(§88). 따라서 게르만어에서 2, 3인칭 단수 직설법 현재형 어미는 -is, -iþ이었고, 단수 명령형은 통상적으로 어미가 없는 동사의 어간이었기 때문에, 2, 3인칭 단수 직설법 현재형과 단수 명령법에서 겹자음화는 발생하지 않았다: legest, legeþ, lege~lecgan, *to lay*; hefest, hefeþ, hefe~hebban, *to raise*.

82. 자음 p, t, k, h는 l이나 r이 바로 뒤에 오면, 서게르만어에서 겹자음이 되었다. 이 변화의 결과 만들어진 형태와 고대영어 시기에 발생한 유사한 겹자음화(§104)의 결과로 만들어진 형태를 구분하는 것이 어려운 경우가 흔하나, 고대 색슨어(Old Saxon)와 고대 고지독일어(Old High German)의 겹자음을 가진 형태의 존재가 서게르만어에서 l이나 r에 의한 겹자음화의 가능성을 시사하고 있다. 유추에 의하여 단자음을 가진 형태와 겹자음을 가진 형태가 함께 존재하는 경우가 흔하다. 따라서, 다음과 같은 형태가 규칙적으로 나타난다: biter, *bitter*와 사격[57]에서 유추된 bitter; 단수 속격 æpples에서 유추된 æppel, *apple*; 서색슨 방언의 tēar, *tear*와 초기 노섬브리안 방언의 tæhher(두 형태 모두 *tahur > *teahur에서 비롯한다.). 단수 주격형의 단자음이 æcer, *field* 격변화 전체에 나타났다.

---

[57] 사격(oblique case)은 명사, 대명사의 주격, 호격 이외의 모든 격을 지칭한다.

고대영어 시기의 변화

자음의 전향화(Fronting)[58]

83. 고대영어에서 자음 c와 g는 특히 주변음에 의해 수정되기 쉬었다.
(a) 뒤에 오는 j에 의한 겹자음화(§81)의 영향으로 만들어진 gg는 겹자음화를 야기시켰던 j에 의해 [ʤ]로 전향화되었고, 고대영어에서는 cg로 철자화되었다: secgan, *to say*; licgan, *to lie*.
(b) 고대영어에서 단자음 c와 g는 전설모음 주변에서 전향화되었다. 이 변화의 결과 만들어진 전향화된 g는 게르만어 [j]와 합쳐졌고, 따라서 고대영어에서는 일반적으로 g로 철자화되었으며, 덜 흔하지만 i로도 철자화되었다. c와 g의 전향화의 예는 cēosan, *to choose*와 giefan, *to give*이다. 게르만어 [j]의 발달한 경우의 예는 다음과 같다: geong~iung, *young*; geō~iū, *formerly*. c와 g의 전향화는 전설 모음변이(§39)보다 먼저 일어났으며, 따라서 c와 g는 전설 모음변이에 의하여 만들어진 전설모음, 즉 때때로 원시게르만어에서 이미 전설모음이었던 제1전설모음과 구분하기 위하여 제2전설모음이라고 불리우기도 하는 전설모음 앞에서는 전향화되지 않았다. 현대영어 *kin*(OE cynn)과 *chin*(OE cinn)의 발음을 비교할 수 있다.[59]

---

58) 구개음화(palatalization)와 파찰음화(assibilation)을 일컫는다.
59) 고대영어 cynn의 전설모음 y[ü]는 전설 모음변이에 의해 후설모음에서 파생된 모음이다: *kunjo > *kunnjo > cynn. 즉 [k]의 전향화가 적용될 무렵 [k]는 후설모음 u를 선행하므로 전향화의 조건을 만족시키지 못한다. 따라서 고대영어 시기에 이 단어의 발음은 [künn]으로 추정되며 이 자음의 발음이 현대영어에까지 유지되었다. 반면 고대영어 cinn에서 i는 원래부터 전설모음으로서 c의

(c) 자음군 sc의 c는 주변모음의 음가가 무엇이든지 간에 상관없이 일반적으로 전향화되었고 이 자음군은 [ʃ]로 발음되었다.

유성음화(Voicing)

84. 무성 마찰음 [f], [s], [θ]는 단일어(simple words)의 어중 유성음 사이에서 유성음화되었다. 고대영어에서 철자는 영향을 받지 않았으나(§13(a)), 이 변화의 증거는 이 발음을 가진 어휘들의 후기 발달에 의해 제공된다. 예로서 wulfas, *wolves*; nosu, *nose*; fæðm, *embrace*이 있다. 유성음화는 서게르만어의 [z]에서 [r]로의 변화(§79)보다 나중에 발생하였다는 것이 확실하다. 왜냐하면 유성음화의 결과 만들어진 [z]는 [r]로 변화하지 않았기 때문이다. 그 예는 다음과 같다: 원형 cēosan, *to choose*(여기서 s는 [z]로 발음되었다.), 단수 과거형 cēas(여기서 s는 [s]로 발음되었다.)와 복수 과거형 curon(여기서 r은 베르너 법칙(§77)에 의하여 [s]에서 변한 [z]에서 비롯한다.)

 주

마찰음이 어중에 있지 않은 단일어와의 유추작용은 일반적으로 복합어에서 유성음화가 일어나지 않게 하는데 충분하였다: onfindan, *to discover*; gesittan, *to sit*.[60]

전향화를 가져왔고, 이 발음이 현대영어에 유지되었다.
60) onfindan과 gesettan이 복합어(compound)는 아니지만, 단일어(simple word)도 아니다. 이 두 단어는 접두사를 가진 파생어(derived word)이다: on+findan; ge+settan. 따라서 주어진 두 단어의 마찰음 발음은 단일어와의 유추의 결과도 될 수 있겠지만, 유성음화가 파생어 경계에서 일어나지 않았다는 증거가 될 수 있다.

무성음화(Unvoicing)

85. 유성 마찰음 [ƀ]와 [ɣ]는 어말에 올 때 무성음화되었다. [ɣ]의 무성음화는 h를 사용함으로서 철자상으로 기록에 남겨져 있다. 하지만 [ƀ]는 고대영어에 철자상으로 기록에 남겨져 있지 않으며 이는 f가 유/무성 순음의 마찰음 모두를 나타내는데 사용되었기 때문이다. 예는 다음과 같다: geaf, *gave*; burh~burg, *city*; bēah~bēag, *ring*, 여기서 g는 단수 속격형 bēages와의 유추작용의 결과 도입되었다. 동화에서 비롯한 무성음화는 §90을 참조하기.

모음화(Vocalization)

86. 자음 사이에서 w는 o로 모음화되었다. 이는 gearu, *ready*의 남성 단수 대격형인 gearone, 여성 단수 속격형인 gearore와 더불어 남성 단수 속격형 gearwes에서 보여진다.

87. 굴절어미 소실의 결과 w가 어말의 위치에 오면 u로 모음화되었다. 그리고 난 후 u는 다음의 세 부분으로 구성된 변화를 겪었다:
   (a) 장음절 뒤에서 소실되었다: snā, *snow*(cf. 고딕어 snáiws); gād, *lack*(cf. 고딕어 gáidw).
   (b) 하나의 자음이 뒤따르는 단음절 뒤에서는 u는 그대로 유지되었다: bearu, *grove*(cf. 복수 주격형 bearwas).
   (c) 자음이 뒤따르지 않는 단음절 뒤에서 u는 선행 모음과 결합하여 이중모음이 되었다: trēo, *tree*(< *treu < *trew-).
   snāw와 trēow와 같은 단어는 사격과의 유추에 의해 w를 가지게 되었다.

88. 굴절어미 소실의 결과 j가 어말의 위치에 오면, i로 모음화되었다

가, 후에 e로 되었다: here, *invading army*(cf. 고딕어 harjis).

89. 모음 뒤에서 구개음 g는 자주 i가 되었으며 이렇게 만들어진 i는 선행 모음과 결합하여 이중모음이 되었다: dæi~dæg, *day*; wei~weg, *way*. 선행하는 모음이 i일 때 -ig는 ī가 되었고(§64(e)), 비강세 음절에서는 단음화되었다: ænig~æni, *any*. 어중의 -igi는 g의 모음화의 결과로 ī가 되었다: īl~igil, *hedgehog*; līþ(*ligiþ)~ligeþ, *lies*.

동화(Assimilation)

90. 비강세 모음의 탈락이나, 굴절어미가 붙음으로서 두 개의 자음이 나란히 오게 되면, 서로 동화되려는 경향이 있다. 동화는 완전하거나 혹은 부분적일 수 있으며, 나란히 있는 두 개의 자음이 서로 혹은 한쪽에서 영향을 줄 수 있다. 자음의 조음점에 영향을 주거나, 자음을 유/무성음화하는 영향(현대영어 *cats*와 *dogs*의 s 발음 참고)을 준다.
예는 다음과 같다:

tþ > tt: sitt, *he sits* < sit(e)þ.

sþ > st: cīest, *he chooses* < cīes(e)þ.

gþ > hþ: līehþ, *he tells lies* < līeg(e)þ.

dþ > tt: bitt, *he prays* < bid(e)þ. 이 단어에서 두 자음 모두 동화에 영향을 받았다:

d는 뒤에 오는 무성 자음 때문에 무성음화 되었고, 전치음(pre-dental) 인 þ는 선행하는 후치음(post-dental)에 의하여 후치음이 되었다. 변화의 단계는 다음과 같다: bideþ > *bidþ > *bitþ > bitt.

ðd > dd: cȳdde < cȳðde, cȳðan, *to make known*의 과거.

td > tt: sett < *set(e)de, settan, *to set*의 과거.

fn > mn > mm: efn, emn, emm, *even*.

fm > mm: wimman < wīfman, *woman*.
sr > ss: læssa < *læs(i)ra, *smaller*.
hr > rr: hīerr, *higher* < hīehra.

음위전환(Metathesis)

91. 음위전환(metathesis)은 두 개의 인접한 소리가 위치를 바꾸는 것이다. 이 변화에 의하여 모음 앞의 r은 흔히 모음 뒤에 위치하게 되었다: hors, *horse*(cf. ON hross); gærs, *grass*(cf. 고딕어 gras); berstan, *to burst*(cf. ON bresta). gærs와 berstan에서 분열(fracture) 현상을 보이지 않은 것은 이 단어들에서 음위전환이 분열보다 후에 발생하였음을 나타낸다.

92. 고대영어 후기에 어중과 어말 자음군은 때때로 음위전환을 겪었다. 음위전환이 일어난 형태와 그렇지 않은 형태가 같이 나타났다. 예는 다음과 같다:

sc > cs(x 철자 사용): āxian, *to ask*와 āscian(오늘날 일부 방언에서는 x를 가진 단어가 살아 남았다.)

sp > ps: æspe~æps, *aspen*.

ps > sp: wæps~wæsp, *wasp*.

자음 소실(Loss)

93. w는 u, ō, 비강세 모음 i(후에 e가 됨) 앞에서 소실되었다: sceadu, *shadow*(< *skadwu); clēa, *claw*(< cla(w)u); gierep, *he prepares*(< *gar(w)ip); gierede, *he prepared*(< *gar(w)ipa); cōmon, cwōmon, cuman, *to come*의 복수 과거. u가 뒤에 오지 않는 형태와의

유추에 의하여 w는 자주 보존되었다: clawu, 여기서 w는 단수 여격형인 clawe와 같은 형태에서 비롯한다.

94. 복합어의 두 번째 요소에서, 그리고 w나 h로 시작되는 동사가 부정접사 ne와 축약이 되었을 때, 많은 동사에서 w와 h는 소실되었다: hlāford, *lord* < hlāf-weard; līcuma, *body*(< līc-hama); næs, *was not*(< ne wæs); nāt, *does not know*(< ne wāt); nolde, *would not* (< ne wolde); næfde, *had not*(< ne hæfde).

95. 장음절(장모음을 가지고 있는 음절이나 자음군으로 끝나는 음절) 뒤에서 어중의 j는 소실되었다: dēman, *to judge*(cf. 고딕어 dōmjan). 서게르만어의 j에 의한 겹자음화(§81)는 선행하는 단음절을 길게 만들었기 때문에 이 변화를 야기시킨 j는 항상 소실되었다. 모음사이의 j는 단음절 뒤에서도 소실되었다: fēond, *enemy*(cf. 고딕어 fijands).

96. 무성 마찰음 f, s, þ 뒤에서 비음은 소실되었고 이는 선행하는 모음의 보상적 장음화를 동반하였다: fīf, *five*(cf. 고딕어 fimf); ūs, *us*(cf. 고딕어 uns); tōþ, *tooth*(< *tanþ-; 모음의 원순음화에 관하여는 §22를 참조하기).

97. 한 단어에 세 개의 자음군을 가지고 있을 때, 가운데 자음이 자주 소실되었다: el(n)boga, *elbow*; fæs(t)nian, *to fasten*; sel(d)lic, *strange*.

98. 모음들 사이에서, 그리고 유음 (l 혹은 r)과 모음 사이에서 h가 소실되었다. 선행하는 모음이 짧을 때, 모음 사이에서 h의 소실은 어간 모음의 보상적 장음화를 가져왔다: slēan, *to strike*(cf. 고딕어 slahan; §64(c)).

 주

서색슨 방언의 2, 3인칭 단수 직설법 현재형에서 비강세 모음의 어중탈락 (syncope)은 모음사이의 h의 소실보다 먼저 발생하였다. 따라서 정상적인 경우 sēon, *to see*의 2인칭과 3인칭 단수 직설법 현재형인 siehst와 siehþ에서

h는 그대로 남아있다.

99. g는 d 혹은 n 앞에서 자주 소실되었으며, 선행 모음의 장음화 (§64(d))를 동반하였다: gefrūnon~gefrugnon, gefrignan, *to learn*의 복수 과거; sæde~sægde, secgan, *to say*의 단수 과거; þēnian~þegnian, *to serve*.

100. 단어의 어간이 n으로 끝날 때, 약하게 강세를 받는 음절의 n은 ng 자음군에서 소실되었다: cyni(n)g, *king*; peni(n)g, *penny*.

단순화(Simplification)

101. 다른 자음이 앞 혹은 뒤에 오면 겹자음은 단순화되었다: cyste, cyssan, *to kiss*의 과거; bint, *he binds*(< *bintt < bindeþ (§90)); 과거형 sende, *sent*(< *send-de).

102. 어말에 올 때 겹자음은 자주 단순화되었다: man(n), *man*; eal(l), *all*. 전향화된 gg를 나타내는 자음군 cg는 단순화되지 않았다. 이는 이 변화(§13(e))가 발생할 무렵에는 이 자음군은 아마도 파찰음(affricate) [ʤ]이 되었을 것이기 때문이다.

103. 고대영어 후기에 약하게 강세를 받는 음절에서 겹자음은 단순화되었다: forgiefen(n)es, *forgiveness*; bliccet(t)an, *to glitter*.

겹자음화(Doubling)

104. 자음 l과 r은 고대영어에서 선행하는 자음의 겹자음화를 일으켰다. 이 변화는 서게르만어의 l과 r에 의한 겹자음화(§82)와 유사하나, 그 이전의 변화에 의하여 영향을 받지 않았던 (d와 같은)자음들에만 영향을

주었고, 고대영어 어중모음 탈락으로 인하여 l이나 r이 바로 뒤에 오는 경우에만 영향을 주었다. 예는 다음과 같다: blæddre, *bladder*, 이보다 오래된 형태인 blædre; hwittra, *whiter*, 이보다 오래된 형태인 hwītra; micel, *great*의 단수 속격으로서 miccles, 이보다 오래된 형태인 miceles. 이러한 단어들에서 장모음의 단모음화는 §65(c)를 참조하기.

기타 자음변화

105. 후기 고대영어에 굴절어미의 어말 m은 자주 -n이 되었다. 이 과정은 중세영어 훨씬 넘어서도 지속되었다. 고대영어 예는 다음과 같다: dagon, sunun vs. dagum, sunum, dæg, *day*와 sunu, *son*의 복수 여격.

106. 게르만어의 어중 lþ은 ld가 되었다: fealdan, *to fold*(cf. 고딕어 falþan); wilde, *wild*(cf. 고딕어 wilþeis). gold, *gold*(cf. 고딕어 gulþ)와 beald, *bold*(cf. 고딕어 balþei, *boldness*)와 같은 단어에서 어말의 d는 사격과의 유추에 의한 것이다.

107. 게르만어의 þl은 서색슨 방언에서는 장모음 뒤에서 dl로 나타났으나, 앵글리안 방언에서는 그대로 유지되었다: 서색슨 방언 nǣdl, 앵글리안 방언 nēþl, *needle*; 서색슨 방언 wǣdl, 앵글리안 방언 wēþl, *poverty*.

제4장
명사

a-격변화[61]

108. 대부분의 남성명사들은 stān, *stone*과 같이 격변화한다.[62] 대부분의 중성명사들은 어간 음절이 길면(어간 음절이 장모음을 가지거나, 두 개의 자음군으로 끝나면) word, *word*와 같이, 어간 음절이 짧으면(어간 음절이 단모음이고 그 뒤에 자음이 하나만 오면) scip, *ship*과 같이 격변화한다.

Sing			
Nom. Acc.	stān	word	scip
Gen.	stānes	wordes	scipes
Dat.	stāne	worde	scipe
Pl.			
Nom. Acc.	stānas	word	scipu,-o
Gen.	stāna	worda	scipa
Dat.	stānum	wordum	scipum

---

61) 저자는 명사의 종류를 설명하는데 있어 a-격변화(a-declension), i-격변화(i-declension)와 같은 용어를 사용한다. 이는 다른 문법서에서 주로 사용하는 a-어간 명사(a-stem nouns), i-어간 명사(i-stem nouns)와 동일한 용어이다.

62) a-격변화를 구성하는 명사, 즉 a-어간 명사는 모두 남성 아니면 중성이며 여성형은 없다. 반면에 §109에 소개될 ō-격변화 명사는 모두 여성형이다. a-격변화 명사와 ō-격변화 명사를 합쳐서 강변화 명사(strong nouns)라고도 부른다.

중성명사의 격변화가 남성과 복수 주격, 대격에서만 다르다는 것이 보여질 것이다.

 주1.
어간 모음이 æ인 명사는 후향화(retraction)(§27)에 의하여 복수에서 a를 가진다. 예로서 남성명사 dæg, *day*와 중성명사 fæt, *vessel*이 있다.

 주2.
lh나 hl로 끝나는 명사의 목적격에서 h는 소실된다(§28). 예로서 남성명사 seolh, *seal*와 중성명사 feorh, *life*가 있다.

 주3.
두 개의 음절로 구성된 단어의 사격에서 약하게 강세를 받는 모음은 뒤에 하나의 자음이 오는 경우 어간의 장음절 뒤에서 일반적으로 어중탈락되었다 (§72). 예는 다음과 같다: 남성명사 dryhten, *lord*와 단수 속격 drihtnes; 중성명사 hēafod, *head*와에 단수 속격 hēafdes; 남성명사 metod, *creator*와 단수 속격 metodes; 남성명사 hlāford, *lord*와 단수 속격 hlāfordes; 중성명사 wæter, *water*와 단수 속격 wæteres가 있다.[63]

 주4.
일부 명사는 단수 주격과 대격형에서 e(j의 후기형[64])로 끝나는 어미를 가지며, 이는 남성명사 hierde, *shepherd*와 중성명사 bōcere, *scribe*에서 보여진다. 단수 주격에서 e를 가지는 격변화의 중성명사는 복수 주격과 대격에서 -u를 가지며, 이는 wīte, *punishment*와 ǣrende, *message*에서 보여진다.

 주5.
원시 고대영어 시기에 어간이 자음 + w로 끝난 명사들은 사격에서 w를 가지나, 단수 주격, 대격형에서는 u를 가진다. 이는 남성명사 bearu, *grove*와 중성명사 bealu, *evil*(§87 (b))에서 보여진다. 단수 속격형인 þeowes와 treowes 이외의 단수 주격, 대격형의 남성명사 þēo(w), *servant*와 중성명사 trēo(w), *tree*에 관하여는 §§56, 62, 87(c)를 참조하기.

---

63) metodes, hlāfordes, wæteres는 어중탈락이 일어나지 않은 예가 된다.
64) §88을 참고하기.

ō-격변화

109. 대부분의 여성명사는 어간 음절이 길면 ār, *honour*와 같이, 어간 음절이 짧으면 giefu, *gift*처럼 격변화한다.

Sing		
Nom.	ār	giefu
Acc.	āre	giefe
Gen.	āre	giefe
Dat.	āre	giefe
Pl.		
Nom.	āra, -e	giefa, -e
Acc.	āra, -e	giefa, -e
Gen.	āra, ār(e)na	giefa, -ena
Dat.	ārum	giefum

 주1.
이 격변화에 속한 명사로 단수 주격형의 어간이 2음절이며 두 번째 음절이 짧은 명사의 경우, 첫 번째 음절이 길면 일반적으로 사격에서 어중의 비강세 모음의 탈락을 보여주나, 첫 번째 음절이 짧으면 탈락이 이루어지지 않는다 (§72). 이 변화의 규칙적 예는 다음과 같다: sāwol, *soul*의 단수 대격, 속격, 여격형인 sāwle; firen, *crime*의 단수 대격, 속격, 여격형인 firene. 2음절 명사는 복수 속격에서 -(e)na 어미를 가지지 않는다.

 주2.
단수 대격, 속격, 여격형인 beadwe, *battle*와 mædwe, *meadow* 외에 beadu와 mæd에 관하여는 §87을 참조하기.

 주3.
단수 대격, 속격, 여격형인 clawe, *claw* 외에 clēa에 관하여는 §62를 참조하기.

주4.
추상명사의 두 부류는 게르만어의 형용사에 접미사 -iþō와 īn을 각각 붙여서 만들어졌다. 이 두 접미사는 전설 모음변이(front mutation)를 야기시켰다. -iþō를 가진 추상명사는 게르만어에서 이 부류의 격변화에 속했다; -īn을 가진 추상명사는 고대영어 시기에 접미사 -īn이 u로 대체되었을 때, 이 부류의 격변화로 옮겨지게 되었다. 초기 고대영어 예들은 다음과 같다: 단수 주격형 strengþu, -o, *strength*; menigu, -o, *multitude*; 단수 대격, 속격, 여격형 strengþe와 menige. 고대영어 후기에 단수 주격의 -u, -o가 사격으로 확대되었으며, 명사는 격변화하지 않게 되었다. 이 부류의 추상명사는 대체로 복수형이 나타나지 않았다.

 주5.
-ung로 끝나는 추상명사는 이 부류의 격변화에 속하였으나, wilnung, *desire*에서처럼 단수 사격에서 자주 -a를 가진다.

i-격변화

110. 동사 어간에 접미사 i(후에 e가 됨)나 치음의 접미사를 붙여 만들어진 추상명사 가운데 많은 수가 이 부류의 격변화에 속한다: cyre, cyst, *choice*(cf. cēosan, *to choose*). -scipe를 가진 모든 명사와 많은 민족 이름이 i-어간 남성명사이다.

Sing.	Masculine	Neuter	Feminine
Nom. Acc.	wine, *friend*	spere, *spear*	dǣd, *deed*
Gen.	wines	speres	dǣde
Dat.	wine	spere	dǣde
Pl.			
Nom. Acc.	wine, -as	speru	dǣde, -a
Gen.	wina, wini(ge)a	spera	dǣda
Dat.	winum	sperum	dǣdum

주1.
아주 초기 문헌을 제외하고 대부분의 i-어간 남성명사들은 a-격변화로 옮겨졌다. 복수 주격, 대격형의 -e 어미는 Dene, *Danes*와 같은 민족 이름과 다섯 개의 보통명사에서만 일반적으로 유지되었다: ielde, *men*; ielfe, *elves*; lēode, *people*; stede, *places*; wine, *friends*.

주2.
i-어간 중성명사들은 복수 주격, 대격형에서 -u를 가졌다는 것을 제외하고는, 어간 음절 무게가 무엇이든 간에 이들은 단수 주격, 대격에서 -e를 가진 a-어간 중성명사(§108, 주4)처럼 격변화했다.

주3.
i-어간 여성명사와 ō-어간 여성명사 사이의 주된 차이는 전자는 단수 대격에서 어미가 없다는 점이다.

u-격변화

111. u-격변화는 남성과 여성명사로 구성된다. 원래 이 부류에 속하였던 대부분의 명사들은 원시 고대영어 시기에 a- 혹은 ō-격변화로 옮겨졌다. 일부 명사는 u-어간 명사 격변화와 a-어간 명사 격변화 모두를 하였다.

sunu처럼 격변화한 어간이 짧은 남성명사는 다음과 같다: bregu, *prince*; heoru, *sword*; lagu, *sea*; magu, *son*; me(o)du, *mead*; si(o)du, *custom*; spitu, *spit*; wudu, *wood*. 여성명사 nosu, *nose*는 duru처럼 격변화한다.

feld처럼 격변화한 어간이 긴 남성명사는 다음과 같다: ford, *ford*; weald, *wood*. 여성명사 flōr, *floor*와 cweorn, *mill*은 hand처럼 격변화한다.

Sing.	Masculine		Feminine	
Nom. Acc.	sunu, *son*	feld, *field*	duru, *door*	hand, *hand*
Gen.	suna	felda	dura	handa
Dat.	suna	felda	dura	handa
Pl.				
Nom. Acc.	suna	felda	dura	handa
Gen.	suna	felda	dura	handa
Dat.	suunum	feldum	durum	handum

n-격변화

112. 이 격변화는 대단히 많은 수의 남성과 여성명사와 세 개의 중성 명사를 포함한다.[65]

Sing.	Masculine	Feminine	Neuter
Nom.	guna, *man*	tunge, *tongue*	ēage, *eye*
Acc.	guman	tungan	ēage
Gen.	guman	tungan	ēagan
Dat.	guman	tungan	ēagan
Pl.			
Nom. Acc.	guman	tungan	ēagan
Gen.	gumena	tungena	ēagena
Dat.	gumum	tungum	ēagum

---

65) n-격변화 명사를 약변화 명사(weak nouns)라고도 부른다.

주1.
이 격변화에 속한 다른 두 개의 중성명사는 ēare, ear와 wange, cheek (a-격변화처럼 변화시키기도 하였다.)이다.

주2.
굴절어미의 모음은 선행하는 장모음이나 이중모음에 흡수된다(§63). 예를 들어 남성형 frēa, lord와 여성형 bēo, bee는 단수 대격, 속격, 여격형과 복수 주격, 대격형으로 frēan, bēon을 복수 속격형 frēana, bēona, 복수 여격형 frēa(n)um, bēom을 가진다.

주3.
명사 oxa, ox는 복수 주격, 대격형으로 oxan외에 exen을, 복수 속격형으로 oxna을, 복수 여격형으로 oxnum을 가진다. 명사 nefa, nephew는 복수 여격 nefenum을 가진다.

주4.
어미 -an을 -on이 종종 대신하였다.

1음절어 자음 격변화

113. 이 격변화에 속한 명사들의 주된 특징은 사격의 일부에서 어간 모음의 전설 모음변이를 보인다는 점이다. 굴절어미가 전설 모음변이를 일으키는 굴절어미는 긴 어간 뒤에서 일반적으로 소실되었다. 고대영어에는 이 부류에 속한 명사가 많지 않았으나, 그중 일부는 독립된 격변화로서 현재까지 남아있다.66)

---

66) 이 격변화에 속한 명사를 자음어근 어간(root-consonant stem)이라고도 부른다. 이 부류에 속한 명사는 현대영어의 *foot-feet, goose-geese, man-men, mouse-mice*와 같은 전설 모음변이를 가진 불규칙 명사를 구성한다.

Sing.	Masculine		Feminine	
Nom. Acc.	fōt, *foot*	mann, *man*	bōc, *book*	hnutu, *nut*
Gen.	fōtes	mannes	bēc	hnute
Dat.	fēt	menn	bēc	hnyte
Pl.				
Nom. Acc.	fēt	menn	bēc	hnyte
Gen.	fōta	manna	bōca	hnuta
Dat.	fōtum	mannum	bōcum	hnutum

 주1.

이 부류의 유일한 중성명사는 scrūd, *garment*이며, 이 단어는 단수 여격으로 scrūde 외에 scrȳd를 가지며, 다른 면에 있어서는 word(§108)와 동일하게 격변화된다. 남성명사에는 단지 두 개의 명사만이 있으며, 이는 wīfmann, *woman*(mann처럼 격변화)과 tōþ, *tooth*(fōt처럼 격변화)이다. hnutu처럼 격변화하는 어간이 짧은 여성명사는 hnitu, *nit*와 studu, *pillar*만이 있다. bōc처럼 격변화하는 명사는 다음과 같다: āc, *oak*; brōc, *breeches*; bruh, *city* (byr(i)g, 단수 속격, 여격 그리고 복수 주격, 대격형; §§75, 85를 참조하기); cū, *cow*; furh, *furrow*; gāt, *goat*; gōs, *goose*; grūt, *coarse meal*; lūs, *louse*; meol(u)c, *milk*; mūs, *mouse*; neaht, niht, *night*; sulh, *plough*; turf, *turf*; þrūh, *trough*; wlōh, *fringe*. 사격의 변이 모음에 관하여는 §40을 참고하기.

 주2.

이 격변화에 유추현상이 빈번히 일어난다. 거의 모든 여성명사들은 모음변이형과 더불어 ō-격변화와의 유추현상의 결과로 변이가 없이 -e 어미를 가지는 형태를 가진다. 고대영어 후기에 단수 여격은 자주 단수 주격과 동일하였다. 명사 cū는 단수 속격형으로 cȳ, cūe, cūs를 복수 주격, 속격형으로 cȳ(e)를, 복수 속격형으로 cū(n)a, cȳna를 가지고 있다. niht의 격변화의 모든 형이 모음변이형인 i로 통일되었다. 모음변이가 없는 형인 neaht는 드물었다. 부사적으로 사용되는 단수 속격형 nihtes, *by nights*는 dæges, *by day*와의 유추에 의하여 만들어졌다.[67]

---

67) 유추가 발생하지 않았다면, 단수 속격형은 nihte였을 것이다.

주3.
어간의 마지막 자음인 h는 모음으로 시작되는 굴절어미 앞에서 소실되며, 이는 furh의 복수 속격인 fura에서 보여진다.

þ-어간

114. 고대영어에는 단지 4개의 명사만이 이 격변화에 속한다: 남성명사 hæleþ, *man*; 남성명사 mōnaþ, *month*; 여성명사 mægeþ, *maiden*; 중성명사 ealu, *ale*.

Sing.				
Nom. Acc.	hæleþ	mōnaþ	mæg(e)þ	ealu
Gen.	hæleþes	mōn(e)þes	mæg(e)þ(e)	ealoþ
Dat.	hæleþe	mōn(e)þe	mæg(e)þ(e)	ealoþ
Pl.				
Nom. Acc.	hæleþ, hæleþas	mōnaþ, mōn(e)þas	mæg(e)þ	
Gen.	hæleþa	mōn(e)þa	mæg(e)þa	ealeþa
Dat.	hæleþum	mōn(e)þum	mæg(e)þum	

 주1.
이 격변화의 이형태(variants)는 다른 격변화와의 유추작용 때문이다. hæleþ와 mōnaþ의 단수 속격형과 복수형인 hæleþes와 mōn(e)þas는 a-격변화와의 유추 때문이다; 어말의 -e를 가진 단수 속격형은 ō-격변화와의 유추 때문이고, 어말의 -e를 가진 단수 여격형은 a-격변화와 ō-격변화 모두와의 유추 때문이다.

주2.
단수 주격, 대격의 원래 형태는 ealu에서 보존되고 있다. hæleþ의 단수 주격의 초기형은 hæle이며, 이는 i-격변화를 따르게 되었다(§110). hæleþ, mōnaþ,

mæg(e)þ에서 굴절형의 þ는 단수 주격, 대격형으로 통일되었다.

 주3.
어중 모음의 탈락에 관하여는 §72를 참조하기. mæg(e)þ의 굴절형에서 어중탈락은 불규칙하며, 때때로 유추작용에 의하여 단수 주격, 대격형으로 확장되었다.

r-어간

115. 관계를 나타내는 다섯의 명사가 이 격변화에 속한다: 남성명사 fæder, *father*; 남성명사 brōþor, *brother*; 여성명사 mōdor, *mother*; 여성명사 dohtor, *daughter*; 여성명사 sweostor, *sister*.

Sing.			
Nom. Acc.	fæder	brōþor	mōdor
Gen.	fæder, fæderes	brōþor	mōdor
Dat.	fæder	brēþer	mēder
Pl.			
Nom. Acc.	fæderas	brōþor, brōþru	mōdra, mōdru
Gen.	fædera	brōþra	mōdra
Dat.	fæderum	brōþrum	mōdrum

Sing.		
Nom. Acc.	dohter	sweostor
Gen.	dohter, dehter	sweostor
Dat.	dehter	sweostor
Pl.		
Nom. Acc.	dohtor, dohtru	sweostor
Gen.	dohtra	sweostra
Dat.	dohtrum	sweostrum

주1.
단수 속격형 fæderes, 복수 주격, 대격형 fæderas, 복수 주격, 대격형 brōþru, mōdru, dohtru는 a-격변화의 남성, 중성명사와의 유추 때문이다.

 주2.
약하게 강세를 받는 음절에서 e와 o 사이의 교체에 관하여는 §73을, 약하게 강세를 받는 모음의 소실에 관하여는 §72를 참조하기.

 주3.
이 격변화에 속한 어떤 명사도 복수형에서 전설 모음변이를 보여주지 않는다.

nd-어간

116. 이 격변화의 명사들은 거의 대부분이 남성명사이며, 동사의 현재 분사형이 그 기원이 된다. 두 종류의 명사로 나뉜다: frēond, *friend*처럼 명사의 격변화를 가지는 그룹과 wīgend, *warrior*처럼 그 기원이 되는 분사에서 비롯한 형용사의 굴절어미를 가지는 그룹이다.

Sing.		
Nom. Acc.	frēond	wīgend
Gen.	frēondes	wīgendes
Dat.	frīend, frēonde	wīgende
Pl.		
Nom. Acc.	frīend, frēond, frēondas	wīgend, -e, -as
Gen.	frēonda	wīgendra
Dat.	frēondum	wīgendum

frēond처럼 격변화하는 명사는 다음과 같다: fēond, *enemy*; tēond,

accuser; gōddōnd, *benefactor*(단수 여격과 복수 주격, 대격형은 gōddēnd). 이 격변화의 모든 다른 명사들은 wīgend처럼 격변화하며, 그 예로서 wealdend, *ruler*와 hǣlend, *Saviour*가 있다.

 주

단수 속격의 -es, 단수 여격의 -e 그리고 복수 주격, 대격의 -as는 남성 a-어간 명사와의 유추 때문이다. 복수 주격의 -e와 복수 속격의 -ra는 형용사에서 비롯한다.

인구어 es-, os-격변화

117. 모두 중성인 여섯의 명사만이 이 격변화에 남아있다. 이는 희랍어의 -os를 가진 중성명사와 라틴어의 -us를 가진 중성명사에 해당한다.

Sing.	
Nom. Acc.	lamb, *lamb*
Gen.	lambes
Dat.	lambe
Pl.	
Nom. Acc.	lambru
Gen.	lambra
Dat.	lambrum

이 격변화에 속하는 다른 명사는 다음과 같다: ǣg, *egg*; cealf, *calf*; cild, *child*; speld, *splinter*; brēadru, *crumbs*. 마지막 단어는 복수형으로만 나타난다.

주1.
이 격변화가 es-, os-격변화라고 불리는 이유는 이 격변화에 속한 명사들은 인구어(Indo-European)에서 접미사 -os를 가졌으며, 이는 -es, 혹은 -s로 변이했었기 때문이다. 게르만어에서 s는 베르너 법칙(§77)에 의하여 z가 되었고, 이 z는 서게르만어에서 r이 되었다(§79). 이 격변화에 속한 명사들의 고대영어에서 주된 특징은 복수형에 존재하는 r이다(현대영어에 이중복수형 *children*에 남겨지게 되었다.).[68]

 주2.
고대영어 후기에 lamb의 복수는 a-어간 명사와의 유추로 인하여 lamb, lamba, lambum이었다. 동일한 유추로 인하여 cildru이외에 복수형 cild가 만들어졌다.

 주3.
원래 여기에 속하였던 많은 명사들은 고대영어에서 다른 종류의 격변화로 옮겨지게 되었다. 그중 일부는 격변화 전체에 나타나는 접미사 -er 혹은 -or에서 그 기원의 흔적을 찾아볼 수 있다: dōgor, *day*; hrīþer, *cattle*; sigor, *victory*.

---

68) *children*에서 r은 es-격변화에서, 또 다른 복수 어미 en은 n-격변화에서 비롯된다.

제5장
형용사

강변화(Strong Declension)

118. 강변화에서 남성과 중성형 형용사는 명사의 a-격변화와 일치하는 반면에 여성형은 ō-격변화와 일치한다. 하지만 어떤 격어미는 대명사에서 비롯한다. 고대영어에 i-와 u- 형용사 격변화 흔적이 약간 남아있다.

1음절 형용사의 격변화는 blind, *blind*; glæd, *glad*; hēah, *high*에 의하여 보여질 수 있다.

(a) 1음절 형용사

Sing	Masculine	Neuter	Feminine
Nom.	blind	blind	blind
Acc.	blindne	blind	blinde
Gen.	blindes	blindes	blindre
Dat.	blindum	blindum	blindre
Instr.	blinde	blinde	
Pl.			
Nom. Acc.	blinde	blind(e)	blinda, -e
Gen.	blindra	blindra	blindra
Dat.	blindum	blindum	blindum

Sing			
Nom.	glæd	glæd	gladu, -o
Acc.	glædne	glæd	glade
Gen.	glades	glades	glædre
Dat.	gladum	gladum	glædre
Instr.	glade	glade	
Pl.			
Nom. Acc.	glade	gladu, -o, -e	glada, -e
Gen.	glædra	glædra	glædra
Dat.	gladum	gladum	gladum
Sing			
Nom.	hēah	hēah	hēa
Acc.	hēa(n)ne	hēah	hēa
Gen.	hēas	hēas	hēa(r)re
Dat.	hēa(u)m	hēa(u)m	hēa(r)re
Instr.	hēa	hēa	
Pl.			
Nom. Acc.	hēa	hēa	hēa
Gen.	hēa(r)ra	hēa(r)ra	hēa(r)ra
Dat.	hēa(u)m	hēa(u)m	hēa(u)m

    장음의 1음절어는 -h로 끝나는 단어를 제외하고 blind처럼 격변화한다. 이는 gōd, *good*; lēaf, *dear*; ārfæst, *virtuous*와 andweard, *present*와 같은 -cund, -fæst, -feald, -full, -lēas, -weard를 가지는 복합 형용사에서 보여진다.

    단음의 1음절어는 glæd처럼 격변화하며, 이는 hwæt, *bold*와 같은 단어에서 보여진다.

    h로 끝나는 형용사는 hēah처럼 격변화하며, fāh, *hostile*와 þweorh, *perverse*와 같은 단어에서 보여진다.

주1.
glæd에서 a와 æ 사이의 교체에 관하여는 §§27, 29를 참조하기. hēah의 굴절형 가운데 모음 사이에서 h의 소실에 관하여는 §98을, hēanne, hēarre, hēarra에 나타난 동화현상에 관하여는 §90을 참조하기.

 주2.
여성 단수 주격과 중성 복수 주격, 대격형에서만 blind와 glæd의 굴절어미 사이에 차이가 나타난다. 긴 어간(long stem) 뒤에서 -u나 -o의 소실에 관하여는 §69를 참조하기. 여성과 중성의 단수 주격, 대격형에서 어말의 -e를 가지는 형태는 주로 후기 문헌에서 발견되며 이는 남성의 영향 때문이다. 고대영어 후기에 -un, -on, -an이 단수 여격형과 복수형에서 발견된다.

 주3.
겹자음은 굴절어미의 자음 앞에서 단순화된다. 예로서 eall, all의 남성 단수 대격형인 ealne와 복수 속격형인 ealra가 있다(§101).

 주4.
g로 끝나는 형용사는 어말에 오면 자주 h로 무성음화(§85)됨을 보여준다. 하지만 사격에서는 g가 유지되며, 이는 genōh, enough의 남성 복수 주격형인 genōge에서 보여진다. 이런 경우와의 유추작용에 의하여 고대영어 후기에 hēah, high의 남성, 중성, 단수, 속격형으로 hēages와 복수 여격형으로 hēagum과 같은 형태가 나타나게 되었다.

 주5.
형용사 cwic, alive와 wlæc, tepid는 glæd와 같이 격변화하였으나, 그들은 또한 이들의 기원으로서 u-어간의 잔재인 (모든 성의) 단수 주격형으로 cwicu, c(w)ucu; wlacu를 남성, 단수, 대격형으로 cucone(§86)와 같은 형태를 가지고 있다. 고대영어에서는 u-격변화의 모든 다른 형용사는 다른 격변화로 옮겨 가게 되었다.

(b) 2음절 형용사

119. 2음절 형용사는 첫 번째 음절의 길이에 따라서 격변화를 다르게

하였다.

Sing	Masculine	Neuter	Feminine
Nom.	manig, *many*	manig	manig
Acc.	manigne	manig	mainge
Gen.	maniges	maniges	manigre
Dat.	manigum	manigum	manigre
Instr.	manige	manige	
Pl.			
Nom. Acc.	manige	manig	maniga, -e
Gen.	manigra	manigra	manigra
Dat.	manigum	manigum	manigum

Sing	Masculine	Neuter	Feminine
Nom.	hālig, *holy*	hālig	hāligu, -o
Acc.	hāligne	hālig	hālge
Gen.	hālges	hālges	hāligre
Dat.	hālgum	hālgum	hāligre
Instr.	hālge	hālge	
Pl.			
Nom. Acc.	hālge	hāl(i)gu, -o	hāliga, -e
Gen.	hāligra	hāligra	hāligra
Dat.	hālgum	hālgum	hālgum

어간이 짧은 2음절 형용사의 대부분은 manig처럼 격변화하였고 다음과 같은 단어가 예가 된다: bysig, *busy*; fægen, *glad*; coren, *chosen*, ofslægen, *slain*과 같은 어간이 짧은 과거분사들.

어간이 긴 2음절 형용사의 대부분은 hālig처럼 격변화하였고 다음과 같은 단어가 예가 된다: gylden, *golden*; geōmor, *sad*; wunden, *twisted*

과 hoplen, *helped*과 같은 어간이 긴 과거분사들.

 주

어중 모음의 탈락에 관하여는 §70을 그리고 어말의 -u 소실에 관하여는 §69를 참고하기. 자음 l 앞에서는 짧은 어간 뒤에서도 어중탈락이 자주 발생하였으며 이는 micel, *great*에서 보여진다. micel은 대체로 단수 속격형으로 micles을 단수 여격형으로 miclum을 가진다.

ja-/jō-어간

120. 이 그룹은 게르만어에서 남성과 중성에 접미사 -ja-를 여성에는 접미사 -jō-를 가졌던 어간이 긴 형용사로 구성되어있다.

Sing.	Masculine	Neuter	Feminine
Nom.	wilde, *wild*	wilde	wildu,-o
Acc.	wildne	wilde	wilde
Gen.	wildes	wildes	wildre
Dat.	wildum	wildum	wildre
Instr.	wilde	wilde	
Pl.			
Nom. Acc.	wilde	wildu,-o	wilda,-e
Gen.	wildra	wildra	wildra
Dat.	wildum	wildum	wildum

많은 수의 형용사가 wilde처럼 격변화하며, 다음과 같은 단어들이 여기에 속한다: æþele, *apple*; fæge, *fated*; 그리고 현재분사 모두. 원래는 i-격변화에 속하였던 많은 수의 형용사가 이 격변화에 속한다. 어간이 짧은 형용사들은 하나의 어중 단자음으로 구분되어질 수 있다. 서게르만

어 겹자음화(§81)가 일어날 무렵에 ja/jō 격변화에 속하였다면, 단자음은 겹자음화되었었을 것이다. 예로서 gemyne, *mindful*과 swice, *deceitful* 이 있다.

 주1.
모든 성의 단수 주격과 단수 대격, 중성 복수 주격, 대격에서만이 wilde 격변화와 blind 격변화 사이의 차이가 있음이 보여진다.

 주2.
게르만어에서 ja/jō가 짧은 어간을 뒤따르는 형용사들은 서게르만어 겹자음화(§81)를 겪었고, 고대영어에서는 blind처럼 격변화하였다. 그 예는 midd, *middle*이다.

wa-/wō-어간

121.

Sing.	Masculine	Neuter	Feminine
Nom.	gearu, -o, *ready*	gearu, -o	gearu, -o
Acc.	gearone	gearu, -o	gearwe
Gen.	gearwes	gearewes	gearore
Dat.	gear(w)um	gear(w)um	gearore
Instr.	gearwe	gearwe	
Pl.			
Nom. Acc.	gearwe	gearu, -o	gearwa, -e
Gen.	gearora	gearora	gearora
Dat.	gear(w)um	gear(w)um	gear(w)um

geolu, *yellow*; nearu, *narrow*; 소수의 다른 형용사들이 gearu처럼 격변화한다.

주1.
자음 사이에서 w의 o로의 모음화에 관하여는 §86을, 어말에서 w의 u로의 모음화에 관하여는 §87을, u 앞에서 w의 소실에 관하여는 §93을 참조하기. -wum으로 끝나는 여격형에서 w는 u가 뒤에 오지 않는 형태와의 유추에 의하여 w가 다시 도입되었다. 남성 복수 주격형 gearowe와 단수 속격형 gearuwes에 관하여는 §76을 참조하기.

 주2.
장모음이나 이중모음으로 끝나는 형용사들은 다른 굴절형이 가지고 있는 w를 주격형에 재도입하였고(§87), blind(§118)처럼 격변화하였다. 예는 glēaw, *wise*; slāw, *slow*이다. 두 방향에서 수평화가 다음과 같은 fēa(we), *few*의 복수형들을 만들어냈다: 남성 주격, 대격 fēa(we); 중성 주격, 대격 fēa; 여성 주격, 대격 fēawa; 속격 fēa(we)ra; 여격 fēam, fēa(w)um.

약변화(Weak Declension)

122. 형용사의 약변화는 형용사는 일반적으로 복수 속격형에 -ena 대신에 -ra 어미를 가진다는 것을 제외하고는 명사의 n-격변화와 동일한 어미를 가진다.

Sing.	Masculine	Neuter	Feminine
Nom.	blinda, *blind*	blinde	blinde
Acc.	blindan	blinde	blindan
Gen.	blindan	blindan	blindan
Dat.	blindan	blindan	blindan
Pl.			
Nom. Acc.	blindan	blindan	blindan
Gen.	blindar, -ena	blindra, -ena	blindra, -ena
Dat.	blindum	blindum	blindum

약변화가 이루어지는 조건들에 관하여는 §227을 참조하기. 항상 약변화를 따르는 형용사의 종류는 비교급, 최상급 -ma, 그리고 ōþer, second를 제외한 모든 서수이다. 최상급 -est(e), -ost(e)는 중성 단수 주격, 대격형(이들은 -este, -oste 외에도 -est, -ost를 가진다.)을 제외하고 대체로 약변화한다.

 주1.
ja-어간과 wa-어간은 같은 방식으로 격변화한다: wilde, *wild*와 gearu, *ready*는 남성 단수 주격형 wilda, gearwa와 중성, 여성형 wilde, gearwe를 가진다.

 주2.
복수 여격의 규칙형 어미인 -um 이외에도 -an 어미를 가지는 형태도 있다. 이러한 형태는 강변화(§118 주2)에서보다는 약변화에서 먼저 발생하였고 아마도 복수 주격, 대격에서 비롯되었을 것이다.

 주3.
3음절어에서 어중 모음은 짧은 어간 뒤에서 그대로 남아있었으나, 긴 어간 뒤에서 소실되었다(§72): fægena, fægene, *glad*~hālga, hālge, *holy*.

분사의 격변화

123. 현재분사와 과거분사는 격변화를 하면(§§221, 232), 형용사처럼 격변화하며, 강변화형과 약변화형 모두를 가진다. 현재분사는 wilde (§120)처럼 격변화하며, 과거분사는 어간 음절의 길이에 따라 manig나 hālig(§119)처럼 격변화한다.

형용사 비교

124. 고대영어 형용사들은 접미사 -ra(이 접미사가 때로는 더 오래된 -ira를 때로는 -ōra를 대표한다)를 붙임으로서 비교급을 만들고, 접미사 -est(초기형 -ist)나 -ost (초기형 ōst)를 붙임으로서 최상급을 만든다. ja-어간과 소수의 a-어간 어휘들이 원시 고대영어에서 i를 포함하는 접미사를 가졌으며, 결과적으로 어간 모음의 전설 모음변이를 보인다; 대부분의 고대영어 형용사의 비교급과 최상급은 ō를 포함하는 접미사를 가졌으므로 전설 모음변이를 보이지 않는다.

예는 다음과 같다.

	비교급	최상급
earm, *poor*	earmra	earmost
glæd, *glad*	glædra	gladost(§27)
clǣne, *clean*	clǣnra	clǣnest

다음의 a-어간 형용사들은 비교급과 최상급에서 전설 모음변이를 보여준다.

brād, *broad*	blǣdra	brǣdest
eald, *old*	ieldra	ieldest
feorr, *far*	fierra	fierrest
geong, iung, *young*(§83(b))	gingra(§52)	gingest
grēat, *great*	grīetra	grīetest
hēah, *high*	hīehra, hīerra	hīehst
lang, *long*	lengra	lengest
sceort, *short*	scyrtra	scyrtest
strang, *strong*	strengra	strengest

nēah, *nigh*는 최상급 nīehst에서 모음변이가 되나, 비교급 nēarra에 서는 그렇지 않다; brād와 hēah는 모음변이가 적용되지 않은 brādra, brādost; hēarra도 가진다.

 주1.
최상급의 어중 모음은 비록 두 개의 자음이 뒤에 따라온다(§72) 할지라도 자주 탈락되며, 이는 lengsta와 hīehsta에서 보여진다.

 주2.
lēofosta, *dearest* 외에 lēofest와 같은 형태들의 존재는 이화작용(§73) 때문이다.

 주3.
후기 고대영어에 -ost로 끝나는 최상급은 자주 -ast나 -ust가 되었고, 이 3개의 어미들은 때때로 ja-어간 형용사의 -est를 대신한다.

 주4.
비교급과 최상급은 강변화 형태가 최상급의 중성 단수 주격, 대격형에서 발견되는 것 이외에는 약변화를 따랐다.

불규칙 비교

125. 다음의 형용사는 비교급과 최상급형이 원급과 다른 어근을 가진다:

gōd, *god*	bet(e)ra, sēlra	bet(e)st, sēlest
lȳtel, *little*	læssa	læst
micel, *great*	māra	mæst
yfel, *evil*	wiersa	wierrest, wierst

126. 소수의 비교급과 최상급의 형용사들은 부사에서 만들어졌다: ærra, *former*, ærest, *first*(cf. ær, *before*); fyrra, *further*, fyrest, *first* (cf. fore, *before*); furþra, *superior*(cf. forþ, *forth*).

127. 고대영어는 고형(古形)의 최상급 어미 -um(a)의 세 개의 예를 가지고 있다. 이 어미는 부사와 전치사에 붙었으며, 라틴어 prīmus, *first*와 summus, *highest*에서 발견되는 접미사에 해당한다. 고대영어의 예는 forma, *first*; hindema, *hindmost*; meduma, medema, *midway*이다. -est 어미와 함께 더 자주 사용되었으며, 이는 -mest를 만들게 하였고, -mest는 부사에서 파생한 형용사의 최상급을 만드는데 주로 사용되었다. 예는 다음과 같다.

fore, *before*		fyrmest, formest
inne, *within*	innerra	innemest
læt, *late*	lætra	lætemest, lætest
mid, *middle*		mid(e)mest
niþan, *below*	niþerra	niþemest
sīþ, *late*	sīþra	sīþemest, sīþest
ufan, *above*	uferra, yferra	ufemest, yfemest
ūt, *out*	ūterra, ȳterra	ūt(e)mest, ȳt(e)mest
norþ, *northwards*	norþerra, nyrþra	norþmest
sūþ, *southwards*	sūþerra, sȳþerra	sūþmest
ēast, *eastwards*	ēasterra	ēastmest
west, *westwards*	westerra	westmest

수사(Numerals)

128. 고대영어 수사는 다음과 같다:

	기수(cardinal)	서수(ordinal)
1	ān	forma, formest(a), fyrmest(a), fyrest(a), ǣrest(a)
2	twēgen, tū, twā	ōþer, æfterra
3	þrī(e), þrīo, þrēo	þridda
4	fēower	fēo(we)rþa
5	fīf	fīfta
6	siex, syx	siexta, syxta
7	seofon	seofoþa
8	eahta	eahtoþa
9	nigon	nigoþa
10	tīen, tȳn, tēn	tēoþa
11	en(d)le(o)fan	en(d)le(o)fta
12	twelf	twelfta
13	þrēotīene	þrēotēoþa
14	fēowertīene	fēowertēoþa
15	fiftīene	fīftēoþa
16	siextīene	siextēoþa
17	seofontīene	seofontēoþa
18	eahtatīene	eahtatēoþa
19	nigontīene	nigontēoþa
20	twěntig	twěntigoþa
21	ān and twěntig	
30	þrītig, þrittig	þrītigoþa
40	fēowertig	fēowertigoþa
50	fīftig	fīftigoþa
60	si(e)xtig	si(e)xtigoþa
70	hundseofontig	hundseofontigoþa
80	hundeahtatig	hundeahtatigoþa
90	hundnigontig	hundnigontigoþa
100	hundtēontig, hund, hundred	hundtēontigoþa
110	hundendlefontig	hundendleftigoþa
120	hundtwelftig	hundtwelftigoþa
200	tū hund, hundred	
300	þrēo hund, hundred	
1000	þūsend	

129. ān은 형용사의 강변화 혹은 약변화에 따라 격변화하였다. 강변화 남성 대격은 일반적으로 ænne이며, 후기형으로 ānne 외에 ænne(§65(c))이 있다. 강변화 복수형은 드문 것이 자연스러우나, 이따금 '각각, 모두, 모든 사람'(*each, all, every one*)의 의미로 사용되며 특히 ānra gehwylc, *each one* 구(phrase)에서 그러하다. 약변화하면 āna은 '홀로'(*alone*)의 의미를 가진다.

130. twēgen은 다음과 같이 격변화한다:

	Masculine	Neuter	Feminine
Nom. Acc.	twēgen	tū, twā	twā
Gen. (모든 성)	twēgea, twēgra		
Dat. (모든 성)	twǣm, twām		

bēgen, *both*는 twēgen처럼 격변화한다. 이 두 단어가 함께 사용된 bā twā는 여성형 뿐만 아니라 남성형으로 사용된다. 중성형은 bū tū 혹은 būtū이다.

131. þri(e)는 다음과 같이 격변화한다:

	Masculine	Neuter	Feminine
Nom. Acc.	þrī(e)	þrīo, þrēo	þrīo, þrēo
Gen. (모든 성)	þrīora, þrēora		
Dat. (모든 성)	þrim		

132. 4에서 19까지의 기수는 명사 앞에 오면 일반적으로 격변화하지 않는다. 하지만 명사 뒤에 오거나, 명사로 사용될 때 i-격변화 명사의 복수형처럼 격변화한다: 주격과 대격의 남성과 여성형은 -e를, 중성형은 -u를 가지며, 속격은 -a를 여격은 -um을 가진다.

133. 20에서 120까지의 수사의 어미 -tig는 원래는 명사였다; 고대영어에서 -tig를 가진 수사들은 명사나 형용사로 사용되었다. 명사로 사용되면 속격은 -es로 끝났다; 형용사로 사용되면 격변화를 하지 않거나, manig(§119)처럼 격변화 한다. 원래 명사이었기 때문에 -tig를 가진 수사들은 hund나 þūsend처럼 부분 속격(partitive genitive)에서 명사가 그 뒤에 올 수 있다. 예로서 fīftig elna lang, *fifty ells long*; twentig scēapa, *twenty sheep*가 있다. hund, *hundred*는 일반적으로 격변화하지 않으나, 이따금 여격형에 -e와 -um 어미를 가진다. þūsend, *thousand*는 때때로 격변화하지 않으나, 중성명사로서 더 빈번히 격변화하였다.

134. 서수 formest(a), fyrmest(a), fyrest(a)는 강변화를 따르거나 혹은 약변화를 따를 수 있다; ōþer, *second*는 항상 강변화한다; 다른 서수들은 모두 약변화 형용사처럼 격변화한다.

135. 수사에 -feald를 붙여 배수사(multiplicative adjectives)를 만들고, 이들은 보통 형용사처럼 격변화한다. twifeald, *twofold*와 þrifeald, *threefold*의 첫 번째 요소는 때때로 격변화한다: 여격형 twæmfealdum, þrimfealdum.

제6장
대명사와 부사

인칭 대명사

136.

1인칭(First Person)

	Singular	Dual	Plural
Nom.	ic, *I*	wit	wē
Acc.	mec, mē	unc, uncit	ūsic, ūs
Gen.	mīn	uncer	ūser, ūre
Dat.	mē	unc	ūs

2인칭(Second Person)

	Singular	Dual	Plural
Nom.	þū, *thou*	git	gē
Acc.	þec, þē	inc, incit	ēowic, ēow, īow
Gen.	þīn	incer	ēower, īower
Dat.	þē	inc	ēow, īow

3인칭(Third Person)

	Masculine	Neuter	Feminine
Nom.	hē, *he*	hit	hīo, hēo
Acc.	hine, hiene	hit	hīe, hī, hȳ
Gen.	his	his	hire, hiere, hyre
Dat.	him	him	hire, hiere, hyre

복수(모든 성)(Plural, all genders)

Nom. Acc.	hīe, hī, hȳ
Gen.	hira, hiera, hiora, heora
Dat.	him

 주1.

장모음과 단모음을 같이 가지고 있는 경우, 장모음을 가진 형태는 강하게 강세를 받는 경우이고, 단모음을 가진 형태는 약하게 강세를 받는 경우이다.

 주2.

대격형 mec, þec, ūsic, ēowic은 초기 문헌과 시에만 나타났다. 후에 이들을 여격형 mē, þē, ūs, ēow가 대신하였다.

 주3.

복수 속격 hiora, heora는 후설 모음변이(§45) 때문이다. eo가 때때로 유추의 결과로서 복수 여격으로까지 영향을 주어 heom을 만들었다. 남성 단수 대격 hiene, 여성 단수 속격, 여격 hiere, 그리고 복수 속격 hiera는 역철자(inverted spelling)이다(§10).

 주4.

īe 대신에 ȳ를 가진 형태는 특히 후기 문헌에서 발견된다(§51); hig는 때때로 hī를 나타내는 철자로 사용된다(§10).

소유 대명사

137. 고대영어 소유 대명사는 주로 인칭 대명사의 속격형에 기반을 두고 있다. 이들은 강변화 형용사처럼 격변화한다: mīn, þīn은 blind처럼, ūser, ēower, uncer, incer는 hālig처럼 격변화한다. ūre는 여성 단수 주격이 ūre이고 대명사는 자주 약하게 강세를 받기 때문에 -rr-을 가진

형태들이 자주 -r-로 단순화(§103)되는 것을 제외하고는 wilde처럼 격변화한다. 3인칭 소유 대명사로 오래전 형태인 재귀사(reflexive) sīn은 시에서는 때때로, 산문에서는 드물게 사용되며, 강변화 형용사처럼 격변화한다. 인칭 대명사의 속격형 his, hiere, hiera가 좀 더 자주 사용되며, 이들은 격변화 하지 않는다.

 주

ūser의 격변화에서 sr은 보통은 ss로 동화(§90)되었고, 이 ss는 때때로 유추 작용의 결과로 다른 형태로 확대되어 그들의 s를 대신하였다. 예로서 복수 속격으로 ūsra 외에 ūssa, 그리고 유추형 ūssera; 단수 속격 ūsses이 있다.

지시 대명사

138. 단순 지시 대명사는 정관사로도 사용된다.

Singular			
	Masculine	Neuter	Feminine
Nom.	sē	þæt	sīo, sēo
Acc.	þone	þæt	þā
Gen.	þæs	þæs	þǣre
Dat.	þǣm, þām	þǣm, þām	þǣre
Instr.	þȳ, þon	þȳ, þon	
Plural, all genders			
Nom. Acc.	þā		
Gen.	þāra, þǣra		
Dat.	þǣm, þām		

주1.

æ는 남성과 중성의 단수 여격과 복수 여격에 속하며, 이 모음은 여성 복수 속격, 단수 속격, 여격에 차용되었다. 유사하게, a는 복수 주격, 대격, 속격에서 복수 여격, 남성과 중성의 단수 여격으로 퍼졌다. 여성 단수 속격, 여격 þere는 비서색슨 방언에서만 유지되고 있다.

주2.

후기 문헌에서는 þæs 대신에 þas가, þone 대신에 þæne와 þane가, þǽre 대신에 þāre가 자주 발견된다.

139. 원래 복합 지시 대명사는 단순 지시 대명사에 접사 -se, -si를 붙여 만들었다.

Singular			
	Masculine	Neuter	Feminie
Nom.	þes	þis	þīos, þēos
Acc.	þisne	þis	þās
Gen.	þis(s)es	þis(s)es	þisse
Dat.	þis(s)um	þis(s)um	þisse
Instr.	þȳs, þīs	þȳs, þīs	
Plural, all genders			
Nom. Acc.		þās	
Gen.		þissa	
Dat.		þis(s)um	

140. ilca, *same*는 정관사와 결합하여서만 나타났고, 형용사의 약변화를 따른다. self, *self*는 홀로 사용되거나, 혹은 다른 대명사들과 병치하여 사용되고(§230), 강변화와 약변화 모두 가능하다. 예는 다음과 같다: hē selfa, *he himself*, selfe ofersāwon, *they themselves looked on*.[69]

---

69) selfe가 *themselves*인 것은 hīe가 없어도 동사 어미 -on(3인칭 복수 과거)을

의문 대명사

141. 단순 의문 대명사는 단수에서만 격변화하며, 남성형이 남성과 여성 대명사 모두에 사용된다.

	Masculine	Neuter
Nom.	hwā, *who*	hwæt, *what*
Acc.	hwone, hwane, hwæne	hwæt
Gen.	hwæs	hwæs
Dat.	hwǣm, hwām	hwǣm, hwām
Instr.		hwȳ, hwī, hwon

142. 다른 의문 대명사는 다음과 같다: hwæþer, *which of two*; hwelc, hwilc, hwylc, *which, what sort of*; hūlic, *of what kind*. 이들은 형용사의 강변화처럼 격변화한다.

부정 대명사

143. 부정 대명사(Indefinite Pronouns)는 의문 대명사에 다양한 접두사와 접미사를 붙여 자유롭게 형성되었다. 의문 대명사 hwā, hwæþer, hwilc 또한 홀로 부정 대명사로 사용된다. 예들은 다음과 같다:

(a) 접두사 ā-와 함께[70]: āhwā, *any one*; āhwæþer, ōhwæþer, āwþer, ōwþer, *one of two*; nāhwæþer, nōhwæþer, nāwþer, nōwþer,

---

통하여 알 수 있다.
70) ā와 ǣg 모두 'ever'의 의미를 가지며, 대명사와 부사에 부정(infinitive)의 의미를 준다. ǣgi의 ǣ는 ā에 전설 모음변이가 적용된 결과이다.

neither of two.[71)]

(b) 접두사 ge- (고형(古形) gi-)와 함께[72)]: gehwā, *each one*; gehwæþer, *each of two*; gehwilc, *each*.

(c) 이중 접두사 æg-(고형 ā-gi-): æghwā, *each one*; æghwæþer, *each of two*; æghwilc, *each one*.

(d) 접미사 -hwugu와 함께: hwæthwugu, *something*; hwelchwugu, *some one*.

144. 의문 대명사를 포함하는 구는 부정 대명사로서 사용된다:

(a) swā hwā swā, *whoever*; swā hwæt swā, *whatever*; swā hwæþer swā, *whichever of two*; swā hwelc swā, *whichever*.

(b) nāt hwā, *someone*; nāt hwæt, *something*; nāt hwelc, *someone*.

(c) lōc[73)] hwæþer, *whichever*; lōc hwæt, *whatever*.

145. 그밖의 부정 대명사는 다음과 같다: ælc, *each*; ænig, *any*; nænig, *no one*; ān, *someone*; nān, *no one*; āwiht, ōwiht, āwuht, ōwuht, āht, ōht, *anything*; nāwiht, nōwiht, nāwuht, nāht, nōht, *nothing*; man, *one*; sum, *some one*; swelc, swilc, *such*; þyslic, þuslic, þyllic, þullic, *such*.

---

71) n은 부정접사 ne의 일부이다.
72) 접두사 ge는 다양한 의미를 가진다. 대명사와 부사에 붙으면 '포함의(inclusive)' 의미를 가져온다. 따라서 gehwā는 위에 주어진 *each one* 뿐만 아니라 *everyone* 의 의미를 가진다. 마찬가지로 gehwǣr는 *everywhere*의 의미로 사용된다.
73) lōc는 감탄사로서 '자 보자'(*'look!, see, look you'*) 정도의 의미를 가진다. 여러 다른 의문 대명사와 함께 사용된다: lōc hū, *however*; lōc hwā, *whatever*; lōc hwonne, *whenever* 등등.

부사

146. 고대영어 부사는 형용사에 접미사 -e를 붙여 만들었다. 접미사 -e는 형용사의 도구격 어미에서 발견되는 어미 -e와 기원에 있어 동일하다. 예는 다음과 같다: gerone, *willingly*, georn, *willing*; sweotole, *clearly*, sweotol, *clear*; gearwe, *completely*, gearu, *ready*.

형용사가 -e로 끝나면, 부사와 형용사는 형태가 같아진다: blīþe, *joyfully*, blīþe, *joyful*.

 주

일부 형용사는 동일한 어근에서 파생한 이중의 형태를 가진다: 전설 모음변이가 일어나지 않은 a-어간에서 파생한 형태와 전설 모음변이가 일어난 ja-어간에서 파생한 형용사이다. 예는 다음과 같다: smōþ, smēþe, *smooth*; sōft, sēfte, *soft*; swōt, swēte, *sweet*. 그러한 형용사에서 만들어진 부사는 어간 모음의 전설 모음변이가 없이 어말의 -e를 가지며, 이는 smōþe, *smoothly*; sōfte, *softly*; swōte, *sweetly*에서 보여진다.

147. -līc로 끝나는 형용사에 접미사 -e를 붙여 부사를 만들었다: luflīce, *lovingly*; frēondlīce, *in a friendly manner*. 이러한 단어들에서 -līce는 부사형 어미로 여겨지게 되었고, eornostlīce, *indeed*에서처럼 -līc로 끝나는 형용사가 아닌 형용사에서 부사를 만드는데 사용되었다.

148. 소수의 부사는 -a 어미를 가진다. 이 접미사는 오래 전의 탈격(ablative) 어미에서 비롯한다: sōna, *immediately*; tela, *well*; twiwa, *twice*. 동일한 어미가 -inga, -unga 조합에서 보존되고 있다: eallunga, *altogether*; fǣringa, fǣrunga, *suddenly*; hōlunga, *without cause*.

149. 많은 부사들은 명사나 형용사의 목적격에서 만들어졌다:

단수 대격 eall, *altogether*; ealne weg, ealneg, *always*; ful, *completely*;

단수 속격 dæges, *by day*; innanbordes, *at home*;
단수 여격 elne, *vigorously*; micle, *greatly*;
복수 속격 geāra, *long ago*; ungeāra, *recently*;
복수 여격 hwīlum, *at times*; styccemǣlum, *here and there*; wundrum, *wonderfully*.

150. 전치사가 명사, 형용사, 혹은 부사와 결합하여 구 혹은 복합어로서 부사가 빈번히 형성되었다: mid ealle, *altogether*; ofdūne, *down*; to āhte, *at all*; tōdæg, *today*; onweg, *away*.

151. 장소의 부사에서 접미사 -er는 ~를 향하여 가는 움직임을 나타내는데 자주 사용된다. 접미사 -an은 ~로부터 멀어져 가는 움직임을 나타내는데 사용되지만, 때때로 정지 상태를 표현하는 부사에서 발견된다. 그리고 ~를 향하여 가는 움직임을 나타내는 경우 때때로 접미사 없는 부사로 표현된다. 예는 다음과 같다:

정지상태	~을 향하여 가는 움직임	~로부터 멀어져 가는 움직임
feorr, *far, afar*	feorr	feorran
hēr, *here*	hider	hionan
hwǣr, *where*	hwider	hwonan
inne, *within*	in(n)	innan
nēah, *near*	nēar	nēan
nioþan, *beneath*	niþer	nioþan
þǣr, *there*	þider	þonan
uppe, *up, above*	ūp(p)	uppan
ūte, *outside*	ūt	ūtan

부사의 비교

152. 일반적으로 부사의 비교는 -or로 최상급은 -ost로 표현되며, 이는 earme, *miserably*, earmor, earmost; oft, *often*, oftor, oftost에서 보여진다.

153. 게르만어에서 소수의 부사들은 비교급으로 -iz, 최상급으로 -est를 가졌다. 고대영어에서 이들 부사들은 비교급과 최상급에서 어간 모음의 전설 모음변이를 보인다. 비교급 접미사 -iz는 고대영어에서 소실되었지만, 최상급 -ist는 고대영어에서 -est로 나타난다. 예는 다음과 같다:

feorr, *far*	fierr	fierrest
lange, *long*	leng	lengest
ēaþe, *easily*	īeþ	
sōfte, *softly*	sēft	

네 개의 부사들은 원급과는 다른 어원을 가진 어간에서 동일한 방식으로 비교급과 최상급을 만든다.

lȳt, *little*	læs	læst
micle, *much*	mǣ, mā	mǣst
wel, *well*	bet, sēl	betst, sēlest
yf(e)le, *badly*	wiers, wyrs	wierrest, wyrst

제7장
동사

154. 대부분의 고대영어 동사들은 두 개의 큰 부류, 즉 강변화와 약변화 동사, 가운데 하나에 속한다. 강변화 동사는 어간의 모음을 변화시킴으로서 과거형을 만든다; 약변화 동사는 치음(dental)이나 후치음(post-dental)의 자음을 가진 접미사를 붙임으로서 과거형을 만든다. 이 두 개의 큰 부류이외에 수에 있어서는 소수이지만 출현 빈도는 높은 불규칙 동사로 여겨지는 동사들이 있다.

155. 고대영어에는 단지 두 개의 단순 시제가 있다: 현재와 과거. 미래의 시간은 일반적으로 현재 시제에 의하여 표현되나, 고대영어에서 복합시제(§232)를 나타내기 위하여 조동사 사용의 시작이 발견된다. 오래전의 수동태 흔적이 hātte, *is called, was called*와 복수형 hātton에 보존되어 있다. 대체로 고대영어에서 수동은 과거분사와 함께 사용된 조동사 bēon, 혹은 wesan, *to be*나 weorþan, *to become*에 의하여 표현된다 (§233).

강변화 동사(Strong Verbs)

156. 강변화 동사에서 어간 모음의 변화는 두 종류이다: 게르만어나 고대영어에서 음변화의 결과이고 또 하나는 인구어에 존재하였던 모음

전환(ablaut 혹은 gradation)이라 불리우는 음변화이다. 모음전환은 강변화 동사에만 한정되어 있지 않다. 가령 이는 dæg, day와 dōgor, day의 단어 쌍과 fōt, foot와 fetter, fetter 단어 쌍에서 발견된다. 하지만 모음전환에 의한 변화는 강변화 동사에서 가장 명확하게 보여진다. 주요부(principal part)라 불리우는 네 개의 형태는 어떤 강변화 동사라도 완전한 굴절변화를 충분히 가능하게 해준다. 이들은 다음과 같다: (1) 원형, (2) 1인칭 단수 직설법 과거, 이는 3인칭 단수 직설법 과거와 형태에 있어 동일하다. (3) 복수 직설법 과거, (4) 과거분사. 대표 동사로서 beran, *to carry*; helpan, *to help*; biddan, *to pray*; slēan, *to strike*; bindan, *to bind*는 네 개의 주요부를 기반으로 하여 동사의 완전한 굴절변화가 어떻게 이루어지는가를 보여줄 것이다.

현재(PRESENT)						
직설법(Indicative)						
Sing.	1	bere	helpe	bidde	slēa	binde
	2	bir(e)st	hilpst	bitst	sliehst	bintst
	3	bir(e)þ	hilpþ	bit(t)	sliehþ	bint
Pl.		beraþ	helpaþ	biddaþ	slēaþ	bindaþ
가정법(Subjunctive)						
Sing.		bere	helpe	bidde	slēa	binde
Pl.		beren	helpen	bidden	slēan	hinden
명령법(Imperative)						
Sing. 2.		ber	help	bide	sleah	bind
Pl. 2.		beraþ	helpaþ	biddaþ	slēaþ	bindaþ
원형(Infinitive)[74]						
		beran	helpan	biddan	slēan	bindan
분사(Participle)						
		berende	helpende	biddende	slēande	bindende

---

74) 이하 원형 부정사의 의미로 사용한다.

과거(PRETERITE)						
직설법(Indicative)						
Sing.	1	bær	healp	bæd	slōh, slōg	band
	2	bǣre	hulpe	bæde	slōge	bunde
	3	bær	healp	bæd	slōh, slōg	band
Pl.		bǣron	hulpon	bǣdon	slōgon	bundon
가정법(Subjunctive)						
Sing.		bǣre	hulpe	bæde	slōge	bunde
Pl.		bǣren	hulpen	bæden	slōgen	bunden
분사(Participle)						
		geboren	geholpen	gebeden	geslægen	gebunden

157. 직설법 현재(Present Indicative). 1인칭 단수의 원래 어미는 ō이었고(cf. 라틴어 amō, I love), 원시 고대영어에서 -u가 되었다. 이 어미는 앵글리안 방언에 보존되었고, 심지어 긴 어간 뒤에서도 보존되었는데 이는 짧은 어간을 가진 동사와의 유추작용 때문이다. 이는 beru, I carry와 같은 형태와의 유추작용의 결과인 bindu, I bind에서 보여진다. 서색슨과 켄트 방언에서 -u는 현재 가정법 어미에서 비롯한 -e로 바뀌었다. 원시 고대영어에서 2인칭 단수 현재어미는 -is이었고 3인칭 단수 현재 어미는 -iþ이었다. 2인칭 단수의 어말의 -t는 부분적으로는 과거-현재 동사(preterite-present verb)(§199)에서 비롯하며, 또 부분적으로는 bindesþu dost thou bind(후기형은 bindestu)에서처럼 동사 뒤에 와서 붙은 인칭 대명사를 가진 형태를 잘못 구분한데서 비롯한다.75) 2, 3인칭

---

75) 즉 대명사의 일부인 t를 동사의 일부로 보게 됨으로서 동사가 어말의 t를 가지게 됨을 말한다. 이러한 잘못된 단어의 구분은 초기 현대영어에서도 발견되며 이를 통하여 새로운 단어를 만들게 되었다. 초기현대영어 예는 다음과 같다: a napron > an apron; a nadder > an adder.
즉 apron과 adder는 원래 napron과 nadder이었으나 이들 단어의 첫 자음인 n을 사람들이 부정관사 an의 일부로 잘못 분석하게 되었고, 이 때문에 napron과

단수 직설법 현재형 어미인 i는 어간 모음의 전설 모음변이(혹은 §19에서 기술된 e에서 i로의 변화)를 야기시켰고, 이후 정상적으로는 긴 어간 뒤에서 소실되었고, 짧은 어간 뒤에서는 e로 약화되었다(§§70, 72). beran, *to carry*의 birst, birþ와 같은 형태들은 긴 어간을 가진 동사들과의 유추 때문이며, 특히 서색슨 방언에서 흔한 반면, 앵글리안 방언에서는 hāteþ, *he calls*처럼 모음변이가 안 된 어간 모음과 어중탈락이 일어나지 않은 형태로 일반화되는 경향이 있었다.

2인칭 단수 직설법 현재형인 bitst, bintst, 3인칭 단수 직설법 현재형인 bit(t), bint에서 d에서 t로의 무성음화와 tþ의 tt로의 동화에 관하여는 §90을 참조하기; 연이은 tt의 단순화에 관하여는 §101을 참조하기.

158. *가정법 현재*(Present Subjunctive). 복수에서 -en 이외에 후기 문헌에는 -an과 -on 어미가 나타난다. 서색슨 방언과 켄트 방언에서는 bere wē, bere gē처럼 1인칭, 2인칭 대명사가 동사 바로 뒤를 따르면 복수 가정법의 어말 -n은 소실되었다. 그리고 난 후에는 유추에 의하여 -e를 가진 형태들이 인칭 대명사가 동사 뒤를 따르는 경우 직설법에서도 사용되었다. 이는 gē beraþ와 함께 존재하는 bere gē에서 보여진다.

159. *명령법*(Imperative). 고대영어의 단수 명령법은 통상적으로 그 단어의 어미가 붙지 않은 어간(bare stem)이 되며, 대부분의 동사에서는 원형에서 어미 -an 이 제거된 후 남겨진 부분이다. 게르만어에서 원형이 -jan으로 끝났던(§160) 강변화 동사들은 단수 명령법에서 -i를 가졌다. 이 i는 서게르만어에서 겹자음화(§81, 주2)를 가져오지 않았으며, 고대영어에서 -e로 나타난다. 이는 biddan, *to pray*의 2인칭 단수 명령법 bide와 sittan, *to sit*의 2인칭 단수 명령법 site에서 보여진다.

160. *부정사*(Infinitive).[76] 부정사는 원래 중성명사이었다. 이 기원의

---

nadder는 현재의 형태인 apron과 adder를 가지게 되었다.
76) 고대영어 시기에는 두 종류의 부정사가 있었다. 단순 부정사(simple infinitive)

흔적은 여격 단수형에서 보여진다. 이들은 때때로 동명사로 불리우며 ja-어간 명사를 모델로 만들어져 전치사 tō 뒤에서 사용되었다. 예를 들어 beran, *to carry*(§238)에서 만들어진 tō berenne이 있다. 어미 -enne은 후에 원형(부정사) 어미 -an의 영향으로 -anne이 되었다. 후기 고대영어에서 nn은 자주 단순화 되어, -ene, -ane(§103)가 발견된다.

소수의 강변화 동사는 게르만어에서 원형(부정사) 어미 -jan을 가졌었다. 이들 동사는 어간 모음의 전설 모음변이와 어간 모음이 원래 짧은 경우 어중 자음의 겹자음화(§81)에 의하여 포착된다. 어간이 원래 짧았다 할지라도 겹자음화의 결과 어간이 길어졌기 때문에 j는 소실되었다(§95). 예는 다음과 같다: biddan, *to pray*; sittan, *to sit*; wēpan, *to weep*.

161. *가정법 과거(Preterite Subjuntive)*. 서색슨과 켄트 방언에서 1인칭과 2인칭 인칭 대명사가 동사 바로 뒤에 따라오면 bǣre wē에서처럼 복수의 어말 -n은 소실되었다. 그리고 난 후 -e를 가진 형태들이 대명사가 뒤따르면, 직설법을 나타내는데도 사용되었다(cf. §158).

162. *과거분사(Past Participle)*. 강변화 동사의 가장 흔한 과거분사 어미는 -en이며 이는 두 개의 기원을 가진다. 일반적으로 알려진 기원은 게르만어 -an-이다. 고대영어 어미 -en의 모음은 사격(사격에서는 -n 다음에 모음이 따라옴으로서 n이 다음 음절에 속한다.)에서 비롯하였으며, 이 모음으로 통일되었다. 반면에 원형에서는 a가 그대로 남아있다(§71). 고대영어 과거분사 어미 -en의 덜 흔한 기원은 게르만어 -in-이다; gecymen(§179), geslegen(§186)과 같이 전설 모음변이를 가진 형태들이 이 기원을 가진다. 강변화와 약변화 동사의 과거분사는 접미사 ge-를 가진 형태와 그렇지 않은 형태 모두 있다: bunden과 gebunden,

---

와 굴절부정사(inflected infinitive). Brook은 후자부터 설명하고 있다.

bound, forboden, *forbidden*처럼 동사가 이미 다른 접두사를 가지고 있다면, 접두사 ge-는 피해진다. 일부 동사는 모든 굴절변화에서 접두사 ge-를 가진다. ge-의 고유 기능은 완료를 표현하는 것이며, 고대영어에서 단순 동사의해 표현되는 행위의 결과를 나타내는데 자주 사용된다: gesittan, *to take possession of*과 sittan, *to sit*; gefrignan, *to learn*과 frignan, *to ask*.

강변화 동사의 분류

163. 고대영어 강변화 동사는 7부류로 나뉘어진다. 고대영어 음변화가 많은 동사들 사이의 본래의 모음전환 관계를 흐려 놓았으나, 강변화 동사를 올바르게 분류하는 것은 대체로 쉬운 일이다. 원시 고대영어에서 제1군 강변화 동사는 원형의 어간 모음에 ī를 가졌다; 제2군 동사들은 ēo 혹은 ū를 가졌다; 제3, 4, 5군 동사들은 대체로 e를 가졌다; 제6군 동사들은 a를 가졌다; 제7군 동사들은 다양한 모음을 가지고 있어 특별한 주의가 요구된다(§188-190). 제3, 4, 5군 동사들은 어중 자음을 통한 올바른 분류가 가능하다: 제3군에서 어간은 두 개의 자음군으로 끝난다; 제4군에서 어간은 하나의 유음이나 비음으로 끝난다; 제5군에서는 어간이 유음이나 비음이 아닌 다른 자음으로 끝난다.[77]

---

[77] 강변화 동사들의 모음전환(ablaut 혹은 gradation)을 다음과 같이 요약해 볼 수 있다.

	원형	단수 과거	복수 과거	과거분사
제1군	ī	ā	i	i
제2군 (1)	ēo	ēa	u	o
(2)	ū	ēa	u	o
제3군 (1)	i	a	u	u
(2)	e	ea	u	o

제1군(Class I)

164. 규칙적 유형은 다음 동사들에 의하여 대표되어 진다:

    bīdan, *to wait for*   bād   bidon   gebiden

많은 동사들이 bīdan처럼 굴절변화한다: bītan, *to bite*; gewītan, *to depart*; wrītan, *to write*.

165. līþan, *to go*의 주요부(principal parts)는 līþan, lāþ, lidon, geliden 이며, scrīþan, *to go*과 snīþan, *to cut*이 같은 방법으로 굴절변화한다. 게르만어에서 강변화 동사의 복수 과거와 과거분사는 강세가 어미에 왔다. 따라서 lidon과 geliden의 d는 베르너 법칙(§77)과 유성 마찰음 [ð]에서 파열음 [d]로의 연이은 변화(§80)에 의하여 설명된다. 제1군의 다른 동사들에서 현재형의 þ나 s는 유추작용에 의하여 동사의 다른 형태로 확대되었다: ārīsan, *to arise*; wrīþan, *to twist*.

166. tēon, *to accuse*   tāh   tigon   getigen

lēon, *to lend*; sēon, *to sift*; þēon, *to prosper*; wrēon, *to cover*은 tēon처럼 변화한다. 이 동사들은 게르만어에서 마찰음 h로 끝나는 어간을 가졌었다. 원형의 ēo는 초기의 īo에서 왔으며, 이는 h 앞에서 ī의 분열(§32(d))의 결과 만들어졌으며, h는 분열 이후 모음 사이에서 소실(§98)되었다. 복수 과거, 과거분사의 g는 h에 베르너 법칙(§77)이 적용되어 만들어졌다.

	원형	단수 과거	복수 과거	과거분사
(3)	eo	ea	u	o
제4군	e	æ	ǣ	o
제5군 (1)	e	æ	ǣ	e
(2)	i	ea	ēa	i
제6군	a	ō	ō	a
제7군 (1)	ā	ēo	ēo	ā
(2)	ā	ē	ē	ā

주

이 유형의 동사들은 tēon, tēah, tugon, getogen에서처럼 자주 제2군 동사와의 유추형을 복수 과거와 과거분사형에 가졌다.

제2군(Class II)

167. 규칙적 유형은 다음에 의하여 대표되어 진다:

  bēodan, *to command* bēad budon geboden

gēotan, *to pour*과 scēotan, *to shoot*를 포함하는 많은 동사들이 bēodan처럼 굴절변화한다.

168. 원형에 s를 포함한 동사들은 복수 과거와 과거분사에 r를 가지며, þ를 포함하는 동사들은 d를 가진다(§§77, 80).

  cēosan, *to choose* cēas curon gecoren

유사한 동사들로 drēosan, *to fall*; forlēosan, *to loose*; frēosan, *to freeze*; hrēosan, *to fall*; sēoþan, *to boil*(sēaþ, sudon, gesoden)이 있다.

169. flēon, *to flee* flēah flugon geflogen

tēon, *to draw*과 유사하다. 이 동사들은 제1군의 축약동사(contracted verbs)와 다르다: 제1군의 이중모음 ēo는 원시 고대영어에서 분열에 의하여 만들어진 반면, 제2군의 이중모음은 게르만어의 이중모음에서 비롯하였다.

170. 제2군의 소수의 동사들은 현재형에 ū를 가진다:

  būgan, *to bow* bēag bugon gebogen

brūcan, *to enjoy*; dūfan, *to dive*; scūfan, *to push*이 유사한 동사이다.

제3군(Class III)

172. 규칙적 유형은 다음에 의하여 대표되어 진다:

    bregdan, *to move quickly*   brægd   brugdon   gebrogden
    berstan, *to burst*   bærst   burston   geborsten

stregdan, *to stew*은 bregdan처럼 굴절변화한다. 이 동사들은 g가 소실되고 선행 모음이 장음화된 형태도 가진다: brēdan, brǣd, brūdon, gebrōden(§99). þerscan, *to thresh*은 berstan처럼 굴절변화한다. 이 두 동사에는 분열이 일어나지 않는다. 이는 분열이 일어날 무렵 r이 어간 모음을 선행하고, 이후 음위전환(§91)이 일어났기 때문이다.

171. 어간이 비음 + 자음으로 끝나는 동사들은 원형에서 i를(§18), 단수 과거에 a 혹은 o를(§24), 복수 과거와 과거분사에서 u를(§20) 가진다.

    bindan, *to bind*   band, bond   bundon   gebunden

이와 유사한 동사로 climban, *to climb*; drincan, *to drink*; findan, *to find* (가정법인 funde가 단수 과거형으로도 사용됨)을 포함하는 많은 동사들이 있다.

 주1.

irnan, *to run*, arn (혹은 orn, earn), urnon, geurnen과 birnan, *to burn*, barn (혹은 born, bearn), burnon, geburnen은 음위전환(§91)을 보여준다: cf. 고딕어 rinnan, brinnan.

 주2.

frignan, *to ask*의 주요부는 frignan, frægn, frugnon, gefrugnen이다. g가 소실되고 어간 모음이 장음화된 형태도 가진다: frīnan, frān, frūnon, gefrūnen(§99); frān은 제1군 동사들과의 유추작용의 결과이다.

173. 어간이 l + 자음으로 끝나는 동사들은 1, 3인칭 단수 직설법 과거에서 분열의 결과인 ea를 가진다(§32(a)).

helpan, *to help*   healp   hulpon   geholpen

이와 유사한 동사로 belgan, *to be angry*; delfan, *to dig*; meltan, *to melt*; swelgan, *to swallow*; swellan, *to swell*; sweltan, *to die*이 있다.

 주

*feolhan(§98)에서 비롯한 feolan, *to enter*의 주요부는 fealh, fulgon, gefolgen 이며, 베르너 법칙(§77)에 의하여 h는 g와 교체 현상을 보인다. 또한 복수 과거형 fulon(<*fulhon, 여기서 h는 원형 혹은 단수 과거형과의 유추로 g를 대신)과 제4군 동사와의 유추작용의 결과 만들어진 복수 과거 fǣlon과 과거분사 gefolen이 있다.

174. 어간이 l + 자음으로 끝나고 어두의 g를 가진 동사들은 원형에 ie를 1, 3인칭 단수 직설법 과거형에 ea를 가진다(§32(a)).

gieldan, *to pay*   geald   guldon   gegolden

giellan, *to yell*과 gielpan, *to boast*도 이와 유사하다.

 주

전향 이중모음화(§36)가 분열(§32(a))보다 먼저 발생하였기 때문에 과거형 geald의 ea는 전향 이중모음화가 같은 결과를 만들어 냈을지 모르지만 아마도 분열의 영향 때문일 것이다.

175. 어간이 r + 자음 혹은 h + 자음으로 끝나는 동사들은 원형에 eo를, 단수 과거에 ea를 가진다.

beorgan, *to protect*   bearg   burgon   geborgen
feohtan, *to fight*   feaht   fuhton   gefohten
weorþan, *to become*   wearþ   wurdon   geworden

ceorfan, *to carve*, steorfan, *to die*, weorpan, *to throw*도 이와 유사하다. weorþan의 굴절변화에 있어서 þ와 d의 교체에 관하여는 §§77, 80을 참조하기.

176. 제3군에 속한 동사들 가운데 두 동사는 원형에서 u를 가지며 그

두 동사는 다음과 같다:

  murnan, *to mourn*   mearn   murnon   gemurnen
  spurnan, spornan, *to spurn*   spearn   spurnon   gespurnen

제4군(Class IV)

177. 대표적인 규칙적 유형은 다음과 같다:

  beran, *to bear*   bær   bǣron   geboren

유사한 동사들로 stelan, *to steal*; helan, *to conceal* 그리고 몇몇 다른 동사들이 있다.

178. scieran, *to cut*에서 어간 모음에 전향 이중모음화가 적용되었다 (§36):

  scieran   scear   scēaron   gescoren

179. 두 동사는 하나의 비음으로 끝나는 어간을 가진다:

  niman, *to take*   nōm   nōmon   genumen
  cuman, *to come*   c(w)ōm   c(w)ōmon   gecumen

 주1.

niman의 i는 원래 e이었으나 뒤에 오는 비음의 영향(§25)으로 i가 되었다; cuman의 u는 인구어에서 다른 모음전환(grade)을 나타낸다(§156). 복수 과거의 ō에 관하여는 §23을, 과거분사의 u에 관하여는 §26을 참조하기. cōmon에서 w의 소실에 관하여는 §93을 참조하기. 단수 과거 (nam 이외에) nōm과 c(w)ōm의 ō는 복수형과의 유추작용 때문이며 이는 아마도 제6군 강변화 동사에 의하여 강화되었을 것이 확실시 된다.

 주2.

cuman의 가정법 현재형인 cyme, cymen은 cume, cumen과 나란히 사용되었다. 과거완료 gecymen은 전설 모음변이(§162)를 보인다.

제5군(Class V)

180. 대표적인 규칙적 유형은 다음과 같다:
    metan, *to measure*   mæt   mæton   gemeten

유사한 동사로 brecan, *to enjoy*; drepan, *to strike*; wrecan, *to avenge*와 그 외 다른 동사들이 있다. brecan와 drepan이 때때로 제4군 동사와의 유추작용의 결과로서 과거분사에 o를 가지는 것을 제외하고는 metan과 유사하다. etan, *to eat*과 fretan, *to devour*은 단수 과거에서 æ를 가지는 것(æt, fræt)을 제외하고는 metan처럼 굴절변화한다.

181. giefan, *to give*   geaf   gēafon   gegiefen

유사한 동사로 forgietan, *to forget*과 ongietan, *to understand*이 있다. 이 동사들의 이중모음은 선행하는 구개자음의 영향(§36) 때문이다.

182. 일부 동사들은 베르너 법칙과 연이은 변화(§§77, 79, 80)들의 결과로 변이를 보인다:

    cweþan, *to say*   cwæþ   cwǣdon   gecweden
    wesan, *to be*   wæs   wǣron

genesan, *to be saved*과 lesan, *to gather*의 단수 현재와 단수 과거형의 s는 모든 형태로 확산되었다.

183. 소수의 동사들은 모음 사이에서 h의 탈락과 베르너 법칙(§§77, 98) 사이의 교체를 보여준다.

    sēon, *to see*   seah   sāwon,   gesewen, gesegen,
                                        sǣgon   gesawen
    gefēon, *to rejoice* gefeah   gefǣgon   gefegen

plēon, *to risk*은 gefēon처럼 굴절변화한다.

 주

    sēon의 주요부에서 어중 자음은 원래 원순-연구개음(labio-velar)이었다.[78] 게르만어에서 (복수 직설법 과거에서처럼) 원순 후설모음이 왔을 때, 이 원순-

연구개음은 원순성을 잃고 g가 되었다; (가정법 과거나 과거완료에서처럼) 다른 위치에서는 연구개의 성격을 잃고 w가 되었다. 복수 과거형 sāwon과 과거완료 gesegen은 유추형이다.

184. 게르만어에서 소수의 동사들은 원형에 -jan 어미를 가졌었다 (§160). j는 선행하는 자음의 겹자음화와 어간 모음의 전설 모음변이를 가져왔으며, 후에 소실되었다(§§81, 39).

biddan, to pray	bæd	bædon	gebeden
sittan, to sit	sæt	sæton	geseten
licgan, to lie	læg	lægon	gelegen

과거완료가 gefregen, gefrigen인 것을 제외하고는 fricgan, to ask은 licgan처럼 굴절변화한다. þicgan, to receive은 시에서는 강변화 형태인 þeah(gefeah와 유추작용의 결과), þǣgon, geþegen을 가지는 반면, 산문에서는 과거형인 þig(e)de를 가지는 약변화 동사이다.

제6군(Class VI)

185. 대표적인 규칙적 유형은 다음과 같다:

faran, to go   fōr   fōron   gefaren, gefæren

이와 유사한 동사로 galan, to sing; wadan, to go과 그 외의 다른 동사들이 있다. 다음의 불규칙성이 발견될 수 있다:

(a) sc(e)acan, to shake, sc(e)ōc, sc(e)ōcon, gesc(e)acen이 보여주듯이 어두의 sc-를 가진 동사들은 자주 삽입의(intrusive) e(§9)를 가진다. sc(e)afan, to shave도 유사하다.

(b) standan, to stand, stōd, stōdon, gestanden은 비음의 접요사 (infix)를 가진다. 이는 현재형에서 비롯하여 과거분사에 도입되었

---

78) 아마도 [g^w]였을 것으로 추정된다.

고 라틴어의 vinco~vīci에서 발견되는 종류의 것이다.

(c) spanan, to entice, spōn, spōnon, gespanen은 제7군 동사 spannan, to clasp과의 유추작용의 결과로 과거형 spēon, spēonon도 가진다.

186. 소수의 동사들은 원형에서의 모음 사이에서 h의 탈락과 베르너 법칙 사이의 변이를(§§77, 98) 보여준다.

slēan, to strike   slōh, slōg   slōgon   geslægen, geslagen

flēan, to flay; lēan, to blame; þwēan, to wash이 유사하다. æ와 a를 가진 과거분사들과 더불어 geslegen, geþwgen(§162)에서처럼 전설 모음변이를 가진 몇몇 과거분사가 나타난다.

187. 게르만어에서 소수의 동사들은 원형에 -jan 어미를 가지고 있었다(§160):

hebban, to raise	hōf	hōfon	gehæfen, gehafen
sceþþan, to injure	scōd	scōdon	
steppan, to step	stōp	stōpon	gestæpen, gestapen
hliehhan, to laugh	hlōh, hlōg	hlōgon	
scieppan, to create	scōp	scōpon	gesceapen
swerian, to swear	swōr	swōron	gesworen

hebban에서 bb와 f 사이의 교체에 관하여 §81, 주1을 참조하기. swerian에서 겹자음의 부재에 관하여는 §81을 참조하기. sceþþan과 hliehhan은 베르너 법칙에 의한 교체(§§77, 80)를 보여준다. scōd의 d와 hlōg의 g는 복수형과의 유추작용 때문이다. 원형 sceþþan은 비서색슨 방언형이다; 서색슨 방언에서는 통상적으로 e가 ie가 되었다(§36). 과거분사 gesworen은 제4군 동사와의 유추에 의하여 o를 가진다. hebban, sceþþan, swerian은 강변화형과 더불어 약변화 과거형, hefde, sceþede, swerede를 가진다.

제7군(Class VII)

188. 이 군에 속한 일부 동사들은 한때 고딕어의 lētan, *to allow*의 과거형인 laílōt처럼 중첩(reduplication)이 이루어진 과거형을 가졌다. 이 굴절변화를 익히는데 있어 필요한 사항은 단지 두 개의 주요부만이 있다는 사실이다. 단수 과거의 모음은 복수 과거의 모음과 동일하고, 원형의 모음은 대체로 과거분사의 모음과 동일하다. 이 군에 속한 동사들은 원형에서 다양한 모음을 보여준다; 과거형이 ē 혹은 ēo를 가졌느냐에 따라 두 유형으로 나뉜다.

오래 전의 중첩의 흔적은 앵글리안 방언과 시에 남아있다. 예는 다음과 같다[79]: heht (hātan, *to call*의 단수 과거); leolc (lācan, *to move, play*의 과거); leort (lētan, 서색슨형 lǣtan, *to allow*의 과거); ondreord (ondrēdan, 서색슨형 ondrǣdan, *to fear*의 과거); reord (rēdan, 서색슨형 rǣdan, *to advise*의 과거).

보다 흔한 서색슨형은 §189에 주어져 있다.

189. 유형 1: ē 과거형

(a) lǣtan, *to allow*	lēt	lēton	gelǣten
(b) hātan, *to command*	hēt	hēton	gehāten
(c) fōn, *to seize*	fēng	fēngon	gefangen
(d) blandan, *to mingle*	blēnd	blēndon	geblanden

lǣtan처럼 변화하는 동사로 ondrǣdan, *to fear*; rǣdan, *to advise*, slǣpan, *to sleep*이 있다. 이러한 동사들은 특히 후기 서색슨 방언에서

---

[79] 즉, helt의 h-h, leolc의 l-l에서처럼 중첩의 흔적은 반복된 자음으로만 보여진다. 즉 중첩된 분절음 모두가 유지되지 않고 있다.

약변화 과거형 ondrǣdde, rǣdde, slǣpte를 가진다.

hātan처럼 변화하는 동사로 lācan, *to play*과 sc(e)ādan, *to divide*이 있으며, sc(e)ādan은 과거형 scēad와 scēd를 같이 가진다; 약변화형이 앵글리안 방언에 나타난다.

 주

hōn, *to hang*은 fōn처럼 변화한다. fōn, hōn과 고어형 *fanhan, *hanhan에 관하여는 §§98, 21을 참조하기. fēng, hēng는 g가 베르너 법칙의 결과로 만들어진 복수형과의 유추작용으로 새로이 만들어진 형이다.

190. 유형 2: ēo 과거형

(a) healdan, *to hold*	hēold	hēoldon	gehealden
(b) spannan, *to fasten*	spēon(n)	spēonnon	gespannen
(c) bēatan, *to beat*	bēot	bēoton	gebēaten
(d) cnāwan, *to know*	cnēow	cnēowon	gecnāwen
(d) grōwan, *to grow*	grēow	grēowon	gegrōwen
(f) wēpan, *to weep*	wēop	wēopon	gewōpen

healdan처럼 변화하는 동사로 fealdan, *to fold*; feallan, *to fall*; wealcan, *to roll*; wealdan, *to wield*; weallan, *to boil*; (원래는 제6군에 속하였던) weaxan, *to grow*이 있다.

spannan처럼 변화하는 동사로 gangan, *to go*(과거형 gīeng, gēng도 있다.); bannan, *to summon*(과거형 bēn도 있다.)이 있다.

bēatan처럼 변화하는 동사로 hēawan, *to hew*; hlēapan, *to run*이 있다.

cnāwan처럼 변화하는 동사로 blāwan, *to blow*; crāwan, *to crow*; māwan, *to mow*; sāwan, *to sow*; wāwan, *to blow*; swāpan, *to sweep* 이 있다.

grōwan처럼 변화하는 동사로 blōtan, *to sacrifice*; blōwan, *to blossom*; flōwan, *to flow*; hrōpan, *to shout*; hwōpan, *to threaten*; rōwan, *to row*; spōwan, *to succeed*; swōgan, *to sound*과 기타 소수의 동사들이 있다.

wēpan의 ē는 전설 모음변이의 결과이다(§§39, 160).

약변화 동사(Weak Verbs)

191. 고대영어에는 3부류의 굴절변화가 있다. 단지 네 개의 동사만이 제3군 약변화 동사에 속하며, 이들은 흔히 불규칙 동사로 여겨진다. 제2군 동사들은 원형에 -ian 어미를 가지고 있으며, 대체로 전설 모음변이가 적용되지 않은 것으로 구분될 수 있다. 제1군 동사 모두 어간 모음의 전설 모음변이를 보인다. 대부분은 원형에서 -an 어미를 가지고 있으나, 소수의 동사들, 특히 고대영어에서 r로 끝나는 동사들은 -ian 어미를 가진다(§193).

제1군(Class I)

192. 이 굴절변화에 속한 동사들은 세 유형으로 구분될 수 있다.
(a) 모든 굴절형에서 전설 모음변이를 보이고, 원시 게르만어에서 어간이 짧은 1음절로 구성되어 있었던 동사들.
(b) 모든 굴절형에서 전설 모음변이를 보이고, 원시 게르만어에서 어간이 긴 1음절이나 2음절 이상으로 구성되어 있었던 동사들.
(c) 현재형에서만 전설 모음변이를 보이고, 과거나 과거분사에서는 그렇지 않은 동사들.

193. 유형 (a)

현재(PRESENT)					
직설법(Indicative)					
Sing.	1.	nerie, *I save*	fremme, *I perform*	sette, *I set*	
	2.	neres(t)	fremes(t)	setst	
	3.	nereþ	fremeþ	set(t)	
Pl.		neriaþ	fremmaþ	settaþ	
가정법(Subjunctive)					
Sing.		nerie	fremme	sette	
Pl.		nerien	fremmen	setten	
명령법(Imperative)					
Sing.		nere	freme	sete	
Pl.		neriaþ	fremmaþ	settaþ	
원형(Infinitive)					
		nerian	fremman	settan	
분사(Participle)					
		neriende	fremmende	settende	
과거(PRETERETE)					
직설법(Indicative)					
Sing.	1.	nerede	fremede	sette	
	2.	neredes(t)	fremedes(t)	settes(t)	
	3.	nerede	fremede	sette	
Pl.		nerdon	fremedon	setton	
가정법(Subjunctive)					
Sing.		nerede	fremede	sette	
Pl.		nereden	fremeden	setten	
분사(Participle)					
		genered	gefremed	gested, geset(t)	

    nerian처럼 굴절변화하는 동사로서 andswerian, *to answer*, derian, *to injure*, spyrian, *to follow*과 소수의 다른 동사들이 있다. 원형에서의

어미의 유사성 때문에 이 유형에 속하는 동사들은 제2군으로 통하는 경향이 있다.

fremman처럼 굴절변화하는 동사로서 dynnan, *to make a noise*; temman, *to tame*; trymman, *to strengthen*과 소수의 다른 동사들이 있다. 과거 어미들의 유사성 때문에 이 유형의 동사들은 때때로 nerian의 패턴에 따라 원형에 하나의 어중 자음과 -ian 어미를 가진다: temian, trymian. 또 한편으로는 원형의 겹자음이 때때로 과거형와 과거분사로 확대되며, 이는 getrymed와 나란히 쓰이는 getrymmed에서 보여진다.

어중의 -dd- 혹은 -tt-를 가지면서 settan처럼 굴절변화하는 동사로서 hwettan, *to incite*; āhreddan, *to rescue*이 있다.

cg를 가진 하나의 동사, lecgan, *to lay* 역시 이 유형에 속한다.

 주

때때로 nerian 유형의 동사들에서 철자 i 대신에 철자 g, ig, ige가 나타난다: nergan, nerigan, nerigean.

194. 유형 (b)

현재(PRESENT)					
직설법(Indicative)					
Sing	1.	dēme, *I judge*	drence, *I give to drink*	hyngre, *I am hungry*	gierwe, *I prepare*
	2.	dēm(e)st	drenc(e)st	hyngrest	gierest
	3.	dēm(e)þ	drenc(e)þ	hyngreþ	giereþ
Pl.		dēmaþ	drencaþ	hyngraþ	gierwaþ
가정법(Subjunctive)					
Sing.		dēme	drence	hyngre	gierwe
Pl.		dēmen	drencen	hyngren	gierwen
명령법(Imperative)					
Sing.		dēm	drenc	hyngre	giere
Pl.		dēmaþ	drencaþ	hyngren	gierwen

원형(Infinitive)				
	dēman	drencan	hyngran	gierwan
분사(Participle)				
	dēmende	drencende	hyngrende	gierwende
과거(PRETERITE)					
직설법(Indicative)					
Sing.	1.	dēmde	drencte	hyngrede	gierede
	2.	dēmdes(t)	drenctes(t)	hyngredes(t)	gieredes(t)
	3.	dēmde	drencte	hyngrede	gierede
Pl.		dēmdon	drencton	hyngredon	gieredon
가정법(Subjunctive)					
Sing.		dēmde	drencte	hyngrede	gierede
Pl.		dēmden	drencten	hyngreden	giereden
분사(Participle)					
		gedēmed	gedrenced	gehyngred	gegier(w)ed

어간이 유성 자음으로 끝나는 많은 동사들이 dēman처럼 굴절변화한다: fēdan, *to feed*; lǣran, *to teach*; wēnan, *to expect*.

어간이 무성 자음으로 끝나는 많은 동사들이 drencan처럼 굴절변화한다: bētan, *to make amends*; scencan, *to pour out*.

어간이 자음+유음 혹은 자음+비음으로 끝나는 동사들이 hyngran처럼 굴절변화한다: timbran, *to build*; seglan, siglan, *to sail*. 이 유형의 동사들은 자주 제2군으로 옮겨간다.

rw으로 끝나는 소수의 동사들은 gierwan처럼 굴절변화한다: besierwan, *to lie in wait for*.

 주1.
어간이 þ로 끝나는 동사들은 일반적으로 과거형에서 þd가 dd로 동화(§90)됨을 보여준다: cȳdde(cȳþan, *to make known*의 과거)

제7장...동사

주2.
겹자음이나 자음 + d 혹은 t로 끝나는 어간을 가진 동사들은 과거형에서 단순화(§101)를 보여준다: fylde(fyllan, *to fill*의 과거); cyste(cyssan, *to kiss*의 과거); andwyrde(andwyrdan, *to answer*의 과거); gelǣste(gelǣstan, *to carry out*의 과거).

주3.
hyngran과 같은 동사는 어간이 길지만 단수 명령법과 과거형에 e를 가진다 (§72).

주4.
gierwan의 2, 3인칭 단수 직설법 현재와 단수 명령법, 과거에서 i 앞에서 w의 소실에 관하여는 §93을 참조하기.

주5.
다음의 소수의 축약(contracted)동사들이 이 굴절변화에 속한다: hēan, *to exalt*의 과거 hēade, 과거분사 gehēad; þȳn, *to press*의 과거 þȳde, 과거분사 geþȳd.

주6.
어중 c를 가진 동사들은 자주 유형(c)와 유추작용의 결과로 과거형에 -hte를, 과거분사에 -ht를 가졌다. 예는 다음과 같다: bepǣcan, *to deceive*, bepǣht, bepǣht; īecan, *to increase*, īhte (īecte와 더불어), geīht.

195. 유형(c)

약 20개의 제1군 약변화 동사들이 원시 게르만어에서 이미 어중 모음 -i- 없이 과거와 과거분사형을 만들었다. 이러한 동사들은 현재형에서 전설 모음변이를 보이나 과거나 과거분사형에서는 전설 모음변이를 보이지 않는다. 이 유형의 동사 가운데 구개자음이나 구개자음군으로 끝나는 어간을 가진 동사들은 과거와 과거분사형에 ht를 가진다.

bringan, *to bring*	brōhte	gebrōht
bycgan, *to buy*	bohte	geboht
cweccan, *to shake*	cweahte	gecweaht
rǣcan, *to reach*	rǣhte, rāhte	gerǣht
sēcan, *to seek*	sōhte	gesōht
sellan, *to give*	sealde	geseald
þencan, *to think*	þōhte	geþōht
þyncan, *to seem*	þūhte	geþūht
wyrcan, *to work*	worhte	geworht

dreccan, *to afflict*; leccan, *to moisten*; reccan, *to narrate*; streccan, *to stretch*; þeccan, *to cover*; weccan, *to awake*들은 cweccan처럼 굴절변화한다. tǣcan, *to teach*은 rǣcan처럼 굴절변화한다. cwellan, *to kill*; dwellan, *to hinder*; stellan; *to place*; tellan, *to count*은 sellan처럼 굴절변화한다.

 주1.

과거형 brōhte, þōhte, þūhte에서 n 탈락과 brōhte, þōhte에서 ō에 관하여 §21을 참조하기. brōhte에 해당하는 원형은 brengan이며 이는 고대영어에서 드물었다; bringan은 제3군 강변화 동사와 관련되어 있으며, 드문 형태인 과거분사 gebrungen을 가진다. bycgan과 wyrcan에서 y와 o 사이의 상호 교체에 관하여는 §42 참조하기.

 주2.

rǣcan, tǣcan은 과거형 rāhte, tāhte 외에도 일반적으로 rǣhte, tǣhte를 가졌었다. 여기서 ǣ는 현재형에서 비롯한다. 유사하게, 고대영어 후기에 -ecc-를 가진 동사들의 과거형에 ea 대신에 현재형에서 비롯한 e가 나타났다. 후기 서색슨 방언에서는 sellan 이외에도 syllan이 나타났다. 이는 sel-을 syl-로 바꾸는 음변화에 의한 것이다. 어떤 비서색슨 방언에서 sel-은 sil-이 되었다: sillan.

제7장...동사　　　　　　　　　　　　　　　　　　　　　　　　　　　111

주3.
후기 고대영어에서 -ell-을 가진 동사들은 때때로 fremman과 같은 동사와의 유추에 의한 과거와 과거분사형을 만들었으며, 그들과 같이 때때로 제2군 동사로 옮겨갔다. 그 예로서 dwellan의 과거형으로 dwealde외에 dwelede, dwelode가 발견된다.

제2군(Class II)

196. 이 군에 속하는 동사는 그 수가 많으며, 대부분의 경우 고대영어에 -ian으로 나타나는 어미가 명사나 형용사에 붙여져 만들어진 동사들이다. 이 유형에 속한 동사들에서 전설 모음변이가 나타나지 않는 것에 관하여는 §43을 참조하기.

현재(PRESENT)				
		직설법(Indicative)	가정법(Subjunctive)	명령법(Imperative)
Sing.	1.	lufie, *I love*	lufie	
	2.	lufast	lufie	lufa
	3.	lufaþ	lufie	
Pl.		lufiaþ	lufien	lufiaþ
원형(Infinitive) : lufian				
분사(Participle) : lufiende				
과거(PRETERITE)				
		직설법(Indicative)	가정법(Subjunctive)	
Sing.	1.	lufode	lufode	
	2.	lufodest	lufode	
	3.	lufode	lufode	
Pl.		lufodon	lufoden	
분사(Participle) : gelufod				

bodian, *to proclaim*; eardian, *to inhabit*; leornian, *to learn* 및 많은

다른 동사들이 lufian처럼 굴절변화한다.

 주

가장 오래된 문헌에서는 과거형의 어중모음이 u로 나타나며, 대부분의 서색슨 방언의 문헌에서는 a로 나타난다: lufode 외에, lufude, lufade. 복수 직설법 과거에서 어중모음 o는 후설모음 어미 앞에서 이화작용(§73)에 의하여 자주 e 가 된다.

제3군(Class III)

197.

현재(PRESENT)						
직설법(Indicative)						
Sing.	1.	hæbbe, I have	libbe, I live	secge, I say	hycge, I think
	2.	hafas(t), hæfst	liofas(t)	sagas(t), sægst, segest	hogas(t), hyg(e)st
	3.	hafaþ, hæfþ	liofaþ	sagaþ, sægþ, segeþ	hogaþ, hyg(e)þ
Pl.		habbaþ	libbaþ	secg(e)aþ	hycg(e)aþ
가정법(Subjunctive)						
Sing.		hæbbe	libbe	secge	hycge
Pl.		hæbben	libben	secgen	hycgen
명령법(Imperative)						
Sing. 2.		hafa	liofa	saga, sæge, sege	hoga, hyge
Pl. 2.		habbaþ	libbaþ	secg(e)aþ	hycg(e)aþ
원형(Infinitive)						
		habban	libban	secg(e)an	hycg(e)an
분사(Participle)						
		hæbbende	libbende	secgende	hycgende

과거(PRETERITE)						
직설법(Indicative)						
Sing.	1.	hæfde	lifde	sægde	hogde
	2.	hæfdes(t)	lifdes(t)	sægdes(t)	hogdes(t)
	3.	hæfde	lifde	sægde	hogde
Pl.		hæfdon	lifdon	sægdon	hogdon
가정법(Subjunctive)						
Sing.		hæfde	lifde	sagde	hogde
Pl.		hæfden	lifden	sægden	hogden
분사(Participle)						
		gehæfd	gelifd	gesægd	gehogod

 주1.

habban의 현재형에서 bb 앞에 æ를 가진 형태들은 habban, hafast, hafaþ와 같은 형태에서 a를 빌려온 결과이며, 이는 전향화(fronting) 이후, 전설 모음변이 이전에 이루어졌다(cf. §41(a)).

 주2.

libban의 굴절변화에서 io를 가진 형태들은 후설 모음변이(§45) 때문이다. 앵글리안과 켄트 방언에서는 libban 이외에 lifian, leofian이 나타났으며, 이들은 lufian (§196)처럼 굴절변화 하였다.

 주3.

segest, segeþ, sege는 후기형으로서 lecgan, *to lay*과 같은 제1군 약변화 동사와 유추작용의 결과이다. secgan의 과거형에 sægde(§99) 이외에 sæde와 같은 형태가 있었다.

 주4.

hycgan의 굴절변화에 있어서 o와 y의 교체에 관하여는 §42를 참조하기. 과거형에서 이 동사는 hogode가 보여주듯이 제2군 동사처럼 굴절변화를 하였고, 과거분사 gehogod는 그 유형의 패턴에 따라 만들어진 형태이다.

과거-현재 동사(Preterite-Present Verbs)

198. 과거-현재 동사는 원시 게르만어시기에 강변화 동사 가운데 과거형이 현재의 의미를 가지게 되자, 새로운 약변화 과거형이 만들어졌던 동사들이다. 강조 부분의 변화에 의하여 한 동사의 과거형이 약간 다른 의미를 가진 다른 동사의 현재형으로 간주되었다. 예를 들어 wāt, I know는 to see의 의미를 가지며, 동사의 고형(古形)의 완료에서 파생되고, 라틴어 vidēre와 동족어이다. 과거-현재 동사의 과거와 과거분사는 제1군 약변화 동사의 (c)유형의 동사들(§195)처럼 형성되었다. 원시 게르만어에 발생한 자음 변화의 결과로 인하여, 과거형과 2인칭 단수 직설법 현재형에서 g로 끝나는 현재형 어간을 가지는 동사들은 ht를, 어간이 t로 끝나는 동사들은 ss(혹은 유추에 의하여 st)를 가진다.

199. 두 가지 측면에서 과거-현재 동사들은 게르만어 체계의 오래 전의 자질들을 유지하고 있다. 이들은 다른 군에 속한 동사들의 유추형에 의하여 대체되어 왔었다.

(a) 2인칭 단수 직설법 현재형은 scealt에서처럼 1, 3인칭 어간에 t를 붙임으로서 2인칭 단수 과거형을 만드는 초기 방법을 유지한다. 일부 과거-현재 동사는 2인칭 단수 직설법 현재형에 -st 어미를 가진다: canst(§203), manst(§207), āhst(§210). 이 어미는 아마도 강변화와 약변화 동사에서 발견되는 어미 -st와의 유추작용 때문일 것이다.

(b) 가정법 형태는 때때로 전설 모음변이를 보인다. dyge(§201), þyrfe(§204), dyrre(§205)와 같이 전설 모음변이를 가지는 형태들은 duge, þurfe, durre와 같이 전설 모음변이를 가지지 않는 형태보다 더 오래전 형태이며, 덜 빈번하다.

다음의 동사들은 고대영어의 과거-현재 동사들로서, 많은 경우 그 활용이 불완전하다. 기록에 되어있는 한, 가정법 현재형와 직설법, 가정법 과거형의 어미는 dēman(§194)과 같다.

제1군(Class I)[80]

200. wāt, *I know*

Pres. Ind. 1, 3 Sing.	wāt	2 Sing.	wāst	Pl.	witon
Pres. Subj.	wite	Imper. Sing.	wite	Pl.	witaþ
Infin.	witan	Pres. Part.	witende		
Pret.	wisse, wiste	Past. Part	giwiten		
Participial Adj. gewiss, *certain*					

 주1.
복수 직설법 현재와 원형에서 어간의 i는 때때로 후설 모음변이(§45)에 의하여 io 혹은 eo가 된다. 복수 직설법 과거의 다른 형태들은 wuton(§48)과 wieton (§10)이다.

 주2.
nāt, *I do not know*와 같은 부정형에 관하여는 §94를 참조하기.

제2군(Class II)

201. dēag, *I avail*

Pres. Ind. 1, 3 Sing.	dēag, dēah	Pl.	dugon
Pres. Subj.	dyge, duge	Infin.	dugan
Pres. Part.	dugende	Pret.	dohte

---

[80] 현재형이 속하였던 강변화 동사군을 지칭한다. 즉 강변화 동사 제1군에서 비롯한 과거-현재 동사를 의미한다.

제3군(Class III)

202. ann, *I grant*

Pres. Ind. 1, 3 Sing.	an(n), on(n)	Pl.	unnon
Pres. Subj.	unne	Imper. Sing.	unne
Infin.	unnan	Pres. Part.	unnende
Pret.	ūþe	Past. Part.	geunnen

203. cann, *I know, can*[81]

Pres. Ind. 1, 3 Sing.	can(n), con(n)	2 Sing.	canst	Pl. cunnon
Pres. Subj.	cunne	Infin.	cunnan	
Pret.	cūþe	Past. Part.	-cunnen	
Participial Adj. cūþ, *known*				

204. þearf, *I need*

Pres. Ind. 1, 3 Sing.	þearf	2 Sing.	þearft	Pl. þurfon
Pres. Subj.	þyrfe, þurfe	Infin.		þurfan
Pres. Part.	þurfende	Participial Adj.		þearfende, *needy*
Pret.	þorfte			

📓 주

현재분사의 이형태로서 가정법형에서 비롯한 y를 가진 þyrfende이 있다. 분사 형용사 þearfende의 ea는 단수 직설법 현재형에서 왔다.

205. dearr, *I dear*

Pres. Ind. 1, 3 Sing.	dear(r)	2 Sing. dearst	Pl. durron
Pres. Subj.	dyrre, durre	Pret.	dorste

---

81) 고대영어 cunnan은 현대영어 *can*의 기원이 되는 동사이나, 'be able to'의 의미로 자주 사용되지 않았다고 한다. 오히려 고대영어의 다른 과거-현재 동사인 magan(§211)이 이 의미로 사용되었다. 고대영어 cunnan은 주로 'to know how'의 의미로 사용되었다.

주

이 동사의 어간은 rs로 끝났다(cf. 고딕어 gadars). 복수형에서 rs는 베르너 법칙(§77)에 의하여 rz가 되었고, a는 서게르만어에서 r이 되었다(§79). 복수형의 rr이 1, 3인칭 단수 직설법 현재형으로 확산되었다.

제4군(Class IV)

206. sceal, *I shall, must*[82]

Pres. Ind. 1, 3 Sing.	sceal	2 Sing. scealt	Pl. sculon, sc(e)olon
Pres. Subj.	scyle, scule, sc(e)ole	Infin.	sculan, sc(e)olan
Pret.	sc(e)olde		

 주

sc 뒤의 e를 가진 형태에 관하여는 §9를 참조하기.

207. man, *I think*; geman, *I remember*; onman, *I esteem*

Pres. Ind. 1, 3 Sing.	man, mon	2 Sing. manst, monst	Pl. munon
Pres. Subj.	myne, mune	Imper. Sing.	-mun, -myne, -mune
Infin.	munan	Pres. Part.	munende
Pret.	munde	Past. Part.	genumen

208. beneah, geneah, *it suffices*

Pres. Ind. Sing.	-neah	Pl.	-nugon
Pres. Subj.	-nuge	Pret.	-nohte

---

[82] 현대영어 *shall*의 기원이 되는 sceallan은 고대영어 시기에 '미래'의 의미로 자주 사용되지 않았고, 주로 '의무'(to be obliged to)의 의미로 사용되었다.

제6군(Class VI)

209. mōt, *I may*[83]

Pres. Ind. 1, 3 Sing.	mōt	2 Sing.	mōst	Pl.	mōton
Pres. Subj.	mōte	Infin.	mōtan		
Pret.	mōste				

210. 두 개의 과거-현재 동사는 강변화 동사의 어떤 유형과도 정확하게 일치하지 않는다. 동사 āg, *I have*는 제1군 동사들을 닮았으나, 단수의 ā는 유추에 의하여 그 동사의 전체 굴절변화로 확산되었다. 유사하게도, mæg, *I am able*은 제5군 강변화 동사에 속할지도 모른다. 하지만 단수 직설법 현재형의 모음이 전체 굴절변화로 확산되었다.

āg, *I have*[84]

Pres. Ind. 1, 3 Sing	āg, āh	2 Sing.	āhst	Pl.	āgon
Pres. Subj.	āge	Imper.	āge	Infin.	āgan
Pret.	āhte	Past Part.	āgen, ægen		

211. mæg, *I am able*

Pres. Ind. 1, 3 Sing.	mæg	2 Sing.	meaht, miht	Pl.	magon
Pres Subj.	mæge	Infin.			magan
Pres. Part.	magende	Pret. meahte, mihte, mehte			
Participial Adj. meaht, miht, *mighty*					

---

83) 고대영어 mōtan은 현대영어 조동사 *must*의 기원이 되나, 하지만 그 의미가 현대영어와 동일하지는 않았다. 즉 고대영어에서는 현대영어 *may*의 'to be allowed to do'의 의미로 사용되었다.

84) āgan은 '소유하다'(to owe)의 의미로 사용되었으며, 과거형 āhte가 현대영어 *ought*의 기원이 된다.

주

ea를 가진 과거형은 직설법형이다; i를 가진 형태들은 전설 모음변이(§39)가 일어난 가정법에서 비롯한다. e를 가진 형태는 후기 서색슨형이다(§53).

-mi로 끝나는 동사

212. 인구어의 동사의 1인칭 단수 직설법 현재는 -ō 혹은 -mi로 끝났으며, 이 두 어미는 희랍어 동사의 서로 다른 부류에 보존되고 있다. 고대영어 동사의 대다수가 -ō 부류에 속한다. 고대영어에서 단지 4개의 동사만이 -mi 부류이나 그들은 매우 흔하게 사용된다; 이는 의심할 여지 없이 불규칙한 굴절변화를 유지할 수 있었던 이유가 된다. 이들 동사[85]는 eom, *I am*; dōn, *to do*; gān, *to go*; willan, *to wish, be willing to*[86] 이다.

실재 동사(Substantive Verb)

213. 동사 'to be'의 전체 굴절변화는 세 개의 서로 다른 어근을 바탕으로 이루어진다: (a) es-, er-(cf. 라틴어 esse), (b) bheu-(cf. 라틴어 fui), (c) wes-, 여기서 제5군 강변화 동사인 wesan이 만들어 졌고, 동사 'to be'의 현재형 일부와 과거형 모두를 제공하여 준다.

---

85) 이들 동사들은 변칙동사(anomalous verbs)라고도 불리운다.
86) willan은 현대영어 *will*의 기원이 된다. sceallan과 마찬 가지로 willan 역시 '미래'의 의미로 자주 사용되지 않았다.

현재(PRESENT)					
직설법(Indicative)					
Sing.	1	eom	bēo		
	2.	eart	bist		
	3.	is	biþ		
Pl.		sint, sindon	bēoþ, bīoþ		
가정법(Subjunctive)					
Sing.		sīe	bēo, bīo		
Pl.		sīen	bēon, bīon		
명령법(Imperative)					
Sing.		bēo	wes		
Pl.		bēoþ	wesaþ		
Infin.		bēon	wesan		
Pres. Part.		bēonde	wesende		
과거(PRETERITE)					
직설법(Indicative)					
1, 3 Sing.	wæs	2 Sing.	wǣre	Pl.	wǣron
가정법(Subjunctive)					
Sing.		wǣre		Pl.	wǣren

 주1.
직설법 현재의 앵글리안 형태는 다음과 같다: 1인칭 단수 eam, am, bīom; 2인칭 단수 earþ, arþ; 복수 earon, aron, bi(o)þun.

 주2.
부정형은 부정접사 ne와 동사가 함께 축약된 형태로 나타난다: nis, næs, nǣron(§94).

214. dōn, *to do*

현재(PRESENT)				
		직설법(Indicative)	가정법(Subjunctive)	명령법(Imperative)
Sing	1.	dō	dō	
	2.	dēst	dō	dō
	3	dēþ	dō	
Pl.		dōþ	dōn	dōþ
Infin.		dōn	Pres. Part.	dōnde
과거(PRETERITE)				
		직설법(Indicative)	가정법(Subjunctive)	
Sing.	1.	dyde	dyde	
	2.	dydes(t)	dyde	
	3.	dyde	dyde	
Pl.		dydon	dyden	
Past. Part.		gedōn		

📔 주

직설법 현재의 앵글리안 형태는 다음과 같다: 1인칭 단수 dōm, dōam 2인칭 단수 dœs(t), dōas; 3인칭 단수 dœþ, dōas; 복수 dōaþ, dōas. 켄트 방언은 단수 과거형 dede와 복수형 deodon을 가진다.

215. gān, *to go*

현재(PRESENT)				
		직설법(Indicative)	가정법(Subjunctive)	명령법(Imperative)
Sing.	1.	gā	gā	
	2.	gǣst	gā	gā
	3.	gǣþ	gā	
Pl.		gāþ	gān	gāþ
Infin.		gān	Past. Part.	gegān

과거 직설법과 가정법형은 다른 동사에서 제공된다: 1, 3인칭 단수 직설법 ēode, 2인칭 단수 직설법 ēodest, 복수 직설법 ēodon; 단수 가정법 ēode, 복수 가정법 ēoden.

216. willan, *to wish, be willing*

현재(PRESENT)					
		직설법(Indicative)	가정법(Subjunctive)	
Sing.	1.	wille	wil(l)e	
	2.	wilt	wil(l)e	
	3.	wil(l)e	wil(l)e	
		willaþ	willen	
Infin.		willan	Pres. Part.	willende
과거(PRETERITE)					
		직설법(Indicative)	가정법(Subjunctive)	
Sing.	1.	wolde	wolde	
	2.	woldest	wolde	
	3.	wolde	wolde	
Pl.		woldon	wolden	

 주1.
1인칭 단수 직설법 현재형 wille(cf. 고딕어 wiljáu)와 3인칭 wile(cf. 고딕어 wili)는 가정법의 고형(古型)이다; 3인칭 단수의 wille는 1인칭 단수와의 혼동 때문이다.

 주2.
부정형은 부정접사 ne와 동사가 함께 축약된 형태로 자주 나타난다: nolde (§94). 현재 시제에서 부정형은 일반적으로 초기 서색슨 방언에서는 y를 가지나, 후기 서색슨 방언에서는 e를 가진다. 예는 다음과 같다: 1인칭 단수 직설법 현재 nylle, nelle; 3인칭 단수 nyle, nele; 복수 nyllaþ, nellaþ.

제8장
구문구조

217. 여러 면에서 고대영어 구문구조는 현대영어와 유사하다. 본 장의 목적은 고대영어 구문구조를 완전하게 고찰하는 것이 아니라, 고대영어 문헌을 읽는 학생들에게 어려움을 야기시킬 것 같은 현대영어의 구문구조와 고대영어의 구문구조 사이의 차이에 주의를 기울이는 것이다.

어순(Word Order)

218. 어순은 현대영어에서 보다는 고대영어에서 덜 엄격하였는데, 이는 고대영어 굴절체계가 현대영어 보다 훨씬 더 풍부하여 작가로 하여금 어순을 이용하지 않고서도 단어와 문장의 나머지 부분과의 관계를 명확히 할 수 있도록 해주기 때문이다.

정관사 없이 고유명사와 나란히 사용되는 칭호는 일반적으로 이름 뒤에 온다: Ælfred kyning, *King Alfred* '알프레드왕'; Wærferð biscep, *Bishop Wœrferð* '*Werferth* 주교'. 그룹의 속격에 의하여 수식 받는 명사는 대체로 이름과 호칭 사이에 놓인다: on Herōdes dagum cyninges, *in the days of King Herod* '헤롯왕의 시대에'[87)88)]

---

87) 본 장에서는 제공되는 고대영어 예문의 이해를 돕기 위하여, 각 예문의 주석에 고대영어에 현대영어를 일대일로 대응시킨 행간 어휘(interlinear glossary)와 그 아래에 현대영어 번역을 함께 제공한다. 일대일 대응관계에 주어진 행간 어

형용사는 대체로 수식하는 명사를 선행한다. 하지만 정관사와 함께 사용될 때, 형용사는 자주 명사 뒤에 온다: ēce Dryhten, *eternal Lord* '영원 불멸의 왕'; Ēadweard sē langa, *the tall Edward* '키가 큰 Edward'.

많은 수의 단어들에 의하여 조동사와 이에 속한 원형이나 분사 사이가 자주 분리된다: hīe ne dorstan forþ bī þǣre ēa siglan, *they dared not sail beyond the river.* '그들은 감히 강을 너머 항해하지 않았다'.[89]

문장이 지시 부사 þā로 시작하면, 동사가 주어를 선행하는 것이 통상적이다: þā ongeat sē cyning þæt, *then the king perceived that.* '그리고 나서 왕은 그것을 알아차렸다'.[90]

종속절에서 동사는 대체로 끝에 놓인다: hī wǣron þæs Hǣlendes gewitan, ðēah ðe hī hine gȳt ne cūðon, *they were witnesses of the Saviour although they did not yet know Him.* '그들은 그를 아직 몰랐

휘의 배열 및 간단한 설명은 역자에 의한 것으로서 가능한 고대영어의 의미를 그대로 살리면서, 동시에 저자의 현대영어 번역 가깝게 하려고 하였다. 현대영어 번역은 저자인 Brook의 번역을 그대로 가져다 놓았다. 특히 대소문자의 사용은 원본 그대로 임을 밝힌다. 많은 경우 본 번역의 주석에도 제공하고 있어 중복적이기는 하나, 주석의 행간 어휘 배열이 없이도 고대영어를 익숙하게 해석할 수 있는 독자들이 자신의 번역을 쉽게 확인하는데 도움이 되도록 Blook의 현대영어 번역을 본문 번역에 함께 두었다.

88) on Herōdes dagum   cyninges
   in Herod's   days(dat.) king's
=> in the days of King Herod

89) hīe ne dorstan forþ bī   þǣre ēa   siglan,
   they not dared forth beyond the   river sail
=> they dared not sail beyond the river.

90) þā ongeat   sē cyning þæt
   then perceived the king   that
=> then the king perceived that.
   일반적으로 þā가 'then'의 의미를 가지면서 문장 앞에 오면 주어와 동사는 도치되는 반면에, 'when'의 의미로 사용되면 도치되지 않는다.

지만 구세주의 목격자이었다'.91) 유사하게 동사는 and로 연결되는 종속절에서 자주 종속절 끝에 놓인다: ond hī ðonne fullfremeð, ond hī him ðonne fullīce līciað, and hē hī næfre forlætan ne ðencð, *and (he) then completes them, and they please him very much, and he never thinks of leaving them.* '그리고 나서 그는 그들을 충족시키고, 그들이 그를 충분히 기쁘게 하고, 그리고 그는 결코 그들을 떠날 생각을 하지 않는다'.92)

논리적으로 함께 속하는 어휘들이 특히 시에서 문체상의 이유 때문에 서로로부터 자주 분리된다. 이러한 분리의 공통된 원인은 단어들 가운데 한 단어를 강조하고자 함이다: ær-ðæm-ðe hit eall forhergod wære ond forbærned, *before it was all ravaged and burnt up* '그 모든 것이 약탈당하고 불타없어졌기 전에'93); hē lēt him þā of handon lēofne flēogan hafoc wið þæs holtes, *he allowed his beloved hawks to fly from his hands towards the wood.* '그는 숲으로 그의 사랑하는 매를 그의 손에서 날려 보냈다'.94)

---

91) hī wǣron þæs Hǣlendes gewitan, ðēah ðe hī hine gȳt ne cūðon
   they were the(gen) Saviour's witness although they Him yet not know
=> they were witnesses of the Saviour although they did not yet know Him.

92) ond hī   ðonne fullfremeð, ond hī him ðonne fullīce līciað,
   and them(acc.) then completes, and they him then fully please,
   and hē hī næfre forlætan ne ðencð
   and he then never leave(inf.) not thinks
=> and (he) then complete them, and they please him very much, and he never thinks of leaving them.

93) ær-ðæm-ðe hit eall forhergod wǣre ond forbærned
   before   it all ravaged   was and burnt up
=> before it was all ravaged and burnt up

94) hē lēt   him þā of handon lēofne flēogan hafoc wið   þæs holtes
   he allowed him the from hands beloved fly(inf.) hawks towards the wood(gen)

126　　　　　　　　　　　　　　　　　　　　　　　　　　고대영어 입문

병렬(Apposition)

219. 병렬 혹은 병치는 현대영어에서 보다 고대영어에서 훨씬 더 자유로웠다; 이는 시에서 특히 흔하였다. 현대영어 *the island of Britain*에 대응하는 고대영어는 Breton īegland이며 여기서 두 명사는 병렬되어 있으나 독립적으로 격변화한다.

현대영어 *some of*-여기서 *some*은 대명사-에 해당하는 고대영어 표현에서 sum은 형용사로서 명사나 대명사와 나란히 온다: þā tēð hīe brōhton sume þǣm cyninge, *they brought some of the teeth to the king* '그들은 치아 몇 개를 왕에게 가져왔다'.95)

weard로 끝나는 형용사는 명사와 일치를 시키며, 이런 경우 현대영어에서는 부분속격(partitive genitive)을 가진다(cf. 라틴어 summus mons, *the top of the mountain*): tōemnes þǣm lande sūðeweardum, *alongside the southern part of the land* '그 나라의 남쪽 지방을 따라서'.96)

상관관계(Correlation)

220. 상관관계는 일반적으로 현대영어에서 보다는 고대영어에서 보다

=> he allowed his beloved hawks to fly from his hands towards the wood.
95) þā   tēð   hīe brōhton sume þǣm cyninge
    then of teeth they brought some the   king
=> they brought some of the teeth to the king
96) tōemnes   þǣm   lande   sūðeweardum
    alongside the(dat.sg.pl.) land(dat.sg.)   southern part(dat.pl.)
=> alongside the southern part of the land

충분히 표현된다: ða ic ða ðis eall gemunde, ða gemunde ic ēac, *when I remembered all this, (then) I remembered also* '내가 이 모든 것을 기억하였을 때, 나는 또한 기억했다'.97) ða ða, *when*와 ðær ðær, *where*에서 두 상관접속사(correlatives)는 함께 온다: ða ða ic tō rīce fēng, *when I came to the throne* '내가 왕위에 올랐을 때'98); ðær ðær ðū hiene befæstan mæge, *where you can apply it* '당신이 그것을 적용할 수 있는 곳에'.99) 때때로 ða가 ða ða 대신에 ðær가 ðær ðær 대신에 사용된다: þā hē tō wæpnum fēng, *when he took up weapons* '그가 무기를 집어올렸을 때'100); þær sē cyning ofslæge læg, *where the king lay slain* '왕이 살해되어 누워있었던 곳'.101)

일치(Concord)

221. 집합명사는 단수로 혹은 복수로 동사를 취할 수 있다. 동사가 주

---

97) ða   ic ða   ðis eall gemunde,   ða   gemunde   ic ēac
   when I then this all remembered, then remembered I also
  => *when I remembered all this, (then) I remembered also.*
98) ða ða ic tō rīce   fēng
   when I to kingdom took
  => *when I came to the throne*
99) ðær ðær ðū hiene befæstan mæge
   where you it   apply   can
  => *where you can apply it*
100) þā   hē tō wæpnum fēng
    when he to weapons took
   => *when he took up weapons*
101) þær   sē cyning ofslæge læg
     where the king   slain   lay
   => *where the king lay slain*

어와 가까이 위치하면, 대체로 동사는 단수가 된다. 하지만 특히 등위절에서 동사가 주어와 떨어져 있으면 자주 복수가 된다: ða forrād sīo fierd hīe foran. . . ond þā here-hȳþa āhreddon, *then the army cut them off . . . and recovered the booty.* '그리고 나서 군대(=영국군, 아군)는 그들을 베어버렸고 . . 그리고 전리품을 되찾았다'.102)

복합어 주어를 가진 동사는 가장 가까운 명사와 일치하여 자주 단수가 된다: Cynewulf benam Sigebryht his rīces ond West-seaxna wiotan, *Cynewulf and the councillors of the West Saxons deprived Sigebryht of his kingdom.* 'Cynewulf와 서색슨의 의원들은 Sigebryht에게서 그의 왕국을 빼앗었다'.103)

복수 주어가 동사 뒤에 오면, 동사는 자주 그러나 변함없는 것은 아니지만 단수로 된다: hwǣr cwōm symbla gesetu?104) *where are the banqueting-halls?* '연회실이 어디입니까?'와 hwǣr sindon seledrēamas? *where are the festivities?* '연회는 어디에서 이루어지고 있습니까?'

지시 대명사 þæt는 'to be' 동사의 복수형에 의한 복수 서술어와 자주 연관되었다: þæt wǣron þā ǣrestan scipu Deniscra manna þe

---

102) ða forrād sīo fierd hīe foran. . . ond þā here-hȳþa āhreddon
    then cut the army them off . . . and the booty   recovered
=> *then the army cut them off . . . and recovered the booty*
  §4에서 언급한 fyrd와 here가 여기에 등장한다. 문맥이 주어져 있지 않지만 언급된 fierd(fyrd의 철자이형)는 영국군(아군)일 가능성이 크다. 또한 here-hȳþa는 '적군이 약탈해간 전리품'을 의미한다.
103) Cynewulf benam Sigebryht his rīces ond West-seaxna wiotan
    Cynewulf deprived Sigebryht of his kingdom and of West Saxons councillors
=> *Cynewulf and the councillors of the West Saxons deprived Sigebryht of his kingdom.*
104) 저자는 여기서 의문문에 물음표를 사용하고 있으나, 고대영어에는 물음표나 느낌표와 같은 구두점을 사용하지 않았다.

Angelcynnes land gesōhton, *those were the first ships of the Danes which came to the land of the English people.* '그것들은 영국에 온 덴마크족의 최초의 배이었다'.105); þæt wǣron eall Finnas, *they were all Finns.* '그들은 모두 핀란드 사람들이었다'.

gehywlc þāra þe, *each of those who*와 같은 유형의 표현은 'each'에 일치하여 단수 동사를 취한다. 반면에 현대영어에서는 'those'에 일치하여 복수 동사를 가진다: ðās lēasan spell lǣrað gehwylcne monn ðāra ðe wilnað helle ðīostro tō flīonne, *these false stories teach everyone of those who wish to flee from the darkness of Hell.* '이 거짓 이야기들은 지옥의 어둠으로부터 도망치고자 하는 사람들 각각을 가르친다'.106)

분사가 형용사로 사용될 때, 수식하는 명사와 일치한다: ðā ciricean stōdon māðma ond bōca gefylda, *the churches stood filled with treasures and books.* '교회들은 보물과 책으로 가득차 있었다'.107)

---

105) þæt wǣron þā ǣrestan scipu Deniscra   manna
    those were the first   ships of the Danes men(gen.pl)
    þe Angelcynnes   land gesōhton
    which of English people land came to
 => *those were the first ships of the Danes which came to the land of the English people*
106) ðās lēasan spell lǣrað gehwylcne monn ðāra ðe wilnað helle ðīostro
    these false stories teach every   one of those who wish of hell darkness
    tō flīonne
    to flee
 => *these false stories teach everyone of those who wish to flee from the darkness of Hell.*
107) ðā ciricean stōdon māðma ond bōca gefylda
    the churches stood treasures and books filled with
 => *the churches stood filled with treasures and books.*

부정(Negation)

222. 부정접사 ne는 독립된 단어로 사용되며, 또한 동사와 대명사와 축약되기도 한다: nyllan, *to be unwilling* < ne willan; nān, *no* < ne ān (§94). Ne . . . ne는 *neither . . . nor*의 의미로 사용된다. 강조하기 위하여 두 개 이상의 부정접사가 한 문장에서 사용된다; 하지만 긍정의 의미를 가지지는 않는다: nān heort ne onscunode nænne lēon, ne nān hara nænne hund, ne nān nēat nyste nænne andan ne nænne ege tō ōðrum, *no hart was afraid of any lion, nor any hare of any hound, and no animal knew any hatred or fear of another.* '숫사슴은 어떤 사자도 두려워하지 않았고, 산토끼는 어떤 개도 두려워하지 않았으며, 그리고 짐승들은 서로에 대한 두려움이나 미움을 몰랐다'.108)

격(Cases)

주격(Nominative)

223. 주격은 문장의 주어로, 그리고 주어와 동격의 단어에 사용된다: wæs hē, sē mon, in weoruldhāde geseted, *this man was a layman*

---

108) nān heort ne onscunode nænne lēon, ne nān hara nænne hund,
 no hart not was afraid of not any lion, nor not any hare of not any hound,
 ne nān nēat nyste nænne andan ne nænne ege tō ōðrum
 not no animal not knew not any hatred nor not any fear of another
 => *no hart was afraid of any lion, nor any hare of any hound, and no animal knew any hatred or fear of another.*

'이 사람은 세속에 자리하고 있었다'.109)

주격은 고대영어에 독립된 격으로 살아남지 않은 격인 호격을 표현하는데도 사용된다: geȳhrst, þū, sǣlida? *do you hear, seafarer*, '들리는가, 당신 뱃사람들이여?'

대격(Accusative)

224. 대격은 기본적으로 동사의 직접 목적격으로 사용된다: hīe begēaton welan, *they obtained wealth*. '그들은 부를 획득했다'.

부사적으로는 시간이나 장소의 범위를 나타내는데 사용한다: ealne weg, *all the way, always*; þæt is tū hund mīla brād, *it is two hundred miles broad* '그것은 폭이 200마일입니다'.110)

일부 비인칭 동사와 함께 사용된다: hine nānes ðinges ne lyste, *nothing pleased him.* '어떤 것도 그를 즐겁게 해주지 않았다'.111)

많은 전치사 뒤에서 사용된다: geond ealne ymbhwyrft, *throughout all the world*, '전세계를 통하여'.

---

109) wæs hē, sē mon, in weoruldhāde geseted
　　 was he, this man, in secular state situated
  => *this man was a layman.*
110) þæt is tū hund　　 mīla　　 brād
　　 it　is two hundred of miles　broad
  => *it is two hundred miles broad.*
111) hine nānes　　 ðinges　　　 ne lyste
　　 him not(gen.sg.) thing(gen.sg.) not pleased
  => *nothing pleased him.*

속격(Genitive)

225. 속격은 대체로 명사와 다른 명사와의 관계를 표현한다. 가장 흔한 관계는 소유격이다: þæs cyninges þegnas, *the king's thanes*, '왕의 데인들'112); 그러나 속격의 명사는 때때로 다른 명사를 정의하거나 수식하기 위하여 그 명사의 보어로 사용된다: þā bestan mere-grotan ælces hīwes, *the best pearls of every colour*, '모든 색깔의 최고의 진주들'.

속격은 부분 속격(partitive genitive)의 의미로 자주 사용된다: þāra wǣron syx stælhrānas, *six of them were decoy reindeer*. '그것들 가운데 여섯은 미끼용 사슴들이었다'.113); hē syxa sum, *he in a party of six*. '그는 여섯 가운데 하나'.114)

속격은 많은 동사들, 특히 정신적 활동을 나타내는 동사들과 사용된

---

112) Thanes은 앵글로 색슨 시기의 왕 아래의 두 계층의 자유민 가운데 하나이다. 또 다른 자유민 계층으로 Churls이 있다. Thanes은 Churls보다 윗 계층으로서 이 두 계층은 왕이 그들에게 하사한 땅의 크기에 의하여 구분된다. Thanes는 5 하이드(1 하이드=한 가족을 부양하는데 필요한 땅) 이상을 소유하고, Churls은 그 보다 좁은 땅을 소유한다. Thanes의 왕에 대한 가장 큰 의무는 왕을 보호하고, 그를 위하여 전쟁에 나가는 것이다. 그 밖에 요새와 다리 건설과 같은 의무가 있다. (Churls의 의무는 왕의 땅을 일정 기간 동안 경작하고, 물품을 왕에게 바치는 것이었다. Churls이 소유한 땅이 크기가 적다는 것은 이들이 반드시 thanes 보다 가난하다는 것을 의미하는 것은 아니었다고 한다. 즉 소유한 땅의 면적이 Thanes의 것 보다 적어도, 경제적으로 그들보다 더 부유할 수도 있었다.)

113) þāra   wǣron syx   stælhrānas
    of them were six   decoy reindeer
 => *six of them were decoy reindeer*

114) hē   syxa   sum
    he   of six   one
 => *he in a party of six.*

다: ne brēac sē ārlēasa Herōdes his cynerīces, *the cruel Herod did not enjoy his kingdom.* '잔인한 헤롯은 그의 왕국을 즐기지 못하였다'.115) 속격은 또한 보류된 대상을 나타내기 위하여 박탈동사(verbs of depriving)와도 함께 사용된다: Cynewulf benam Sigebryht his rīces, *Cynewulf deprived Sigebryht of his kingdom.* 'Cynewulf는 Sigebryht에게서 그의 왕국을 빼앗었다'.116)

일부 전치사, 대부분의 경우 다른 격을 지배하기도 하는 전치사와 함께 사용된다: tō hwilces tīman, *at what time,* '어떤 때에'; wið Exanceastres, *against Exeter,* 'Exeter에 대항하여'.

속격은 형용사의 보어로서 사용된다: earfeþa gemyndig, *mindful of hardships,* '고난에 주의하여'.117)

속격의 명사는 때때로 부사적으로 사용된다: nihtes, *by nights,* '밤에'118); dæges, *by day,* '낮에'; ealles, *altogether,* '함께'(§113, 주2).

---

115) ne   brēac   sē   ārlēasa Herōdes   his cynerīces
     not enjoyed the cruel   Herod(gen.sg.)   his kingdom(gen.sg.)
=> *the cruel Herod did not enjoy his kingdom.*

116) Cynewulf benam Sigebryht   his rīces
     Cynewulf deprived Sigebryht of his kingdom
=> *Cynewulf deprived Sigebryht of his kingdom.*

117) earfeþa   gemyndig
     of hardships mindful
=> *mindful of hardships*

118) 현대영어로 번역하면 '밤마다'이겠지만, nihtes는 단수 속격으로서 현대영어로 직역하면 *of a night*이 더 적합할 것이다. 따라서 nihtes는 고대영어 시기에 *by nights*(밤마다, 여러날 밤에)라기 보다는 *of a night*(밤에, 하룻밤 동안)의 의미를 가졌을 것이다. 마찬가지로 dæges도 여러 날이 아닌 하루의 '낮에, 낮 동안에'가 될 것이다.

여격(Datives)

226. 여격은 두 가지 주된 기능을 가진다: 동사의 간접 목적어를 나타내고, 도구격을 대신하는 것이다. 도구격은 원래 독립된 격이었으나, 고대영어에는 소수만이 남아있으며 이는 지시 대명사에서 현저하게 나타난다(§138). 여격은 대체로 개인적 관계를 나타내며, 많은 동사들은 사물은 대격으로 사람은 여격으로 취한다; sing mē hwæthwegu, *sing me something*, '나에게 무엇인가를 노래해 주세요'.

여격은 많은 동사들, 특히 '주고, 이야기(혹은 연설) 하고, 복종하는' 의미를 가진 동사들과 함께 사용된다: ic ēow secge, *I say to you*, '나는 당신에게 말한다'; ðā kyningas Gode ond his ǣrendwrecum hȳrsumedon, *the kings obeyed God and his messengers*, '왕들은 하나님과 그의 (말씀의) 전달자에게 복종하였다'.119)

여격은 또한 사람이 간접적으로 영향을 받았거나 수혜를 받은 것을 나타낼 때 사용된다: Burgenda land wæs ūs on bæcbord, *Bornholm was on our port side*, 'Bronholm은 우리(배)의 좌현 쪽에 있다'.120); þām þē him lȳt hafað lēofra geholena, *to him who has few beloved protectors (for himself)*, '소수의 아끼는 후원자들을 가진 그에게'.121) 여

---

119) ðā kyningas Gode ond his ǣrendwrecum hȳrsumedon
 the kings God and his messengers obeyed
 => the kings obeyed God and his messengers.
120) Burgenda land   wæs ūs on bæcbord,
 of Burgen land(=Bornholm) was to us on larboard
 => Bornholm was on our port side.
 Bornholm은 덴마크 반도에서 동쪽으로 약 150 km 떨어져 위치한 섬이다.
121) þām þē him lȳt hafað lēofra   geholena
 those who to him few has of beloved protectors
 => to him who has few beloved protectors (for himself)

격의 이러한 사용은 때때로 속격과 아주 유사하다: hē sette his hond him on þæt hēafod, *he laid his hand on his head.* '그는 그의 손을 그의 머리에 두었다.'122)

여격은 비인칭 동사와 자주 사용된다: wæs him geþūht, *it seemed to him,* '그에게 ~인 것 같았다.'123)

여격은 전치사 뒤에서 사용될 수 있는 가장 흔한 격이다: on dēora fellum, *in deer-skins,* '사슴 가죽에'. 전치사 tō는 목적이나 기능을 표시하기 위하여 여격 명사와 자주 사용된다: ūs tō woruldscame, *as a great shame to us,* '우리에게 커다란 수치로서'; tō gefēran, *as a companion,* '동료로서'.

여격 명사와 이와 일치하는 분사는 때때로 독립적으로 사용되며, 이는 부사절, 대체로 시간의 부사절에 해당하는 라틴어의 절대 탈격(ablative absolute)과 유사하다: him sprecendum, hig cōmon, *while he was speaking, they came.* '그가 이야기하는 동안에 그들이 왔다.'124)

여격은 시간과 방법의 부사나 부사구를 만드는데 사용된다: sumre tīde, *at a certain time,* '어떤 때에'; wunrum, *wonderously,* '놀랄만하게'.

또한 여격은 행위의 방법이나 도구를 나타내기 위하여 사용된다: hē hlūtre mōde and bylewite and smyltre willsumnesse Dryhtne

---

122) hē sette his hond him   on þæt hēafod
    he laid his hand to him on the head
    => *he laid his hand on his head.*
123) wæs him geþūht
    was to him seemed
    => *it seemed to him.*
124) him sprecendum, hig cōmon
    him speaking,   they came
    => *while he was speaking, they came.*

þēowde, *he served God with a pure and innocent heart and with gentle willingness.* '그는 깨끗하고 순수한 마음으로, 차분하면서도 기꺼이 하느님을 섬기었다'.[125]

형용사

227. 약변화가(§122)가 다음과 같은 경우에 사용된다:
(a) 정관사[126] 뒤에서: sē swicola Herōdes, *the deceitful Herod*, '남을 속이는 헤롯'; hīo geseah þone fordrifenan cyning, *she saw the king (who had been) driven out of his course.* '그녀는 왕이 쫓겨나는 것을 보았다'[127];
(b) 지시 형용사 þes 뒤에서: on þisse earman forsyngodan þēode, *in this miserable sinful people*, '이 불쌍한 죄많은 사람들 속에서';
(c) 자주 소유 형용사 뒤에서: mīn lēofa sunu, *my dear son*, '나의 사랑하는 아들';
(d) 대체로 호격의 구에서: lēofan menn, *beloved men* (설교의 시작

---

125) hē hlūtre mōde and bylewite and   smyltre willsumnesse Dryhtne þēowde
    he (with) pure heart and innocent and (with) gentle willingness God   served
    => *he served God with a pure and innocent heart and with gentle willingness.*
126) 현대영어에서 발견되는 정관사는 고대영어에는 존재하지 않았다는 것이 일반적인 입장이며, 저자가 여기서 언급하는 정관사(definite article)는 지시사(demonstrative)에 해당한다고 할 수 있다.
127) hīo geseah þone fordrifenan cyning
    she saw   the   drive away   king
    => *she saw the king (who had been) driven out of his course*

에서), '친애하는 이들;

(e) 자주 시에서: sweotolan tācne, *by a clear sign*, '명확한 표지에 의하여' (Beowulf, l. 141).

형용사 eall, *all*; fēawe, *few*; genōg, *enough*; manig, *many*; ōþer, *second*와 mīn, *my*과 같은 소유 형용사들은 항상 강변화한다. 형용사 ilca, *same*, ōþer, *second*를 제외한 서수, 비교급과 최상급(단수 주격, 대격 중성의 -est, -ost는 제외)들은 항상 약변화한다. '하나의'(*one*)의 의미를 가진 ān은 강변화한다. 이는 '홀로'(*alone*)의 의미를 가진 āna의 약변화 형태들과 구분하기 위함이다.

228. 형용사의 수식을 받는 명사는 암묵적인 것으로 여겨져 자주 표현되지 않는다: 시의 표현에 나타난 dōmgeorne drēorigne oft in hyra brēostcofan bindaþ fæste, *those eager for glory often bind fast in their hearts a sad thought*, '명예를 구하는 사람들은 자주 슬픔을 그들의 마음속에 단단히 묶어 놓는다'.[128] 따라서 형용사들이 명사로 사용된다: hōcorwyrde dysige, *derisive foolish (ones)*, '비웃는 어리석은 (사람들)' 즉 *foolish deriders*, '어리석은 비웃는 사람들'.

관사

229. 정관사는 자주 탈락된다: hē wolde gesēcan helle godu, *he*

---

128) dōmgeorne   drēorigne oft in hyra brēostcofan bindaþ
    eager for glory(=ambitious) sorrowful often in their hearts   bind
    fæste
    fast
    => *those eager for glory often bind fast in their hearts a sad thought.*

wished to seek the gods of the underworld. '그는 지옥의 신들을 기꺼이 찾으러 가고자 하였다'. 정관사의 탈락은 특히 전치사 뒤에서 흔하다: ic tō rīce fēng, *I came to the throne,* '나는 왕위에 올랐다'.129)

속격의 명사가 다른 명사에 속하는 경우 현대영어에서처럼 각각의 명사가 관사를 동반하고 있음이 때때로 발견된다: for ðǣre mergðe ðæs sōnes, *because of the joy caused by the music,* '음악에 의한 즐거움 때문에'.130) 하지만 하나의 정관사가 사용된 경우가 더 흔히 발견되며, 이 때 관사는 주 명사(main noun)를 선행하는 속격의 종속 명사에 일치시킨다: ðǣre helle hund, *the hound of the underworld,* '지옥의 개'131); þæs cyninges þegnas, *the king's thanes,* '왕의 데인들'; þæs landes scēawung, *the exploration of the land* '나라의 탐험'.132)

정관사는 이름이 이미 한번 언급된 것을 나타내기 위하여 고유명사와 함께 사용된다: sē Cynewulf, *this Cynewulf*; sē Cyneheard, *this Cyneheard.*

부정관사는 때때로 ān에 의하여 표현된다. ān에서 현대영어 부정관사가 파생되었다: ān micel ēa, *a great river,* '거대한 강'. 때때로 부정관

---

129) ic tō rīce fēng
    I to kingdom take
=> *I came to the throne.*
130) for ðǣre mergðe ðæs sōnes
    for the joy   of the music
=> *because of the joy caused by the music*
131) ðǣre   helle   hund
    of the underworld hound
=> *the hound of the underworld*
132) þæs   landes scēawung
    of the land   exploration
=> *the exploration of the land*

사는 sum에 의하여 표현된다: sum mann, *a (certain) man*, '(어떤) 사람'. 부정관사가 표현되지 않는 경우가 빈번하다: ic wāt þæt þū eart heard mann, *I know that you are a hard man.*'나는 당신이 냉혹한 사람이라는 것을 알고 있습니다'.

대명사

230. 고대영어 인칭 대명사의 속격은 단순히 소유 형용사가 아니다; 이는 부분 속격이 될 수도 있고, 속격을 취하는 동사의 목적어가 될 수도 있다: eal þæt his man āðer oððe ettan oððe erian mæg, *all of it that can be either grazed or ploughed.* '그의 사람이(누군가가) 소에게 풀을 뜯기거나, 경작할 수 있는 모든 것'133); God ūre helpe, *God help us,* '하느님이 우리를 돕다'.

명사는 정관사와 인칭 대명사의 속격에 의하여 자주 수식된다: sette his þā swīðran hond him on þæt hēafod, *he laid his right hand on his head.* '그는 그의 오른손을 그의 머리에 두었다'.134)

관계 대명사는 일반적으로 관계 접사 þe 홀로 혹은 지시 대명사나 인칭 대명사를 함께 동반한 관계 접사로 나타난다. 접사 þe는 격변화하지 않으므로, 인칭 대명사의 사격을 사용하는 것이 관계 대명사의 사격을 표시하는 통상적인 방법이다: þe his는 *whose*를 þe him은 *to whom*을

---

133) eal þæt his man āðer oððe ettan oððe erian mæg
    all that his man either of   graze or plough can   (āðer =āhwæðer)
 => *all of it that can be either grazed or ploughed.*

134) sette his þā swīðran hond him   on þæt hēafod
    set   his the right   hand to him on the head.
 => *he laid his right hand on his head.*

의미한다. 예는 다음과 같다: saga hwæt ic hātte, þe ic lond rēafige, *say what I am called, I who lay waste the land*. '땅을 황폐하게 한 나는 나에게 요구된 것을 말한다'135); nis nū cwicra nān þe ic him mōdsefan mīnne durre sweotule āsecgan, *there is now none of those alive to whom I dare openly express my thoughts*. '나의 생각을 감히 터놓고 이야기할 살아있는 사람이 이제는 아무도 없다'.136)

3인칭에서는 지시 대명사가 접사 þe 없이 관계 대명사로 사용된다: þonne tōdǣlað hī his feoh, þæt þǣr tō lāfe bið, *then they divide his property which is left there*. '그리고 나서, 그들은 그의 재산을 - 거기에 남겨진 - 나눈다'.137)

지시 대명사는 때때로 인칭 대명사의 강조형으로 사용된다: sē swīþe gewundad wæs, *he was severely wounded*. '그는 심하게 다쳤다'.138)

인칭 대명사는 재귀 대명사를 나타내는데 사용된다: sē cyning

---

135) 고대영어 단어의 의미에 바탕을 두고 번역하였다.
    saga hwæt ic   hātte,   þe ic lond rēafige
    say what I am commanded, who I land ravage
                                        (rēafian = *to ravage, plunder*)
=> *say what I am called, I who lay waste the land*

136) nis   nū cwicra nān þe   ic him mōdsefan mīnne durre sweotule
    not is now alive   none whom I to him minds   my   dare   openly
    āsecgan
    express
=> *there is now none of those alive to whom I dare openly express my thoughts*.

137) þonne tōdǣlað hī his feoh,   þæt þǣr tō lāfe bið
    then   divide they his property, which there to left is
=> *then they divide his property which is left there*.

138) sē swīþe gewundad wæs
    he severely wounded was
=> *he was severely wounded*.

unhēanlīce hine werede, *the king defended himself dauntlessly.* '왕은 용감하게 자신을 방어하였다'.139)

인칭 대명사를 강조하기 위하여, 재귀적이거나 아니거나 간에, *self*의 적절한 격이 부여된다(강변화나 약변화를 한다): hē hit self ne geseah, *he did not see it himself,* '그는 그것을 그 스스로가 보지 않았다'140); ic ðā sōna eft mē selfum andwyrde, *then immediately afterwards I answered myself.* '그리고 나서 바로 후에 나는 나 자신에게 대답하였다'.141)

전치사

231. 전치사는 때때로 수식하는 단어 뒤에 오며, 때때로 다른 단어들이 그 사이에 온다: berað mē hwæþere hūsl tō, *nevertheless bring the Sacrament to me,* '그럼에도 불구하고 나에게 성찬을 가져오라'142); þā stōd him sum monn æt þurh swefn, *then a man stood before*

---

139) sē cyning unhēanlīce hine werede
    the king   dauntlessly himself defended
=> *the king defended himself dauntlessly*
140) hē hit self ne geseah
    he it self not see
=> *he did not see it himself*
141) ic ðā sōna   eft   mē selfum andwyrde,
    I then immediately afterwards me self   answered
=> *then immediately afterwards I answered myself.*
142) berað mē hwæþere   hūsl   tō
    bring me nevertheless Sacrament to
=> *nevertheless bring the Sacrament to me*

him in a dream, '그리고 나서 한 사람이 꿈속에서 그 앞에 서 있었다'.143) 다음 어순은 관계 접사 þe(§230)가 이끄는 종속절에서는 규칙적인 어순이다: þe hē on būde, in which he lived, '그가 살았던'.144)

전치사에 의하여 수식 받는 명사나 대명사는 때때로 표현되지 않으며, 이 경우 전치사는 부사적으로 된다: oððe hwā ōðre bī wrīte, or (unless) someone is making a copy, '혹은 누군가가 (책을) 베끼지 않는다면'.

동사

시제(Tenses)

232. 고대영어에는 미래를 나타내는 굴절어미는 없다. 대체로 현재 시제가 미래를 나타낸다: ic selle ēow þæt riht biþ, *I will give you what is right*. '나는 당신에게 옳은 것을 주겠다'.145) 미래는 때때로 현대영어에서처럼 *shall*과 *will*에 의하여 표현된다. 비록 단순 미래의 의미에 더하여 조동사 willan은 일반적으로 '의지(volition)'를 sculan은 '필요

---

143) þā   stōd   him sum monn æt   þurh swefn
      then stood him   a   man before in   a dream
      => *then a man stood before him in a dream*
144) þe   hē on būde
      which he in   lived
    => *in which he lived*
145) ic selle ēow   þæt   riht biþ
      I give to you what right is
    => *I will give you what is right*

제8장...통사   143

(necessity)'의 의미를 내포한다 할지라도: ic tō ælcum biscepstōle on mīnum rīce wille āne onsendan, *I wish to send one to each bishopric in my kingdom.* '나는 나의 왕국의 사제 관할구 각각에 하나를 보내고자 한다.'146); nelle wē ðas race nā leng tēon, *we will not prolong this story.* '우리는 이 이야기(설명)를 길게 하지 않을 것이다.'147); þone miclan dōm þe wē ealle tō sculan, *the great Judgement to which we must all go.* '우리 모두가 반드시 따라야할 위대한 심판'.148)

과거(preterite)는 단순 과거(past)나 과거의 계속, 완료를 표현하기 위하여 사용된다: hē sægde, *he said.* '그는 말했다'; hē wæs swȳðe spēdig man, *he was a very wealthy man,* '그는 매우 부유한 사람이었다.'; fæder ic syngode, *father, I have sinned.* '아버지, 저는 죄를 지었습니다.'. 과거는 과거완료를 표현하는데 자주 사용되며, 그렇게 사용되었을 때, 때때로 부사 ǣr가 함께 사용되어 의미가 강화된다: þā men þe hē beæftan him læfde ǣr, *the man whom he had left behind him.* '그가 뒤로 하고 떠났었던 사람'.149)

---

146) ic tō ælcum biscepstōle on mīnum rīce wille āne onsendan
     I to each   bishopric   in   my kingdom wish   one   send
 => *I wish to send one to each bishopric in my kingdom.*
147) nelle   wē ðas race nā leng tēon
     not will we this story not long produce
 => *we will not prolong this story*
148) þone miclan   dōm   þe   wē ealle tō sculan,
     the   great   Judgement which we all   to are obliged
 => *the great Judgement to which we must all go*
149) þā men   þe   hē beæftan him læfde ǣr
     the man whom he behind   him   left   before
 => *the man whom he had left behind him*

현대영어에서처럼, 동사 wesan이나 habban과 현재 혹은 과거분사가 결합하여 우회적(periphrastic) 시제가 형성된다: he sumu þing ætgædere mid him sprecende and glēowiende wæs, *he was speaking and joking about some things with them.* '그는 그들과 함께 어떤 것을 이야기하고 조롱하였다.'150); hīe alle on þone cyning wǣrun feohtende, *they were all fighting against the king.* '그들은 모두 왕에 대항하여 싸웠다.'151) 과거분사가 조동사 habban과 함께 사용되면, 때론 굴절변화를 하고 때론 굴절변화를 하지 않는다. 굴절형의 사용은 고어 구문이고, 이는 과거분사가 동사의 일부가 아닌 habban 동사의 목적어와 격변화에 있어 일치하는 형용사로 여겨지던 시기로 거슬러 올라간다. 과거분사의 굴절변화는 직접 목적어가 바로 앞에 올 때 특히 흔하다. 예는 다음과 같다: oþ þæt hīe hine ofslægenne hæfdon, *until they had killed him,* '그들이 그를 죽였었을 때까지'152); wē habbað nū ǣgðer forlǣten ge ðone welan ge ðone wīsdōm, *we have now lost both the wealth and the wisdom.* '우리는 이제 부와 지혜를 상실하였다.'153)

작가가 이야기하는 사건의 진실에 대하여 단언하고자 하지 않을 때,

---

150) he sumu þing ætgædere mid him sprecende and glēowiende wæs
    he some thing together with them speaking and joking   was
=> he was speaking and joking about some things with them
151) hīe alle on   þone cyning wǣrun feohtende
    they all against the   king   were   fighting
=> they were all fighting against the king
152) oþ þæt hīe hine ofslægenne hæfdon
    until they him   killed   had
=> until they had killed him
153) wē habbað nū   ǣgðer forlǣten ge ðone welan ge ðone wīsdōm
    we have   now both lost   the wealth and the wisdom
=> we have now lost both the wealth and the wisdom.

원형과 같이 사용된 sceolde가 과거에 대한 우회적 형태로 사용된다: ða sceolde cuman ðære helle hund ongēan hine, þæs nama wæs Cerverus, sē sceolde habban þrio hēafdu, *(it is said that) the hound of the underworld, whose name was Cerberus, who had three heads, came to meet him.* '지하세계(지옥)의 개-그 이름이 Cerberus 이었고, 세 개의 머리를 가졌던-가 그를 만나러 왔다.'154)

수동태(Passive)

233. hātte(§155)를 제외하고 수동태는 wesan, *to be*나 weorþan, *to become*에 과거분사를 결합하여 만든다. 두 조동사의 차이는 늘 유지되지 않으나, 일반적으로 wesan은 상태를, weorþan은 행위를 나타낸다: sē swīþe gewundad wæs, *he was severely wounded,* '그는 심하게 다쳤다.'155); hē wearð ofslægen, *he was killed,* '그는 살해되었다'.

현대영어가 수동태를 사용하는 경우에, 다음에서 보여주듯이 고대영어는 자주 부정 대명사 man, *one*과 능동태 동사를 사용한다: hine man ofslōg, *one killed him,* '누군가가 그를 살해하였다.'156), 즉 *he was*

---

154) ða sceolde cuman ðære helle   hund ongēan hine,
    then should come there underworld hound towards him,
    þæs nama wæs Cerverus, sē sceolde habban þrio hēafdu
    whose name bwas Cerberus, who should have three heads
=> *(it is said that) the hound of the underworld, whose name was Cerberus, who had three heads, came to meet him.*

155) sē swīþe gewundad wæs
    he very wounded   was
=> *he was severely wounded.*

156) hine man ofslōg
    him one killed
=> *one killed him.*

killed, '그가 살해되었다'.

가정법(Subjunctive)

234. 가정법은 사실이 아닌 것을 언급할 때 사용된다. 주절에서는 주로 3인칭으로 소망이나 명령을 표현하는데 사용된다: ābrēoðe his angin! *may his enterprise fail!* '그의 일이 실패되기를!'

235. 가정법은 종속절에서 다음과 같은 경우에 사용된다:
(a) 간접 화법이나 간접 의문에서: hē sǣde þæt þæt land sīe swīþe lang norþ þonan, *he said that the land extends very far north from there.* '그는 이 땅이 그곳으로부터 저 멀리 북쪽으로 뻗어있다고 말했다'.[157]; hē frægn hū nēh þǣre tīde wǣre, *he asked how near to the time it was.* '그는 그것이 그 시간과 얼마나 가까웠는지를 물었다'.[158] 간접 화법의 진술이 꽤 확실하거나, 화자의 권위를 바탕으로 단지 받아들여지지 않을 때는 직설법이 사용된다: ðā gemunde ic hū sīo ǣ wæs ǣrest on Ēbrēisc geðīode funden, *then I remembered how the law was first found in the Hebrew language.* '그리고 나는 희랍어로된 그 법이 처음 어떻게 발견되었는지를 기억했다'.[159]

---

157) hē sǣde þæt þæt land sīe swīþe lang norþ þonan,
    he said that the land was very far north from there
=> *he said that the land extends very far north from there*

158) hē frægn hū nēh þǣre tīde wǣre
    he asked how near to the time were.
=> *he asked how near to the time it was.*

159) ðā gemunde ic hū sīo ǣ wæs ǣrest on Ēbrēisc geðīode funden
    then remembered I how the law was first in Hebrew language found
=> *then I remembered how the law was first found in the Hebrew language*

(b) 소망동사나 명령동사 뒤에서: hīe woldon ðæt hēr ðȳ māra wīsdōm on londe wǣre ðȳ wē mā geðēoda cūðon, *they wished that there should be the more wisdom here in this land the more languages we knew.* '그들은 이곳에 더 많은 지혜가 있으면 있을수록, 더 많은 언어를 우리가 알게 될 것이라고 희망하였다.'160)

(c) 생각동사 뒤에서: ic wēne ðæt nōht monige begiondan Humbre nǣren, *I think that there were not many beyond the Humber.* '나는 험버강 너머에 많은 사람 혹은 것이 있지 않았다고 생각한다.'161)

(d) 필요나 적합을 나타내는 비인칭 동사 뒤에서: nēod is þæt hī bēon efenhlyttan þæs ēcan edlēanes, *it is necessary that they shall be sharers in the eternal reward.* '그들이 영원한 응보(應報)를 함께할 사람들이라는 것은 불가피하다.'162)

(e) 목적을 나타내는 절에서: ne cōm hē tō ðȳ þæt hē wǣre on mǣrlicum cynesetle āhafen, *He did not come in order that he*

---

160) hīe woldon ðæt hēr ðȳ māra wīsdōm on londe wǣre ðȳ wē mā
 they wished that here the more wisdom in land were the we more
 geðēoda cūðon
 languages knew.
 => *they wished that there should be the more wisdom here in this land the more languages we knew.*

161) ic wēne ðæt nōht monige begiondan Humbre nǣren
 I think that not many   beyond   Humber not were
 => *I think that there were not many beyond the Humber.*

162) nēod   is þæt hī bēon efenhlyttan   þæs ēcan edlēanes
 required is that they be   sharers(partners) the eternal reward(gen.sg.)
 (nēodian wv. II. to be necessary, require)
 => *it is necessary that they shall be sharers in the eternal reward.*

might be exalted on a glorious throne. '그는 영광된 왕좌로 추대되기 위하여 오지 않았다.'163); nelle wē ðas race nā leng tēon, þȳ læs ðe hit ēow ǣðrȳt þince, we will not prolong this narrative, lest it seem tedious to you. '우리는 이 이야기를 길게 하지 않을 것이다. 당신을 지루하게 만들지 않도록.'164)

(f) 때때로 결과를 나타내는 절에서: þū næfst þā mihte þæt þū mæge him wiþstandan, you have not the power to resist him, '당신은 그에게 대항할 힘이 없다.'165)

(g) 일반적으로 swilce가 이끄는 가정의 비교절에서: wildu dīor ðær woldon tō irnan ond stondan, swilce hī tamu wǣren, wild animals would run there and stand, as though they were tame. '야생동물들은 그리로 달려가 설 것이다, 마치 그들이 길들여진 것처럼'.166)

(h) 일반적으로 gif나 būtan이 이끄는 조건절에서: ðonne forlȳst hē eall his ǣrran good, būton hē hit eft gebēte, then he loses all his former good, unless he afterwards makes

---

163) ne cōm hē tō ðȳ þæt hē wǣre on mǣrlicum cynesetle āhafen
not came he in order that he were on glorious throne exalted
=> He did not come in order that he might be exalted on a glorious throne

164) nelle wē ðas race nā leng tēon, þȳ læs ðe hit ēow ǣðrȳt þince
not will we this story now long produce, lest it to you seem tedious
=> we will not prolong this narrative, lest it seem tedious to you.

165) þū næfst þā mihte þæt þū mæge him wiþstandan
you not have the power that you can him withstand
=> you have not the power to resist him.

166) wildu dīor ðær woldon tō irnan ond stondan, swilce hī tamu wǣren
wild animals there would to run and stand, as though they tame were
=> wild animals would run there and stand, as though they were tame

atonement for it. '그가 이후에 그것을 보상하지 않는다면, 그러면, 그는 그의 이전의 모든 좋은 것을 잃을 것이다'.167) 조건절에서 때때로 직설법이 사용된다: mē ðincð betre, gif īow swǣ ðyncð, it seems better to me, if it seems so to you, '당신에게 그러한 것 같으면, 나에게 더 나은 것 같다'.168) 조건이 비현실적인 것으로 여겨지면, 두 절169)에서 모두 가정법이 사용되며, 이때 과거가 현재를 나타내는데 사용된다. 현대영어의 if he were와 if he had been 사이의 구분은 고대영어에서 이루어지지 않으며, 고대영어에서는 gif hē wǣre가 이 모두를 나타낸다: hit wǣre tō hrǣdlic gif hē ðā on cildcradole ācweald wurde, it would have been too early if He had been killed at that time in the cradle. '그가 그 당시 요람에서 살해되었더라면, 그것은 너무 이른 것이었을 것이다'.170)

(i) 일반적으로 þēah나 þēah þe가 이끄는 양보절에서: ne forseah

---

167) good는 gōd에 대한 오타인 듯하다.
 ðonne forlȳst hē eall his ǣrran good, būton hē hit eft
 then loses he all his former good, unless he it afterwards
 gebēte,
 makes atonement for.
 => then he loses all his former good, unless he afterwards makes atonement for it.
168) mē ðincð betre, gif īow swǣ ðyncð
 to me seems better, if to you so seems
 => it seems better to me, if it seems so to you.
169) 주절과 종속절 모두를 지칭한다.
170) hit wǣre tō hrǣdlic gif hē ðā on cildcradole ācweald wurde
 it were too early if he then in cradle killed became
 => it would have been too early if He had been killed at that time in the cradle.

Crīst his geongan cempan, ðēah ðe hē līchamlīce on heora slege andwerd nǣre, *Christ did not despise His young champions, although He was not present in person at their death.* '그리스도는 그의 어린 전사들을 경멸하지 않았다, 비록 그가 그들의 죽음을 개인적으로 지켜보지는 않았다 하더라도'.171)

236. 가정법을 포함하는 절이 종속된 절을 가지면, 그 종속절의 동사는 견인172)에 의하여 가정법을 가진다: þæs ūs scamað swȳðe þæt wē bōte aginnan, swā swā bēc tǣcan, *we are very much ashamed of beginning reform, as the books teach.* '책들이 (우리를) 가르치는 것처럼, 우리가 개혁을 시작하는 것은 우리에게 매우 수치스러운 일이다'.173) (가정법 -an에 관하여는 §158을 참조하기)

237. 때때로 종속절에서 원형과 함께 사용된 sc(e)olde나 wolde가 가정법 과거를 대신한다: sc(e)olde는 소망이나 공포를 나타내는 동사와 함께 사용되고, wolde는 목적을 나타내는 동사와 함께 사용된다: þā wearð hē micclum āfyrht and anðrācode þæt his rīce feallan sceolde, *then he was very much afraid and he feared that his*

---

171) ne forseah Crīst   his geongan cempan, ðēah ðe hē līchamlīce
    not despised Christ his young   warriors, although he personally
    on heora slege   andwerd nǣre
    at their murder present   not were
 => *Christ did not despise His young champions, although He was not present in person at their death.*
172) '견인(attraction)'은 문장 안에 있는 말이 가까이에 존재하는 말에 영향을 받아 수, 격, 인칭 등이 변화하는 것을 일컫는다.
173) þæs ūs   scamað swȳðe   þæt wē bōte   aginnan,   swā swā bēc
    the to us ashamed very much that we reform begin,   as books
    tǣcan
    teach   (aginnan = onginnan)
 => *we are very much ashamed of beginning reform, as the books teach.*

kingdom must fall. '그리고 나서, 그는 그의 왕국이 망하게 될까봐 매우 염려하고 두려워하였다'174); tō ðy hē cōm þæt hē wolde his heofenlice rīce gelēaffullum mannum forgyfan, *He came in order that He might give His heavenly kingdom to believers.* '그는 그가 하늘의 왕국을 신자들에게 가져다 주기 위하여 왔다'.175)

부정사(Infinitive)

238. 부정 대명사는 명령동사나 듣기동사 뒤에서 대격 구문과 원형 부정사 구문에서 자주 탈락된다. 이 탈락은 원형 부정사를 수동태로 보이게 만드는 효과가 있다: ðē cȳðan hāte, *I command (someone) to make it known to you.* '나는 (누군인가가) 당신에게 알려주도록 명령한다'176); of þām þe wē nū secgan hȳrdon, *of which we have now heard tell.* '우리가 이제 들었던 말하고자 하는 것'.177)

---

174) þā wearð hē micclum āfyrht and anðrācode þæt his rīce feallan
    then was he very much afraid and feared that his kingdom fall
    sceolde
    must
=> then he was very much afraid and he feared that his kingdom must fall

175) tō ðy hē cōm þæt hē wolde his heofenlice rīce gelēaffullum
    in order he came that he would his heavenly kingdom faithful
    mannum forgyfan
    men give
=> He came in order that He might give His heavenly kingdom to believers.

176) ðē cȳðan hāte
    to you known command
=> I command (someone) to make it known to you

177) of þām þe wē nū secgan hȳrdon
    of which we now tell heard.
=> of which we have now heard tell.

움직임 동사와 'to be' 동사의 원형 부정사는 조동사 뒤에서 자주 탈락되며, 이는 특히 시에서 그러하다: fram ic ne wille, *I will not (run) away.* '나는 도망하지 않을 것이다'[178]; wita sceal geþyldig, *a wise man must be patient.* '지혜로운 자는 인내심이 있어야 한다'.[179]

때때로 동명사라 불리우는 부정사의 굴절형은 전치사 tō 함께 사용되며, 이는 목적을 표현하거나 형용사를 보다 자세하게 정의내려 준다: ūt ēode sē sāwere his sǣd tō sāwenne, *the sower went out to sow his seed.* '씨뿌리는 사람은 그의 씨를 뿌리기 위하여 밖으로 나갔다.'[180]; swā wynsum tō gehȳrenne, *so pleasant to hear,* '듣기에 아주 즐거운'.[181]

비인칭 동사(Impersonal Verbs)

239. 비인칭 동사는 현대영어에서 보다 고대영어에서 더 흔하다. 고대영어에서 주어 'it'는 일반적으로 표현되지 않으며, 암묵적으로 이해된다: him spēow, *they succeeded,* '그들에게 성공적인(=그들이 성공하였

---

178) fram ic ne wille
　　from I not will
　=> *I will not (run) away*
179)　　wita　sceal geþyldig
　　a wise man must　patient
　=> *a wise man must be patient.*
180) ūt ēode　sē sāwere his sǣd tō sāwenne
　　out went the sower　his seed to sow
　=> *the sower went out to sow his seed*
181) swā wynsum tō gehȳrenne
　　so　pleasant to　hear
　=> *so pleasant to hear*

다)'182); mē ðyncð betre, gif īow swæ ðyncð, *it seems better to me if it seems so to you.* '당신에게 그러한 것 같으면, 나에게 더 나은 것 같다'.183) 때때로 비인칭 동사는 두 개의 격을 취한다: ðæm hearpere ðūhte ðæt hine nānes ðinges ne lyste on ðisse worulde, *it seemed to the harper that nothing pleased him in this world.* '하프연주자에게는 이 세상에 그를 더 즐겁게 할 것이 없는 것 같았다'.184)

---

182) him   spēow
    to them be successful
 => *they succeeded*
183)   mē ðyncð betre, gif īow   swæ ðyncð
    to me seems better, if to you so seems
 => *it seems better to me if it seems so to you.*
184) ðæm hearpere ðūhte ðæt hine nānes ðinges   ne lyste
    to the harper seemed that him not thing(gen.sg.) not pleased
    on ðisse worulde
    in this world
 => *it seemed to the harper that nothing pleased him in this world.*

정선된 참고 문헌

문학적 배경

BATESON, F. W., ed. *The Cambridge Bibliography of English Literature*, 4 Vols. Cambridge, 1940. Supplement, ed. by George Watson, 1957. (문학 작품 뿐만 아니라 언어학 연구들을 기록한 참고 문헌.)

KER, W. P. *The Dark Ages*. Edinburgh, 1923.

KER, W. P. *English Literature Medieval*. Home University Library. London, 1912.

MALONE, KEMP and A. C. BAUGH. *The Middle Ages*. New York, 1948. (A.C. Baugh의 *A Literary History of England*의 처음 두 부분.)

RENWICK, W. L. and HAROLD ORTON. *The Beginnings of English Literature to Skelton 1509*. Second edition, London, 1952. (유용한 참고 문헌을 포함하고 있음.)

WARDALE, E. E. *Chapters on Old English Literature*. London, 1935.

역사적 배경

BLAIR, PETER HUNTER. *An Introduction to Anglo-Saxon England*. Cambridge, 1956.

HODGKIN, R. H. *A History of the Anglo-Saxons*, 2 vols., third edition, with Appendix by R. L. S. Bruce Mitford. Oxford, 1953. (매우 잘 설명되어 있음; 알프레드왕의 죽음까지의 시기를 다룬다.)

STENTON, Sir FRANK. *Anglo-Saxon England*, second edition. Oxford, 1947. (완전한 참고 문헌을 가진, 앵글로 색슨의 모든 시기에 관한 권위 있는 설명.)

WHITELOCK, DOROTHY. *The Beginnings of English Society*. London, Penguin Books, 1952. (앵글로 색슨족의 사회적 역사에 관한 탁월한 입문서.)

초보자를 위한 책과 독본

ARDERN, P. S. *First Readings in Old English*, second edition. Wellington, New Zealand, 1951.

COOK, ALBERT S. *A First Book in Old English*, third edition. Boston, 1903.

KRAPP, G. P. and KENNEDY, A. G. *An Anglo-Saxon Reader*. New York, 1930.

MOSSÉ, FERNAND. *Manuel de l'Anglais du Moyen Âge. I Vieil-Anglais. Tome Premier: Grammaire et Textes. Tome Second: Notes et Glossaire. Deuxième Édition.* Paris, 1950.

SEDGEFIELD, W. J. *An Anglo-Saxon Book of Verse and Prose*. Manchester, 1928.

SWEET, HENRY. *Anglo-Saxon Primer*, ninth edition revised by Norman Davis. Oxford, 1953.

SWEET, HENRY. *An Anglo-Saxon Reader*, fourteenth edition, revised by C. T. Onions. Oxford, 1959.

WYATT, ALFRED J. *The Threshold of Anglo-Saxon*. Cambridge, 1926.

WYATT, ALFRED J. *An Anglo-Saxon Reader*. Cambridge, 1919.

문법서

BRUNNER, KARL. *Altenglische Grammatik nach der angelsächsischen Grammatik von Eduard Sievers*, zweite Auflage. Halle, 1951.

BÜLBRING, KARL D. *Altenglisches Elementarbuch, I teil: Lautlehre.* Heidelberg, 1902.

CAMPBELL, A. *Old English Grammar*. Oxford, 1959.
GIRVAN, RITCHIE. *Angelsaksisch Handboek*. Haarlem, 1931.
LUICK, K. *Historische Grammatik der englischen Sprache*. Leipzig, 1914-39.
QUIRK, RANDOLPH and C. L. WRENN. *An Old English Grammar*, second edition. London, 1958.
WARDALE, E. E. *An Old English Grammar*, third edition. London, 1931.
WRIGHT, J. and E. M. *Old English Grammar*, third edition. Oxford, 1925.

사전

BOSWORTH-TOLLER. *An Anglo-Saxon Dictionary based on the Manuscript Collections of the late Joseph Bosworth*. Edited by T. N. Toller. Oxford, 1882-98. Supplement, 1908-21. (예문이 함께 있는 가장 완전한 앵글로 색슨 사전.)
HALL, JOHN R. CLARK. *A Concise Anglo-Saxon Dictionary*, third edition. Cambridge, 1931. (N.E.D를 참조하고 있다.)
HOLTHAUSEN, F. *Altenglishes etymologisches Wörterbuch*. Heidelberg, 1934.
N.E.D. *A New English Dictionary on Historical Principles*. Edited by Sir James Murray, Henry Bradley, Sir William Craigie and C. T. Onions. Oxford, 1888-1933. (노르만 정복이후 여전히 사용되었던 모든 고대 영어의 단어들의 완전한 역사를 제공하여 준다.)
SWEET, HENRY. *The Student's Dictionary of Anglo-Saxon*. Oxford, 1911.

Texts

1. King Alfred's Preface to Gregory's *Pastoral*

  Ælfred kyning hāteð grētan Wærferð biscep his wordum
luflīce ond frēondlīce; ond ðē cȳðan hāte ðæt mē cōm swīðe
oft on gemynd, hwelce wiotan iū wǣron giond Angelcynn,
ǣgðer ge godcundra hāda ge woruldcundra; ond hū gesǣlig-
5 lica tīda ðā wǣron giond Angelcynn; ond hū ðā kyningas
ðe ðone onwald hæfdon ðæs folces on ðam dagam Gode ond
his ǣrendwrecum hȳrsumedon; ond hū hīe ǣgðer ge hiora
sibbe ge hiora siodo ge hiora onweald innanbordes gehīoldon,
ond ēac ūt hiora ēðel gerȳmdon; ond hū him ðā spēow
10 ǣgðer ge mid wīge ge mid wīsdōme; ond ēac ðā godcundan
hādas, hū giorne hīe wǣron ǣgðer ge ymb lāre ge ymb liornunga,
ge ymb ealle ðā ðīowotdōmas ðe hīe Gode dōn scoldon; ond

7. hu 필사본에 없음.

문헌[185]

1. 알프레드왕의 그레고리 교서에 대한 서문

알프레드왕은 다정하고 우호적인 말로 Werferth 주교를 환영하게 하였다; (나는)[186] 다음과 같은 사실을 너에게 알게 하리라. 이전에 영국민[187] 전체를 통하여 세속적이거나 종교적 지위에 있는 사람들 가운데 어떠한 현자가 있었던가라는 생각이 내 마음 속에 자주 떠올랐음을; 그리고 당시 영국민들 사이에 어떻게 행복한 시간들이 있었는지; 그리고 당시 국민을 다스리던 왕들이 어떻게 하느님과 (그 말씀의) 전달자들[188]에게 복종하였는지를; 그리고 어떻게 그들이[189] 그들의 평화와 풍속과, 국내에서의 질서를 유지하였으며, 그리고 또한 밖으로 그들의 영토를 확장시켰는지를; 그리고 당시 전쟁에 있어서나, 학문에 있어서 얼마나 성공적이었던가를; 그리고 또한 종교적으로 지위가 있던 사람들[190]이 얼마나 가르치고 배우는데 뿐만 아니라, 하느님께 드려야 할 예배에 열심이

---

185) 이 장에서의 문헌 번역은 가능한 한 고대영어를 직역하고자 하였다. 이는 고대영어 문헌을 대조하면서 쉽게 이해를 돕고자 함이다. 즉, 한국어에서는 그 반복이 어색할 수 있는, 접속사와 대명사를 생략하지 않고 가능한 한 그대로 두었다.
186) 괄호 속의 내용은 역자가 저자가 이해를 돕기 위하여 넣은 내용임.
187) Angelcynn은 '영국민', '영국' 의미 모두 가능하다. 본 해석에서는 문맥에 따라 두 의미 가운데 하나를 선택하였다.
188) 즉 성직자들.
189) 그들은 왕들을 지시.
190) 이 주어의 구('종교적으로 지위가 있던 사람들')가 문장 앞에 오며, hū절 이하에 주어 hīe('they')로서 다시 반복되고 있다.

hū man ūtanbordes wisdōm ond lāre hieder on lond sōhte, ond hū wē hȳ nū sceoldon ūte begietan, gif wē hīe habban
15   sceoldon. Swǣ clǣne hīo wæs oðfeallenu on Angelcynne ðæt swīðe fēawe wǣron behionan. Humbre ðe hiora ðēninga cūðen understondan on Englisc, oððe furðum ān ǣrendgewrit of Lǣdene on Englisc āreccean; ond ic wēne ðæt nōht monige begiondan Humbre nǣren. Swǣ fēawe hiora wǣron ðæt ic
20   fruðum ānne ānlēpne ne mæg geðencean be sūðan Temese, ðā ðā ic tō rice fēng. Gode ælmihtegum sīe ðonc ðæt wē nū ǣnigne onstāl habbað lārēowa. Ond for-ðon ic ðē bebīode ðæt ðū dō swǣ ic gelīefe ðæt ðū wille, ðæt ðū ðē ðissa worulddinga tō ðǣm geǣmetige, swǣ ðū oftost mæge, ðæt ðū ðone
25   wīsdōm ðe ðē God sealde ðǣr ðǣr ðū hiene befæstan mæge, befæste. Geðenc hwelce wītu ūs ðā becōmon for ðisse worulde, ðā ðā wē hit nōhwæðer ne selfe ne lufodon, ne ēac ōðrum monnum ne lēfdon; ðone naman ānne wē lufodon ðæt wē Crīstne wǣren, ond swīðe fēawe ðā ðēawas.
30   Ðā ic ðā ðis eall gemunde, ðā gemunde ic ēac hū ic

16, 19. feawa.   29. feawa.

었던가를; 외국인들이 여기 이 땅에 와서 지혜와 학문을 어떻게 추구하고, 그리고 우리가 그것을[191] 얻어야 할 경우 밖으로부터 그것을 어떻게 얻고자 하였는지를. 영국민 사이에 학문의 쇠퇴가 너무 철저하여 험버강 쪽에서는 미사전례서[192]를 영어로 이해할 수 있거나, 편지를 라틴어에서 영어로 번역할 수 있는 이는 아주 소수이었다; 그리고 나는 험버강 너머에도 (그러한 이가) 많지 않았을 것으로 생각한다. 내가 왕위에 올랐을 때, 그들의 수가 너무 적어, 템즈강 남쪽에서는 (그러한 사람을) 단 한사람도 기억해 낼 수 없었다. (하지만) 전지전능하신 하느님 덕분에 지금은 교사의 수요를 충족시킬 수 있다. 따라서 나는 너에서 명하노니, 네가 기꺼이 내가 믿는 바대로 행하거라. 하느님이 너에게 주신 지혜를 적용할 수 있는 곳 어디에서든지 적용할 수 있도록, 네 자신을 가능한 한 자주 속세의 일로부터 해방시켜라. 우리 그것을[193] 스스로가 아끼지도 않고 다른 사람들에게 허락하지도 않았을 때,[194] 이 세상에 있기 때문에 우리에게 어떤 형벌이 닥쳐 왔는지에 대하여 생각해 보아라; 우리는 단지 우리가 기독교인이라는 이름만을 사랑했고, 아주 소수만이 (기독교의) 미덕을 사랑했다.

내가 이 모든 것을 기억했을 때, 전 영국이 약탈당하고 불에 타기[195]

---

191) 저자는 다음 문장을 고려하면(동사가 단수로 받기 때문에) '학문'만을 지시한다고 하나 여기서, '지혜와 학문' 모두를 지시하는 것이 더 자연스러운 것 같다. '그것을'이라하면 우리말에서는 단수도 지시할 수 있고 복수도 지시할 수 있다는 것을 고려하면, 고대영어는 어떤 면에서 한국어와도 유사한 것 같다.
192) 혹은 기도서
193) wīsdōm(지혜 혹은 학문)을 지시한다.
194) 본서 뒤에 실린 단어풀이(glossary)를 보면 저자는 lefdon을 lēfan, lȳfan 'to allow'의 과거형으로 보는 것 같다. 하지만 Mitchell(2001)은 lefdon은 서색슨 철자 læfdon에 대한 비서색슨 방언의 철자이며, læfan, 'to leave, to bequeath'의 과거형이라고 설명한다.
195) 바이킹의 침략으로 인하여.

geseah, ǣr-ðǣm-ðe hit eall forhergod wǣre ond forbǣrned, hū ðā ciricean giond eall Angelcynn stōdon māðma ond bōca gefylda, ond ēac micel menigeo Godes ðīowa; ond ðā swīðe lȳtle fiorme ðāra bōca wiston, for-ðǣm-ðe hīe

35 hiora nānwuht ongiotan ne meahton, for-ðǣm-ðe hȳ nǣron on hiora āgen geðīode āwritene. Swelce hīe cwǣden: 'Ūre yldran, ðā ðe ðās stōwa ǣr hīoldon, hīe lufodon wīsdōm, ond ðurh ðone hīe begēaton welan ond ūs lǣfdon. Hēr mon mæg gīet gesīon hiora swæð, ac wē him ne cunnon æfter

40 spyrigean, ond for-ðǣm wē habbað nū ǣgðer forlǣten ge ðone welan ge ðone wīsdōm for-ðǣm-ðe wē noldon tō ðǣm spore mid ūre mōde onlūtan.'

Ðā ic ðā ðis eall gemunde, ðā wundrade ic swīðe swīðe ðāra gōdena wiotona ðe giū wǣron giond Angelcynn, ond ðā

45 bēc ealla be fullan geliornod hæfdon, ðæt hīe hiora ðā nǣnne dǣl noldon on hiora āgen geðīode wendan. Ac ic ðā sōna eft mē selfum andwyrde, ond cwæð: 'Hīe ne wēndon ðæt ǣfre menn sceolden swǣ reccēlease weorðan ond sīo lār swǣ oðfeallan; for ðǣre wilnunga hȳ hit forlēton, ond woldon

50 ðæt hēr ðȳ māra wīsdōm on londe wǣre ðȳ wē mā geðēoda cūðon.'

33. gefyldæ.   45. eallæ.   47. ðætt.
48. re ce lease.

전에 어떻게196) 전 영국의 교회들이 보물과 책들, 또한 아주 많은 수의 하느님의 종들로 가득 차 있었던 가를 기억했다; 그런데, (그들은) 그 책들의 용도를 거의 몰랐다. 왜냐하면 그들은 그것들을 하나도 이해할 수 없었기 때문이며, 그들의 언어로 씌여져 있지 않았기 때문이다.197) 그들이 이렇게 말했었던 것 같다: '전에 이곳을 차지하고 있었던 우리의 조상들은 학문을 사랑했고, 그것을 통하여 부를 얻었으며 (그것을) 우리에게 남겨 주었다. 우리는 여기서 그들의 자취를 여전히 볼 수 있으나 그것을 어떻게 따라야 할지 모른다. 따라서 우리는 지금 부와 학문을 상실했다. 왜냐하면 그 흔적에 마음을 기꺼이 쏟지 않았기 때문이다.'

내가 이 모든 것을 기억했을 때, 나는 이전에 영국에 살면서 모든 책들을 충분히 공부하였던 훌륭한 학자들이 그 책들의 어느 한 부분이라도 자신의 언어로 기꺼이 번역하려하지 않았다는 것에 대하여 대단히 이상하게 여겼다. 그러나 그리고 나서 나는 즉각 나 자신에게 대답하고 말하였다: '그들은 사람들이 너무 부주의하게 되고, 학문이 그렇게 쇠퇴하게 될 것이라고 기대하지 않았다; 그들은 그것을198) 의도적으로 무시하였고, 이는 더 많은 언어를 알면 알수록 이곳에서 지혜가 더욱 커질 것이라고 희망하였기 때문이었다199).'

---

196) hū가 두 번 반복된다. 처음에는 sēah의 목적어로서 hū만 언급되고, 다음에 ǣr-ðæm-ðe절이 삽입되어 있으며, 이 다음에 hū절 전체가 잇따른다.
197) 즉 '그들의 언어로 씌여져 있지 않았기 때문에 이해할 수 없었다'는 의미이다.
198) 학문을 지시한다.
199) ond절을 이유의 절로 해석하였다.

Ðā gemunde ic hū sio ǣ wæs ǣrest on Ēbrēisc geðīode funden, ond eft, ðā hīe Greccas geliornodon, ðā wendon hīe hīe on hiora āgen geðīode ealle, ond ēac ealle ōðre bēc.
55 Ond eft Lædenware swǣ same, siððan hīe hīe geliornodon, hīe hīe wendon ealla ðurh wīse wealhstodas on hiora āgen geðīode. Ond ēac ealla ōðra Crīstna ðīoda sumne dǣl hiora on hiora āgen geðīode wendon. For-ðȳ mē ðyncð betre, gif īow swǣ ðyncð, ðæt wē ēac suma bēc, ðā ðe nīedbeðearfosta sīen eallum
60 monnum tō wiotonne, ðæt wē ðā on ðæt geðīode wenden ðe wē ealle gecnāwan mægen, ond gedōn, swǣ wē swīðe ēaðe magon mid Godes fultume, gif wē ðā stilnesse habbað, ðæt eall sīo gioguð ðe nū is on Angelcynne frīora monna, ðāra ðe ðā spēda hæbben ðæt hīe ðǣm befeolan mægen, sīen tō liornunga oðfæste,
65 ðā hwīle ðe hīe tō nānre ōðerre note me mægen, oð ðone first ðe hīe wel cunnen Englisc gewrit ārǣdan. Lǣre mon siððan furður on Lædengeðīode ðā ðe mon furðor lǣran wille ond tō hīeran hāde dōn wille. Ðā ic ðā gemunde hū sīo lār Lædengeðīodnes ǣr ðissum āfeallen wæs giond Angelcynn, ond ðēah
70   monige cūðon Englisc gewrit ārǣdan, ðā ōngan ic ongemang ōðrum mislicum ond manigfealdum bisgum ðisses kynerīces ðā bōc wendan on Englisc ðe is genemned on Læden Pastoralis, ond on Englisc 'Hierdebōc,' hwīlum word be worde, hwīlum andgit of andgiete, swǣ swǣ ic hīe geliornode æt Plegmunde
75 mīnum ærcebiscepe, ond æt Assere mīnum biscepe, ond æt Grimbolde mīnum mæsseprīoste, ond æt Iōhanne mīnum mæsse-

57. oðræ cristnæ.   59. sumæ.   68. hieran.

그리고 나서 나는 히브류어로 쓰여진 법이[200] 어떻게 처음 발견되었던가를 기억했다. 그리고 난 후 희랍인들은 그것을 배워 그것 모두를 그들 자신의 언어로 번역하였다: 그리고 모든 다른 책도 역시 번역하였다. 그 이후 로마인도 유사하게 그렇게 했다. 그들은 그것을 배웠을 때, 그것 모두를 학식있는 번역자들의 통하여 자신의 언어로 번역하였다. 그리고 모든 다른 기독교 민족들 역시 그것들[201] 일부를 번역하였다. 따라서, 다음이 나에게 더 나은 것처럼 보인다, 당신에게도 그런 것처럼 보인다면: 우리 역시 모든 사람들이 아는 것이 가장 필요한 책들의 일부를 우리 모두가 이해할 수 있는 언어로 번역을 하고, 우리가 평화를 누리게 된다면 하느님의 도움으로 가능한 한 아주 쉽게 하여서, 충분한 부를 가진 전 영국의 자유민들 가운데 젊은이가 다른 직업에 유능하지 않는 동안 그들이 쉽게 영어로 된 글을 읽을 수 있을 때까지, 학문에 자신을 쏟아 종사할 수 있게 하는 것이(더 나은 것 같다). 그리고 난후, 기꺼이 그들을 더 많이 가르치고자 하며 그들을 더 높은 지위에 올려놓고자 하는 이들로 하여금 그들에게 라틴어를 가르치도록 해라. 그리고 나서 나는 전 영국에서 라틴어 연구가 이전 보다도 어떻게 쇠하여졌으며, 그럼에도 불구하고 많은 사람들이 영어로 된 글을 읽을 수 있었다는 것을 기억하였을 때, 나는 이 왕국의 다양하고 여러 종류의 일 가운데서 라틴어로는 「교서(Pastoralis)」로 불리우고, 영어로는 「목자의 책(Shepherd's Book)」이라 불리우는 책을 영어로 번역하기 시작하였는데 때로는 단어 있는 그대로, 때로는 의미를 풀어서 했다. 나의 대주교인 Plegmunde, 주교인 Asser, 미사 사제인 Grimbold와 Johan으로부터 배운 바에 따라서 번역하였다.

---

200) 구약(Old Testament) 혹은 구약의 최초 6서인 Hexateuch만을 의미할 수 있다고 한다(Mitchell 2001).
201) 즉 책들.

prēoste. Siððan ic hīe ðā geliornod hæfde, swǣ swǣ ic hīe forstōd, ond swǣ ic hīe andgitfullicost āreccean meahte, ic hīe on Englisc āwende; ond tō ǣlcum biscepstōle on
80 mīnum rīce wille āne onsendan; ond on ǣlcre bið ān æstel, sē bið on fīftegum mancessa. Ond ic bebīode on Godes naman ðæt nān mon ðone æstel from ðǣre bēc ne dō, ne ðā bōc from ðǣm mynstre: uncūð hū longe ðǣr swǣ gelǣrede biscepas sīen, swǣ swǣ nu, Gode ðonc, welhwǣr siendon. For-ðȳ ic
85 wolde ðæt hīe ealneg æt ðǣre stōwe wǣren, būton sē biscep hīe mid him habban wille, oððe hīo hwǣr tō lǣne sīe, oððe hwā ōðre bī wrīte.

81. mancessan.

내가 그것을 배웠을 때, 그것을 이해했던 대로, 가장 이해하기 쉽게 설명할 수 있도록 나는 그것을 영어로 번역하였다; 그리고 나는 한 권을 나의 왕국의 각각의 사제직 관구에 보낼 것이며, 이(책) 각각에는 50만 커스의 가치가 될 서표가 제공될 것이다. 그래서 나는 하느님의 이름에 맹세코 다음을 명한다: 어느 누구도 책들로부터 서표를, 교회에서 책을 제거할 수 없음을. 하느님의 덕분에 현재에는 거의 모든 곳에 존재하는 그러한 학식있는 주교들이 얼마나 유지될지는 모른다. 따라서 나는 그것들이 202) 항상 그 자리에 있기를 원한다. 주교가 그것(들)을 203) 가지고 가기를 원하거나, 그것을 204) 어디엔가 빌려주거나, 누군가가 베끼기를 하지 않는 한.

---

202) 책과 서표를 지시한다.
203) 단수, 복수 모두 가능하다. 복수일 때는 책과 서표를, 단수일 때는 책을 지시한다.
204) 책을 지시한다.

문헌(Texts)

2. A Description of Britain

    Breoton is gārsecges ēalond, ðæt wæs iūgeāra Albion hāten: is beseted betwyh norðdæle and westdæle, Germānie and Gallie and Hispānie, þām mæstum dælum Eurōpe, myccle fæce ongegen. Þæt is norð ehta hund mīla lang, and tū hund
5 mīla brād. Hit hafað fram sūðdæle þā mægðe ongean þe mon hāteð Gallia Belgica. Hit is welig, þis ēalond, on wæstmum and on trēowum misenlicra cynnra, and hit is gescræpe on læswe scēapa and nēata, and on sumum stōwum wīngeardas grōwað. Swylce ēac þēos eorðe is berende missenlicra
10 licra fugela and sæwihta, and fiscwyllum wæterum and wyllge- spryngum; and hēr bēoð oft fangene seolas and hronas and mereswȳn, and hēr bēoð oft numene missenlicra cynna weolcscylle and muscule, and on hēr bēoð oft gemētte þā betstan meregrotan ælces hīwes. And hēr bēoð swȳðe
15 genihtsume weolocas, of þām bið geworht sē weoloc-rēada tælhg, þone ne mæg sunne blæcan ne ne regen wyrdan; ac swā hē bið yldra, swā hē fægerra bið. Hit hafað ēac, þis land, sealtsēaðas, and hit hafað hāt wæter, and hāt baðo, ælcere yldo and hāde þurh tōdælede stōwe gescræpe. Swylce hit is
20 ēac berende on wecga ōrum, āres and īsernes, lēades and seolfres. Hēr bið ēac gemēted gagates; sē stān bið blæc

    6. Bellica.   8. gescræwe.   16. regen 필사본에는 없음

2. 영국에 대한 기술

　　브리톤은 바다의 섬이며, 이전에 알빈(Albin)이라 불리웠다: 브리톤은 (브리톤과) 상당한 거리를 두고 마주하고 있으며, 유럽의 대부분을 차지하고 있는 독일, 고울(Gaul)과 스페인의 북쪽과 서쪽 사이에 위치하고 있다. 길이는 북쪽으로 800마일이고, 폭은 200마일이다. 남쪽에는 Belgic Gaul이라고 불리우는 부족이 있다. 이 섬은 과일과 다양한 종류의 나무가 풍부하며, 양과 소들의 목초지로 적당하고, 어떤 지역에서는 포도밭들이 번성하고 있다. 또한 마찬가지로, 이 땅은 다양한 가금과 바다 생물들이 풍부하고, 강과 샘에는 물고기들이 풍부하다.[205] 여기서는 바다표범, 고래, 돌고래가 자주 잡히고, 다양한 종류의 조개류와 홍합이 잡히는데 거기서는 모든 색깔의 최고의 진주가 자주 발견된다. 또한 여기에는 쇠고둥이 매우 풍부하고, 거기에서 보랏빛 염료를 만들어 내는데 그것은 햇빛이 그 색을 검게 할 수 없으며, 비가 그 색을 훼손시킬 수 없다: 오히려 시간이 흐르면 흐를수록 빛은 더욱 고와진다. 또한 이 나라는 소금 온천을 가지고 있으며, 그것은 뜨거운 물과 나이와 성별에 따라 적절히 구분되어진 뜨거운 목욕탕을 가지고 있다. 이곳은 또한 구리, 철, 납, 은과 같은 금속의 광맥들이 풍부하다. 이곳에서는 마노 역시

---

[205] 이 문장에서 berende 뒤에 오는 목적어들의 격이 속격(-a)에서 여격(-um)으로 바뀌는 것으로 보아 여격 명사들은 berende(속격을 목적어로 취함)의 목적어가 아니라 제3의 동사구가 생략된 듯하다.

gym. Gif mon hine on fȳr dēð, þonne flēoð þǣr neddran onweg.

Wæs þis ēalond ēac geō gewurðad mid þām æðelestum
25   ceastrum, ānes wana þrittigum, ðā þe wǣron mid weallum and torrum and geatum and þām trumestum locum getimbrade, būtan ōðrum lǣssan unrīm ceastrum. And for-ðan-þe ðis ēalond under þām sylfum norðdǣle middangeardes nȳhst ligeð, lēohte nihte on sumera hafað, swā þæt oft on middre
30   nihte geflit cymeð þām behealdendum hwæðer hit sī þe ǣfen-glōmung ðe on morgen dēagung: is on ðon sweotol ðæt þis ēalond hafað mycele lengran dagas on sumera, and swā ēac nihta on wintra, þonne þā sūðdǣlas middangeardes.

27. ceastra.   29. and leohte   30. ǣfen glommung

발견된다; 이 광석은 검은 보석이다. 여기에 불을 붙이면 뱀을 쫓아낼 수 있다.

이 나라에는 수 많은 다른 도시 이외에도, 29개의 가장 우아한 도시를 과거에 가지고 있었으며, 이들에는 성곽, 종루, 성문과 강력한 빗장이 건설되어 있었다. 그리고 이 섬은 지구의 북쪽 부분에 가장 가까이 위치하고 있기 때문에 여름에 밝은 밤을 가지고 있었고, 그래서 한밤중에 구경꾼들에게 지금이 황혼인지 아니면 새벽녘인지에 대한 논쟁이 생긴다: 그래서 확실한 것은 이 나라는 지구의 남쪽 지역보다 여름에는 더 긴 낮과, 겨울에는 더 긴 밤을 가진다.

3. From the New Testament

A. The Lord's Prayer
The Gospel of St. Mattew, vi. 9-13

Fæder ūre þū þe eart on heofonum sī þīn nama gehālgod. Tōbecume þīn rīce. Gewurþe ðīn willa on earoðan swā swā on heofonum. Ūrne gedæghwāmlican hlāf syle ūs tō-dæg. And forgyf ūs ūre gyltas, swā swā wē forgyfað ūrum gyltendum.
5   And ne gelæd þū ūs on costunge, ac ālȳs ūs of yfele. Sōþlīce.

B. The Prodigal Son
The Gospel of St. Luke, xv. 11-38

Sōðlīce sum man hæfde twēgen suna. Þā cwæð sē gingra tō his fæder: 'Fæder, syle mē mīnne dæl mīnre æhte þe mē tō gebyreð'. Þā dædle hē him his æhte. Ðā æfter fēawum dagum ealle his þing gegaderude sē gingra sunu, and fērde
10 wræclīce on feorlen rīce, and forspilde þār his æhta, lybbende on his gælsan. Ðā hē hig hæfde ealle āmyrrede, þā wearð mycel hunger on þām, rīce, and hē wearð wædla. Ðā fērde hē and

6. yldra   8. feawa

3. 신약에서

A. 주 기도문
마태복음 6장 9-13절

하늘에 계신 아버지, 당신의 이름을 성스럽게 하소서. 당신의 왕국을 가져오소서. 당신의 의지를 하늘에서처럼 이 땅에 가득하게 하소서. 우리에게 일용할 양식을 오늘 주시옵고, 우리가 죄인을 용서하듯이 우리의 죄를 용서하소서. 그리고 우리가 유혹에 이끌리지 않도록 해주옵시고, 악으로부터 우리를 자유롭게 해 주소서. 진실로.

B. 방탕한 아들
누가복음 15장 11-38절

사실대로 이야기 하자면, 어떤 사람이 두 아들을 가지고 있었다: 그런데 작은 아들이 그의 아버지에게 말하였다: '아버지, 재산 가운데 저의 몫을 저에게 주십시오.' 그래서 그는(아버지는)[206] 그에게(아들에게) 그의 재산을 주었다. 그리고 며칠 후, 작은 아들은 그가 가진 모든 것을 챙겨서 먼 나라로 갔고, 거기서 방탕하게 살면서, 그의 재산을 탕진하였다. 그가 그것들[207] 모두를 모두 탕진하였을 때, 그 나라에 기근이 들었고 그는 극빈자가 되었다. 그리고 나서 그는 그 나라의 도시에 사는 한 사

---
206) 본 번역에서 괄호 안의 내용은 이해를 돕기 위하여 역자가 첨부한 내용임.
207) 재산을 지시.

문헌(Texts)

folgude ānum burhsittendan men þæs rīces; ðā sende hē hine tō his tūne þæt hē hēolde his swȳn. Ðā gewilnode hē his
15 wambe gefyllan of þām bīen-coddum þe ðā swȳn æton; and him man ne sealde. Þā beþōhte hē hine, and cwæð, 'Ēalā, hū fela yrðlinga on mīnes fæder hūse hlāf genōhne habbað; and ic hēr on hungre forwruðe! Ic ārīse, and ic fare tō mīnum fæder and ic secge him: "Ēalā, fæder, ic syngode on heofenas and
20 beforan þē; nū ic neom wyrðe þæt ic bēo þīn sunu nemned; dō mē swā ānne of þīnum yrðlingum."' And hē ārās þā, and cōm tō his fæder. And þā gȳt þā hē wæs feorr his fæder, hē hyne geseah, and wearð mid mildheortnesse āstyrod, and agen hine arn, and hine beclypte, and cyste hine. Ðā cwæð his
25 sunu: 'Fæder, ic syngude on heofen and beforan ðē; nū ic ne eom wryþe þæt ic þīn sunu bēo genemned'. Ðā cwæð sē fæder tō his þēowum: 'Bringað raðe þæne sēlestan gegyrelan and scrȳdað hyne, and syllað him hring on his hand and gescȳ tō his fōtum; and bringað ān fætt styric and ofslēað, and utun
30 etan and gewistfullian; for-þām-þes mīn sunu wæs dēad, and hē geedcucude; hē forwearð, and hē is gemēt'. Ðā ongunnon hig gewistlæcan. Sōðlīce hys yldra sunu wæs on æcere; and hē cōm, and þā hē þām hūse genēalǣhte, hē gehȳrde þæne swēg and þæt weryd. Ðā clypode hē ānne þēow, and āxode hine hwæt
35 þæt wǣre. Ðā cwæð hē: 'Þīn brōðor cōm; and þīn fæder

15. bien coddun

람을 따라갔다: 그는 돼지들을 돌보도록 하기 위하여 그를 그의 농장으로 보냈다. 그리고 나서 그는 돼지들이 먹는 콩깍지로 배를 채우고자 하였으나, 그는208) 그에게 주지 않았다. 그리고 나서 그는 스스로를 되돌아 보고 말했다: '아 슬프구나. 나의 아버지의 집에서는 얼마나 많은 일꾼들이 충분한 빵을 가지고 있었던가; 나는 여기서 굶주려 죽겠구나! 나는 일어나 나의 아버지에게 말할 것이다: "아버지, 저는 하늘과 당신에게 죄를 지었습니다; 이제 저는 당신의 아들이라 불리울 가치도 없습니다. 저를 당신의 농장 일꾼들의 하나로 만들어 주십시오."' 그리고 그는 거기서 일어나, 그의 아버지에게로 갔다. 그가 그의 아버지로부터 여전히 멀리 떨어져있을 때, 그는(그의 아버지)209) 그를(아들을) 보았고, 연민으로 감동되어, 그를 향하여 달려가 껴안고 입맞춤을 하였다. 그리고 그의 아들이 말했다: '아버지, 저는 하늘과 당신에게 죄를 지었습니다; 이제 저는 당신의 아들이라 불리울 가치도 없습니다.' 그리고 나자 아버지가 하인들에게 말했다: '가장 좋은 옷을 가져와 그에게 입히고, 그의 손에 반지를 끼워주고, 그의 발에 신발을 신겨 주어라. 그리고 살찐 송아지를 가져와 잡아라. 그리고 먹고 잔치를 벌이자. 왜냐하면 나의 아들이 죽었다가 되살아났으며, 사라졌다가 발견되었기 때문이다.' 그리고 그들은 잔치를 시작하였다. 사실대로 이야기를 하자면, 그의 장남은 밭에 있었다. 그는 왔고, 그가 집 가까이 가자 그는 많은 사람들의 소리를 들었다. 그러자 그는 하인 하나를 불러 그에게 무슨 일이 있었는가를 물었다. 그러자 그는 말하였다: '당신의 아우가 돌아왔습니다. 당신의 아버지가 그를 무사한

---

208) 도시인
209) 본문에서 hē는 가까이에 있는 his fæder를 지시한다.

ofslōh ān fætt celf, for-þām-þe hē hyne hālne onfēng'. Ðā gebealh hē hine, and nolde in gān. Þā ēode his fæder ūt, and ongan hine biddan. Ðā cwæþ hē his fæder andswarigende: 'Efne swā fela gēara ic þē þēowude, and ic næfre þīn bebod
40   ne forgȳmde; and ne sealdest þū mē næfre ān ticcen þæt ic mid mīnum frēondum gewistfullude; ac syððan þes þīn sunu cōm, þe hys spēde mid myltystrum āmyrde, þū ofslōge him fætt celf'. Ðā cwæþ hē: 'Sunu, þū eart symle mid mē, and ealle mīne þing synd þīne; þē gebyrede gewistfullian and geblissian,
45   for-þām þes þīn brōðor wæs dēad, and hē geedcucede; hē forwearð, and hē is gemēt'.

채로 맞이할 수 있었기 때문에 살찐 송아지를 잡았습니다.' 그리고 나서 그는 매우 화가 나서 안으로 들어가고자 하지 않았다. 그러자 그의 아버지가 밖으로 나와 그에게 질문을 하기 시작했다. 그러자 그는 그의 아버지에게 대답을 하려 말하였다: '정말로 여러 해 동안 나는 당신을 위해 일했고, 나는 당신의 명령을 무시한 적이 없었습니다. 그리고 당신은 나에게 나의 친구들과 함께 즐길 아이 하나 (보내)주지 않았습니다. 그러나 창녀들에게 그의 재산을 써버린 당신 아들이 돌아왔을 때 당신은 살찐 송아지를 잡았습니다.' 그러자 그가 말하였다: '아들아, 너는 항상 나와 함께 있으며, 나의 모든 것은 너의 것이다. 너의 동생이 죽었다가 되살아났으며, 사라졌다가 발견되었으므로, 너는 잔치를 벌이고 즐거워할 만하다.'

4. From Apollonius of Tyre

    Mid-þī-ðe sē cyning þās word gecwæð, ðā færinga þār ēode in ðæs cynges iunge dohtor and cyste hyre fæder and ðā ymbsittendan. Þā hēo becōm tō Apollonio, þā gewænde hēo ongēan tō hire fæder and cwæð: 'Ðū gōda
5 cyningc and mīn sē lēofesta fæder, hwæt is þes iunga man þe ongēan ðē on swā wurðlicum setle sit mid sārlīcum and-wlitan? Nāt ic hwæt hē besorgað.' Ðā cwæð sē cyningc: 'Lēofe dohtor, þes iunga man is forliden, and hē gecwēmde mē manna betst on ðām plegan, for-ðām ic hine gelaðode
10 tō ðysum ūrum gebēorscipe. Nāt ic hwæt hē is ne hwanon hē is; ac gif ðū wille witan hwæt hē sȳ, āxsa hine, for-ðām þē gedafenað þæt þū wite.' Ðā ēode þæt mæden tō Apollonio and mid forwandigendre spræce cwæð: 'Ðēah ðū stille sȳ and unrót, þēah ic þīne æðelborennesse on ðē gesēo.
15 Nū þonne, gif ðē tō hefig ne þince, sege mē þīnne naman, and þīn gelymp ārece mē.' Ða cwæð Apollonius: 'Gif ðū for nēode āxsast æfter mīnum namon, ic secge þē ic hine forlēas on sæ. Gif ðū wilt mīne æðelborennesse witan, wite ðū þæt ic hig forlēt on Tharsum.' Þæt mæden cwæð: 'Sege

8. leofa

4. 타이어의 아폴로니우스에서

왕이 이러한 말을 하였을 때, 갑자기 왕의 어린 딸이 그 안으로 들어와서 그녀의 아버지와 둘러앉아 있는 이들에게 입맞춤을 하였다. 그녀가 아폴로니우스에게 갔고, 그리고 나서 그녀는 아버지를 향하여 돌아서서 말하였다: '선한 왕이시자 제가 가장 사랑하는 아버지이시여, 당신과 마주하는 그런 영광된 자리에 앉아 슬픈 얼굴을 하고 있는 이 젊은이는 누구인지요? 나는 그가 무엇을 슬퍼하는지 모르겠습니다.' 그러자 왕이 말하였다: '사랑하는 딸아, 이 젊은이는 (그의 배가) 난파되었고, 그는 게임에서 모든 사람들 가운데 최고로 나를 기쁘게 하였다. 따라서 나는 그를 우리 연회에 초대하였다. 나는 그가 누구이며, 그가 어디에서 왔는지 모른다. 네가 그가 누구인지 기꺼이 알고자 한다면, 그에게 물어 보아라. 왜냐하면 네가 아는 것이 적절한 듯 하구나.' 그러자 그 아가씨는 아폴로니우스에게로 가서 주저하며 말하였다: '당신이 비록 조용하고 슬프지만, 나는 당신에게서 당신이 귀족 출신임을 알아차릴 수 있습니다. 자 그러면, 당신에게 너무 심한 것이 아니라면 당신의 이름을 나에게 말해주시고, 당신의 불행을 나에게 설명해 주십시오.' 그러자 아폴로니우스가 말했다: 당신이 그렇게 열심히 나의 이름에 대하여 묻는다면, 나는 당신에게 말하리라. 내가 바다에서 잃어버렸던 그것을. 당신이 나의 고귀한 출신에 대하여 알고자 한다면, 내가 타르스에 버리고 온 것을 알려주리다.' 그 아가씨가 말하였다: '나에게 단순하게 말해 주십시오. 내가 그것을 이

20　me gewislīcor, þæt ic hit mæge understandan.' Apollonius þā sōðlīce hyre ārehte ealle his gelymp, and æt þāre spræce ende him fēollon tēaras of ðām ēagum. Mid-þȳ-þe sē cyngc þæt geseah, hē bewænde hine ðā tō ðāre dehter and cwæð: 'Lēofe dohtor, þū gesingodest mid-þȳ-þe þū woldest witan
25　his naman and his gelimp; þū hafast nū geednīwod his ealde sār. Ac ic bidde þē þæt þū gife him swā-hwæt-swā ðū wille.' Ðā ðā þæt mæden gehīrde þæt hire wæs ālȳfed fram hire fæder þæt hēo ǣr hyre silf gedōn wolde, ðā cwæð hēo tō Apollonio: 'Apolloni, sōðlīce þū eart ūre; forlæt þīne
30　murcnunge; and nū ic mīnes fæder lēafe habbe, ic gedō ðē weligne.'

　　Apollonius hire þæs þancode; and sē cyngc blissode on his dohtor welwillendnesse, and hyre tō cwæð: 'Lēofe dohtor, hāt feccan þīne hearpan, and gecīg ðē tō þīne frȳnd,
35　and āfirsa fram þām iungan his sārnesse. Ðā ēode hēo ūt and hēt feccan hire hearpan; and sōna swā hēo hearpian ongan, hēo mid winsumum sange gemængde þāre hearpan swēg. Ðā ongunnon ealle þā men hī herian on hyre swēg-cræft, and Apollonius āna swīgode. Ðā cwæð sē cyningc:
40　'Apolloni, nū ðū dēst yfele, for-ðam-þe ealle men heriað mīne dohtor on hyre swēgcræfte, and þū āna hī swīgende tælst.' Apollonius cwæð: 'Ēalā! ðū gōda cyngc, gif ðū mē gelīfst,

24. leofa　　　　13. stilli.　　　　21. spræcan.
23. dohtor.　　　 33. leofa　　　　34. þinum frynd.
36. heapian.　　　37. gemægnde

해할 수 있도록.' 아폴로니우스는 진심으로 그의 모든 불행을 그녀에게 이야기해 주었고, 이야기가 끝나갈 무렵 그의 눈에서 눈물이 떨어졌다.'210) 왕이 그것을 보았을 때, 그는 자신을 그녀에게로 몸을 돌려 말하였다: '사랑하는 딸아, 너는 그의 이름과 불행을 알고자 하였기 때문에 죄를 짓게 되었다; 너는 이제 그의 오래된 슬픔을 새롭게 하였다. 그러나 나는 네가 원하는 것은 무엇이든지 그에게 주기를 명한다.' 그 아가씨는 그녀의 아버지로부터 그녀가 이미 원하였던 것을 해도 된다는 것이 허락되었음을 들었을 때, 그녀는 아폴로니우스에게 말했다: '아폴로니우스, 진심으로 당신은 우리 가운데 하나입니다; 당신의 슬픔을 버리십시오; 그리고 이제 나는 나의 아버지의 허락을 받았으니, 당신을 부자로 만들어 주겠습니다.'

아폴로니우스는 그녀에게 이점에 대하여 감사하였다. 그리고 왕은 그의 딸의 호의 때문에 기뻐하였다. 그리고 그녀에게 말하였다: '사랑하는 딸아, 너의 하프를 가져오도록 명한다. 너의 친구들을 너에게로 불러라. 그리고 그 젊은이에게서 그의 슬픔을 제거해 주거라.' 그녀는 나가서 그녀의 하프를 가져오도록 하였고, 곧, 그녀는 하프를 연주하기 시작하였다. 그녀는 하프의 음악에 노래를 섞었다.211) 모든 사람들이 그녀의 음악적 솜씨에 대하여 그녀를 칭찬하였고, 아폴로니우스만이 홀로 침묵을 지켰다. 그러자 왕이 말하였다: '아폴로니우스, 너는 잘못을 하였다. 왜냐하면 모든 사람들이 나의 딸의 음악적 솜씨 때문에 그녀를 칭찬하였으나 너 만은 침묵을 지킴으로서 그녀를 비난하고 있다.' 아폴로니우스가 말하였다: '오 선한 왕이시여, 당신이 저를 허락하신다면, 저는 제가 아는

---

210) 고대영어를 원문에서 him은 눈을 수식한다.
211) 즉, '하프 음악에 맞추어 노래를 불렀다.'

ic secge þæt ic ongite þæt sōðlīce þīn dohtor gefēol on swēg-
cræft, ac hēo næfð hine nā wel geleornod. Ac hāt mē nū
45　sillan þā hearpan; þonne wāst þū nū þæt þū gīt nāst.'
Arcestrates sē cyning cwæð: 'Apolloni, ic oncnāwe sōðlīce
þæt þū eart on eallum þingum wel gelǣred'. Ðā hēt sē
cyng sillan Apollonige þā hearpan. Apollonius þā út ēode,
and hine scrīdde and sette ǣnne cynehelm uppon his hēafod
50　and nam þā hearpan on his hand, and in ēode, and swā stōd
þæt sē cyngc and ealle þā ymbsittendan wēndon þæt hē
nǣre Apollonius, ac þæt hē wǣre Apollines, ðāra hǣðenra
god. Ðā wearð stilnes and swīge geworden innon ðāre
healle; and Apollonius his hearpenægl genam, and hē þā
55　hearpestrengas mid cræfte āstirian ongan and þāre hearpan
swēg mid winsumum sange gemǣgnde. And sē cyngc silf
and ealle þe þār andwearde wǣron micelre stæfne cliopodon
and hine heredon. Æfter þisum forlēt Apollonius þā hearpan,
and plegode, and fela fægera þinga þār forð tēah, þe þām
60　folce ungecnāwen wæs and ungewunelic; and heom eallum
þearle līcode ǣlc þāra þinga ðe hē forð tēah.

　　Sōðlīce, mid-þȳ-þe þæs cynges dohtor geseah þæt
Apollonius on eallum gōdum cræftum swā wel wæs getogen, þā
gefēol hyre mōd on his lufe. Ðā æfter þæs bēorscipes geen-

56. gemægnde.　　　　　59. plegod 15자 정도 지워진 후에 나타남.
60. ungecnawe.

것을 말하겠습니다. 진실을 말한다면, 당신의 딸은 우연히 음악적 솜씨를 가지게 되었던 것입니다. 오히려 그녀는 그것을 잘 배우지 않았습니다. 그러나 지금 저에게 하프를 가져다 주라고 명하십시오; 그러면 당신은 당신 두 사람이 무엇을 가지지 못하고 있는지 알게 될 것입니다'. Arcestrats 왕이 말하였다: '아폴로니우스, 나는 진심으로 네가 모든 면에서 잘 배웠음을 인정한다'. 그리고 나서 왕은 하프를 아폴로니우스에게 가져다 주라고 명령하였다. 그러자 아폴로니우스는 나가 옷을 입고, (화)관을 머리에 쓰고, 그의 손에는 하프를 가지고 들어와 섰다. 왕과 둘러앉았던 사람들이 그가 아폴로니우스가 아니라 이교도들의 신인 아폴로라는 생각이 들도록. 그러자 고요와 침묵이 홀을 가득 채웠다; 그리고 아폴로니우스는 하프 채를 잡고, 그리고 그는 하프 줄을 솜씨 있게 움직이기 시작하였다. 그리고 하프 음악에 흥겨운 노래를 섞었다.212) 그리자 왕 자신과 거기에 있던 모든 이들은 큰소리를 내었고, 그를 칭찬하였다. 이 연주 후에 아폴로니우스는 하프를 내려놓고 공연을 하였으며, 사람들에게 알려지지 않고 흔하지 않은 많은 아름다운 것들을 이끌어 내었다213); 그리고 그가 보여준 것들 각각은 그들 모두를 대단히 즐겁게 해주었다.

   사실대로 이야기 하자면, 왕의 딸이 아폴로니우스가 모든 훌륭한 기술을 너무 잘 배웠음을 알았을때, 그녀의 마음은 그를 사랑하게 되었다. 그

---

212) 즉, 하프 음악에 맞춰 흥겨운 노래를 불렀다.
213) 즉, 여기서 이끌어 내었다는 '보여주었다'로 해석하면 될 듯하다.

65 dunge cwæð þæt mæden tō ðām cynge: 'Lēofa fæder, þū lȳfdest mē lītle ǣr þæt ic mōste gifan Apollonio swā-hwæt-swā ic wolde of þīnum goldhorde'. Arcestrates sē cyng cwæð tō hyre: 'Gif him swā-hwæt-swā ðū wille'. Hēo ðā swīðe blīðe ūt ēode and cwæð: 'Lārēow Apolloni, ic gife þē
70 be mīnes fæder lēafe twā hund punda goldes and fēower hund punda gewihte seolfres, and þone mǣstan dǣl dēorwurðan rēafes, and twentig ðēowa manna'. And hēo þā þus cwæð tō ðām þēowum mannum: 'Berað þās þingc mid ēow, þe ic behēt Apollonio mīnum lārēowe, and lecgað innon
75 būre beforan mīnum frēondum'. Þis wearð þā þus gedōn æfter þāre cwēne hǣse, and ealle þā men hire gife heredon ðe hig gesāwon. Ðā sōðlīce geendode sē gebēorscipe; and þā men ealle ārison, and grētton þone cyngc and ðā cwēne and bǣdon hig gesunde bēon, and hām gewændon. Eac swilce
80 Apollonius cwæð: 'Ðū gōda cyngc and earmra gemiltsigend, and þū cwēn lāre lufigend, bēon gē gesunde'. Hē beseah ēac tō ðām þēowum mannum, þe þæt mǣden him forgifen hæfde, and heom cwæð tō: 'Nīmað þās þing mid ēow, þe mē sēo cwēn forgeaf, and gān wē sēcan ūre gesthūs þæt wē magon ūs
85 gerestan'.

69. sweoð.   77. þe gebeorscipe.

리고 나자, 연회가 끝날 무렵, 그 아가씨는 왕에게 말하였다: '사랑하는 왕이시여, 당신은 조금 전에 제가 당신의 보물에서 원하는 무엇이든지 아폴로니우스에게 주어도 된다고 허락하셨습니다.' Arcestrates 왕은 그녀에게 말하였다: '그에게 네가 원하는 무엇이든지 주어라.' 그러자 그녀는 매우 기쁘게 나가 말하였다: '아폴로니우스 선생님, 나의 아버지의 허락하에, 나는 당신에게 이백 파운드의 금과 사백 파운드 무게의 은과, 상당한 양의 귀중한 보물과 이십 명의 하인을 드리겠습니다'. 그리고 나서 그녀는 하인들에게 그렇게 말하였다: '나의 스승이신 아폴로니우스에게 내가 약속한 것을 가져와 이 방안의 나의 친구들 앞에 놓아라'. 그리고 나서 공주가 명령한 대로 (이것이) 그렇게 행하여졌고, 모든 사람들이 그들이 본 공주의 선물을 칭찬하였다. 그리고 나서 진실로 연회가 끝이 났다: 모든 사람들이 일어나 왕과 공주에게 인사하였고, 그들이 편안하기를 기원한 후 집으로 갔다. 마찬가지로, 아폴로니우스가 말하였다: '그대 선한 왕, 불쌍한 사람들 가운데 더욱 가여운 이, 그리고 학문의 애호자인 공주이시여, 당신들이 안녕하시기를'. 그는 또한 공주가 그에게 준 하인들을 향하여 바라보고 그들에게 말하였다: '공주가 나에게 주신 이것들을 나와 함께 가지고, 우리가 쉴 수 있는 거처를 나가 찾자'.

5. From Ælfric's Colloquy

Discipulus. Wē cildra biddaþ þē, ēalā lārēow, þæt þū tǣce ūs sprecan rihte, for-þām ungelǣrede wē syndon and gewæmmodlīce wē sprecaþ.

Magister. Hwæt wille gē sprecan?

5 *D.* Hwæt rēce wē hwæt wē sprecan, būton hit riht sprǣc sȳ and behēfe, næs īdel oþþe fracod?

M. Wille gē bēon beswungen on leornunge?

D. Lēofre ys ūs bēon beswungen for lāre þænne hit ne cunnan; ac wē witan þē bilewitne wesan, and nellan
10 onbelǣdan swincgla ūs, būton þū bī tōgenȳdd fram ūs.

M. Ic āxie þē, hwæt sprycst þū? Hwæt hæfst þū weorkes?

D. Ic eom geanwyrde munuc, and ic sincge ælce dæg seofon tīda mid gefrōþrum, and ic eom bysgod on rǣdinge
15 and on sange; ac þēahhweaþere ic wolde betwēnan leornian sprecan on Ledengereorde.

M. Hwæt cunnon þās þīne gefēran?

D. Sume synt yrþlincgas, sume scēphyrdas, sume ox-

---

2. rihte 필사본에 없음.
7. ge beon 필사본에 없음.
13. monuc.

6. behese.
8. beswugen. 10. onbelæden.
14. onrædinge 필사본에 없음.

5. 알프리치의 「대화」에서

학생: 오 스승이시여, 우리 학생들은 당신이 우리에게 올바로 말하는 것을[214] 가르쳐 줄 것을 당신에게 요청합니다. 왜냐하면 우리는 못 배웠고 부정확하게 말하기 때문입니다.

선생: 너희들은 무엇을 말하고자 하는가?

학생: 그것이 결코 가치가 없고 사악한 것이 아니면서, 옳고 적절한 것이기만 하다면, 우리가 무엇을 말하든지 무슨 상관이겠습니까?

선생: 너희들은 공부하면서 매를 기꺼이 맞겠는가?

학생: 우리는 무지하게 남아있는 것 보다는 배우면서 매를 맞는 것이 더 좋습니다. 그러나 당신은 친절하며, 당신이 우리에 의하여 강요당하지 않는다면[215] 당신은 때리는 것을 원하지 않는다는 것을 우리는 알고 있습니다.

선생: 나는 너에게 묻느니, 너는 무엇을 말하는가? 너는 그 일로부터 무엇을 얻는가?

학생: 저는 서약을 한 수도승입니다. 그리고 매일 형제들과 함께 7시과를 노래(찬미)하고, 그리고 읽기와 노래(찬미)에 전념하고 있습니다. 그럼에도 불구하고 그 사이 시간에 라틴어 말하기를 배우고 싶어 하였습니다.

선생: 너의 동료들은 무엇을 알고 있는가?

학생: 일부는 농부이고, 일부는 양치기, 일부는 소치는 사람이고, 그 밖

---

[214] 라틴어를 말하는 것을 지칭하는 것 같음.
[215] 우리가 잘못하지만 않는다면을 의미한다.

anhyrdas, sume ēac swylce huntan, sume fisceras, sume
20 fugeleras, sume cȳpmenn, sume sceōwyrhtan, sealteras,
bæceras.

 M. Hwæt sægest þū, yrþlincg? Hū begǣst þū weorc þīn?

 D. Ēalā lēof hlāford, þearle ic deorfe. Ic gā ūt on
dægræd þȳwende oxon tō felda, and iucie hig tō syl. Nys
25 hit swā stearc winter þæt ic durre lūtian æt hām for ege
hlāfordes mīnes; ac, geiukodan oxan and gefæstnodon
sceare and cultre mid þǣre syl, ælce dæg ic sceal erian fulne
æcer oþþe māre.

 M. Hæfst þū ǣnigne gefēran?

30   *D.* Ic hæbbe sumne cnapan þȳwende oxan mid gādīsene,
þe ēac swilce nū hās ys for cylde and hrēame.

 M. Hwæt māre dēst þū on dæg?

 D. Gewyslīce þænne māre ic dō. Ic sceal fyllan binnan
oxan mid hīg, and wæterian hig, and scearn heora beran ūt.

35   *M.* Hig! Hig! Micel gedeorf ys hyt.

 D. Gēa, lēof, micel gedeorf hit ys for-þām ic neom
frēoh . . . .

20. scewyrhtan.	24. iugie.
27. mit.	28. æþer.
34. wæte terian, sceasn.	36. Ge

의 일부는 사냥꾼이며, 일부는 어부이고, 일부는 새사냥꾼이고, 일부는 상인, 일부는 구두 수선공, 일부는 소금을 만들고(제염업자이고), 일부는 빵 굽는 사람입니다.216)

......

선생: 당신 농부는 무엇을 말하나요? 어떻게 당신은 당신의 일을 수행하나요?

학생217): 오, 친애하는 주인님, 저는 열심히 일합니다. 저는 새벽녘에 나가, 소들을 밭으로 몰고 가 그들에게 쟁기를 매답니다. 주인님이 무서워, 아주 심한 겨울이라 집안에 감히 숨어 있는 일은 없습니다; 오히려 소들에 쟁기를 매달고, 쟁기에 보습과 보습의 날을 단단히 고정시켜 놓으며, 매일 저는 밭을 모두, 혹은 더 많이 갈아야 합니다.

선생: 당신은 다른 동료는 없습니까?218)

학생: 나에게는 쇠막대로 소를 모는 아이 하나가 있습니다. 그 아이 역시 지금은 추위와 소리를 질러 목이 쉬어있습니다.

선생: 당신은 낮 동안 무엇을 더 하는가?

학생: 저는 확실히 더 많은 일을 합니다. 저는 소의 여물통을 건초로 채우고 그들에게 물을 주어야 하고, 그들의 배설물을 치워주어야 합니다.

선생: 오, 오, 그것은 굉장한 수고이군요.

학생: 예, 선생님, 그것은 굉장한 수고입니다. 이는 제가 자유인이 아니기 때문입니다.219)

---

216) 알프리치의 「대화」의 번역에서 단락 구분은 내용에 따른 역자의 구분임. 저자의 단락과 구분하기 위하여 한줄을 띄웠다.
217) 이제부터 학생은 '농부'의 역할을 하면서 라틴어 연습을 한다.
218) 함께 일하는 혹은 거들어 주는 동료를 의미하는 듯하다.
219) 자유인이 아니므로 그러한 힘든 일도 견뎌내야 한다는 의미인 듯하다.

  M. Hwylcne cræft canst þū?

  D. Ic eom fiscere.

40 *M.* Hwæt begyst þū of þīnum cræfte?

  D. Bigleofan and scrūd and feoh.

  M. Hū gefēhst þū fixas?

  D. Ic āstīgie mīn scyp, and wyrpe max mīne on ēa, and ancgil ic wyrpe and spyrtan, and swā-hwæt-swā hig gehæftað

45 ic genime.

  M. Hwæt gif hit unclǣne beoþ fixas?

  D. Ic ūtwyrpe þā unclǣnan ūt and genime mē clǣne tō mete.

  M. Hwǣr cȳpst þū fixas þīne?

50 *D.* On ceastre.

  M. Hwā bigþ hī?

  D. Ceasterwara. Ic ne mæg swā fela gefōn swā ic mæg gesyllan.

  M. Hwilce fixas gefēhst þū?

55 *D.* Ǣlas and hacodas, mynas and ǣlepūtan, scēotan and lampredan, and swā-wylce-swā on wætere swymmaþ sprote.

  M. For hwī ne fixast þū on sǣ?

44. ancgil vel. æs. 46. heoþ. 47. ut clænan.
52. swa fela swa ic mæg swa fela swa ic mæg gesyllan.

......

선생: 어떤 기술을 당신은 할 줄 아나요?

학생[220]**:** 저는 어부입니다.

선생: 당신의 기술로 당신은 무엇을 얻습니까?

학생: 먹을 것과, 옷과 돈입니다.

선생: 당신은 어떻게 물고기를 잡습니까?

학생: 저는 저의 배에 타고, 강에 그물을 던지고, 낚시와 잔가지로 엮은 통을 던집니다. 그리고 그것들에[221] 걸리는 것은 무엇이든지 잡습니다.

선생: 물고기가 깨끗한 것[222]이 아니면 어떻게 합니까?

학생: 저는 깨끗하지 않은 것은 내버리고, 깨끗한 것을 음식으로 제가 가져갑니다.

선생: 당신은 물고기를 어디에서 팝니까?

학생: 도시에서입니다.

선생: 누가 그것들을 사나요?

학생: 도시 사람들입니다. 저는 제가 팔 수 있는 만큼 많이 잡을 수 없습니다.

선생: 어떤 물고기를 잡습니까?

학생: 장어, 강꼬치 고기, 연준모치, 모캐, 송어, 칠성장어, 그리고 유럽산 청어류의 작은 물고기와 같이 물[223]에서 헤엄치는 것은 무엇이든지입니다.

선생: 왜 바다에서는 잡지 않는지요?

---

220) 이제부터 학생은 '어부'의 역할을 하며 라틴어 연습을 한다.
221) 낚시와 강물에 띄워놓은 잔가지로 엮은 통발.
222) 먹을 수 있는 것을 이렇게 표현하는 듯하다.
223) 강물을 지칭하는 것 같다.

　　　　D. Hwīlon ic dō, ac seldon, for-þām micel rēwyt mē ys tō sǣ.

60　　*M.* Hwæt fēhst þū on sǣ?

　　　　D. Hærincgas and leaxas, mereswȳn and stirian, ostran and crabban, muslan, winewinclan, sǣcoccas, fage and flōc and lopystran, and fela swylce. . . .

　　　　M. Þū, cnapa, hwæt dydest tō-dæg?

65　　*D.* Manega þing ic dyde. On þisse niht, þā þā cnyll ic gehȳrde, ic ārās of mīnon bedde and ēode tō cyrcean, and sang ūhtsang mid gebrōþrum; æfter þā wē sungon be eallum hālgum and dægredlice lofsangas; æfter ðysum prīm and seofon seolmas mid lētanīan, and capitolmæssan; syþþan
70　　undertīde, and dydon mæssan be dæge; æfter þisum wē sungon middæg, and ǣton and druncon and slēpon, and eft wē ārison and sungon nōn; and nū wē synd hēr ætforan þē gearuwe gehȳran hwæt þū ūs secge.

　　　　M. Hwænne wylle gē syngan ǣfen-oþþe niht-sangc?

75　　*D.* Þonne hyt tīma byþ.

　　　　M. Wǣre þū tō-dæg beswuncgen?

64. dydest dæg.　　　66. aras on, cycean.
68. lofsanges.　　　　70. mæssa.
71. drucon.

학생: 때때로 그러합니다만, 아주 드뭅니다. 왜냐하면 저에게는 바다로 까지 배를 많이 저어가야 하는 일이기 때문입니다.

선생: 바다에서 무엇을 잡습니까?

학생: 청어, 연어, 돌고래, 철갑상어, 굴, 게, 조개류, 고둥, 조가비, 넙치, 가자미, 가재 등등의 많은 것들입니다.

......

선생: 당신 소년은 오늘 무엇을 하였습니까?

학생(소년): 많은 것을 저는 하였습니다. 오늘 밤 제가 벨소리를 들었을 때, 저는 제 침대에서 일어나 교회로 가서 형제들과 조과를 노래하였고, 그 다음에는 우리는 성자에 관하여 찬미가를 노래하였습니다; 다음에는 연도와 첫 번째 미사와 함께 1시과와, 일곱 개의 시편송(psalms)을; 이후에는 3시과와 그날의 미사를 드렸습니다; 다음에는 6시과를 노래하였고, 먹고, 마시고 잠들었습니다. 그리고 나서 다시 우리는 일어나 9시과를 노래하였습니다; 그리고 지금 우리는 여기 당신 앞에 있습니다.224) 당신이 우리들에게 해주실 말씀을 들을 준비가 되어.

선생: 당신은 만과와 종과를 언제 노래하고자 하나요?225)

학생: 시간이 되며는요.

선생: 오늘 당신은 매를 맞은 적이 있습니까?

---

224) "로마 가톨릭 교회의 공공 의식(성무일과 聖務日課)에 사용되는 음악(canonical hours). 새벽에 부르는 조과(Matins), 동틀 녘에 부르는 찬과(Lauds), 6시에 부르는 제1시과(Prime), 9시에 부르는 제3시과(Terce), 정오에 부르는 제6시과(Sext), 일몰 때의 저녁 기도인 만과(Vespers), 일몰 후의 종과(Compline)로 구성된다. 초기 수도원은 아침, 낮, 저녁을 위한 기도 시간을 만들었고, 8세기경 성당과 교구 교회가 모든 기도 시간을 통일 시켰으며, 9세기경 현재의 형태로 고정되었다."(한국브리태니커 온라인 http://preview.britannica.co.kr/bol/topic.asp?article_id=b12s0740a에서)

225) 주석 221 참고.

  D. Ic næs, for-þām wærlīce ic mē hēold.

  M. And hū þīne gefēran?

  D. Hwæt mē āhsast be þām? Ic ne dear yppan þē
80 dīgla ūre. Anra gehwylc wāt gif hē beswuncgen wæs oþþe nā.

  M. Hwæt ytst þū on dæg?

  D. Gȳt flǣscmettum ic brūce, for-ðām cild ic eom under gyrda drohtniende.

  M. Hwæt māre ytst þū?

85 *D.* Wyrta and ǣigra, fisc and cȳse, buteran and bēana and ealle clǣne þingc ic ete mid micelre þancunge.

  M. Swȳþe waxgeorn eart þū, þonne þū ealle þingc etst þe þē tōforan gesette synd.

79. deor.   87. paxgeorn.
88. gesette synd 필사본에 없음.

학생: 저는 신중하게 제 자신을 자제를 하였기 때문에, 저는 아닙니다.

선생: 그러면, 당신의 동료들은 어떠한가요?

학생: 왜 그것에 대하여 저에게 질문하십니까? 저는 감히 우리의 비밀을 당신에게 누설하지 않습니다. 우리들 각각이 매를 맞았는지 아닌지를 알고 있습니다.

선생: 하루 동안 당신은 무엇을 먹나요?

학생: 저는 여전히 고기를 먹습니다. 왜냐하면 저는 매를 맞는[226] 어린 이이기 때문입니다.

선생: 그밖에 무엇을 먹나요?

학생: 야채, 계란, 치즈, 버터, 콩 그리고 모든 깨끗한 것을 저는 아주 감사한 마음으로 먹습니다.

선생: 당신 앞에 차려진 모든 것을 먹다니 당신은 먹성이 좋군요.

---

[226] 훈육이 필요한.

주석(Notes)

1. 알프레드왕의 그레고리 교서에 대한 서문

그레고리 교황(Gregory the Great)의 *Regulae Pastoralis Liber*의 알프레드왕의 영어 번역은 초기 서색슨 방언의 작품이며, 저자와 동시대의 두 개의 필사본인, Bodleian Hatton 20과 B. M. Cotton Tiberius B. XI에 보존되어 있다. 두 필사본의 문헌은 초기영어 문헌학회(Early English Text Society)를 위하여 Henry Sweet가 편찬한 간행본에 주어져있다. 본서에 주어진 문헌은 Hatton MS에 기반하며, 서문의 시작 부분의 사본이 본서의 권두 그림으로 실려있다. 이 「서문」은 역사적으로 대단히 흥미있는 내용이다. 이는 우리가 알프레드왕의 번역과 구분되는, 우리가 소유하고 있는 그의 원작의 몇몇 예 가운데 하나이며, 그의 성격에 관하여 빛을 밝혀준다. 개혁에 열심이었으나, 그는 자신의 국민들에게 너무 많은 부담을 주지 않으려고 하였다: 그가 도입한 교육은 결코 보편적인 것이 아니다(62-66행). 이와 유사한 절도(절제)는 서문 끝에서 보여진다(81-87행). 책이 교회에서 제거되어서는 안 된다는 말을 한 후, 이 금지에 대하여 수 많은 예외를 언급한다. 알프레드왕의 산문은 문체적인 기교가 거의 없이, 단도직입적이고, 저돌적이다. 번역은 당연히 받아쓰게 하였을 것이며, 따라서 문어체라기보다는 구어체이다.

Hatton 필사본의 「서문」의 앞머리에 Ðēos bōc sceal tō Wiogoraceastre: *This book is intended for Worcester.* '이 책은 *Worcester*를 염두에 두었다'란 말이 있다. 이 앞머리는 문헌의 79행에 의하여 설명된다; Hatton

20은 Worcester 주교인 Wærferð를 염두에 둔 필사본이다. 알프레드왕 시기의 필경사에 의하여 씌여졌기 때문에, 초기 서색슨 방언에 관한 소중한 정보의 원천이며, 후기 필경사들 ─ 그들은 그들이 베껴쓰는 필사본의 철자를 자주 수정하였다. ─ 의 영향을 받지 않고 있다.

1-2. Ælfred kyning . . . hāte. 이는 고대영어의 격식을 갖춘 편지에 사용되는 관례적인(conventional) 시작이다. 격식을 차린 시작 이후 1인칭(hāte, 2행)으로의 전환 역시 관례적인 표현이다.[227]
1. hāteð의 목적어는 암묵적으로 이해되어진다[228]: cf. 4. 44와 §238. Wæferð, Worcester의 주교, 그레고리 교황의 「대화(Dialogues)」를 고대영어로 번역하였다.
2. cōm. 주어는 명사구 hwelce. . . Anglecynn이다.
3. wiotan. wita '학자(scholar)'의 복수 주격. io는 후설 모음변이(§45) 때문이다; cf. siodo 8행.
 iū. geō 'formerly'의 철자 변형 (§83(b))
 giond. eo, ēo 대신에 io, īo의 사용은 초기 서색슨 방언에서 아주 흔하며, 이 필사본의 철자 특징이다; cf. 8행 gehīoldon.
6. onwald. 앵글리안 방언형(§33); 통상적인 서색슨 방언형은 전향화(fronting)와 분열(fracture)이 일어난 onweald이며 이는 8행에 나타난다. 심지어 초기 서색슨 문헌에서도 일부 앵글리안형이 발견된다(§6).
7. hȳrsumedon. e에 관하여는 §196 주 보기.
9. him . . . spēow. 비인칭 구문(§239): '그들에게 성공이 있었다

---

227) hāte의 주어인 ic가 생략되었다.
228) 즉 grētan의 주어가 생략되었다. 누군가로 하여금 환영하게 하였다는 뜻을 가진다.

(there was success to them)', 즉 '그들이 성공하였다(they succeeded)'.

11. liornunga. *a*-어미에 관하여 §109 주5 보기. cf. *wilnunga* 49행
13. hieder on lond '여기 이 땅에서'
14. hīe와 hȳ 사이의 변이에 관하여는 §51과 §136 주4 보기. hȳ와 hīe는 *wīsdōm ond lāre*를 지시하는 복수 주격일 수도 있으나, 다음 문장의 단수 *hīo wæs*를 고려할 때 아마도 *lāre*를 지시하는 여성 단수 대격일 것이다.

    oðfeallenu. 여성 단수 주격. 과거분사는 형용사처럼 굴절변화한다(§123).

19. næren. 가정법은 생각 동사 뒤에서 사용된다(§235(c)).
20-21. ðā ðā 'when'. 비슷하게 25행의 ðǣr ðǣr는 'where'를 의미한다 (§220).
21. sīe. 'to be'의 3인칭 단수 가정법 현재. 여기서는 온건한 명령법 (jussive)으로 사용되고 있다(§234).
24-26. 24행의 ðæt ðū는 23행의 첫 번째 ðæt ðū와 일치한다. 둘 다 22행의 *bebīode*에 종속된 명사구로 시작한다. *swǣ ðū oftost mæge*는 삽입된 단어들이며, 24행의 *tō ðǣm*은 같은 행의 ðæt와 상관관계 (correlative)를 이룬다; *tō ðǣm ðæt*은 '하기 위하여(in order that)'의 의미를 가진다. 22행에서 시작되는 문장 전체는 다음과 같이 해석될 수 있다: '그리고 따라서 나는 네가 그러리라고 믿는 바대로 하기를 명령한다. 네 자신을 이러한 세속적인 것들로부터 네가 할 수 있는 한 자주 자유롭게 하기를 명령한다. 하느님이 너에게 수신 지혜를 네가 적용할 수 있는 곳에 적용할 수 있기 위함이다.'
25. hiene. 고대영어는 문법성을 가졌으며, 남성 단수 대격 대명사

hiene는 25행의 남성 명사 wīsdōm을 지시한다. 남성명사 wīsdōm을 지시하기 위하여 hit를 사용한 것에서 오늘날 우리가 아는 것처럼, 자연성의 시작이 보여진다.

27. nōhwæðer. . . ne. 'neither. . . nor'. ne의 반복에 관하여는 §222 보기. selfe는 주어 wē와 일치한다(§230).
29. swīðe fēawe ðā ðēawas '아주 소수의 (우리가) 미덕들을 사랑하였다'.[229]
31. hit eall은 다음 행의 중성의 앵글족(Angelcynn)을 지시한다.
33. gefylda '가득찬(filled)' 과거분사 gefylled의 복수 주격에서 약하게 강세를 가지는 e가 탈락(§72)되고 ll이 단순화(§101)된 형태. menigeo는 주격; 동사 wæs가 있는 것으로 암묵적으로 해석된다.
34. ðā '그들(they)' (§230).
40. for-ðǣm '그러한 이유 때문에(for that reason), 따라서'는 35행의 for-ðǣm-ðe 'because'와 구분되어져야 한다.
43. wundrade. a를 가진 형태는 특히 비서색슨 방언들에서 흔하다 (§196 주).
49. for ðǣre wilunga '욕망 때문에(그래서 학문은 쇠퇴해서는 안 된다.)'[230]
50. ðȳ . . . ðȳ는 상관관계에 있으며, 현대영어의 비교급과 함께 사용되는 the. . . the와 같은 기능을 가진다.
 māra는 'greater'의 의미를 가진 비교급 형용사이다; mā가 비교급 부사이고, 속격 명사가 뒤에 따라오면 'more'의 의미를 가진다.
53-54. ðā wende hīe hīe. 첫 번째 hīe는 Greccas를 지시하는 복수 주격

---

[229] swīðe fēawe ðā ðēawas
   very few   the virtues => very few of us loved the virtues.
[230] Mitchell (2001)는 이를 '의도적으로 (deliberately, on purpose)'로 해석한다.

형이다; 두 번째 hīe는 œ를 지시하는 여성 단수 대격형이다.

55-56. hīe hīe wendon. 두 번째 hīe는 bēc를 지시하는 복수 대격형이 며, 여기서 '성경책'의 의미를 가진다; 59행의 bēc는 일반적으로 '책들'의 의미를 가진다.

58. īow. 알프레드는 이제 모든 주교들에게 연설을 한다; 2번째 행에서는 그들 가운데 한 사람에게만 연설을 하였다.

60. ðæt wē ðā는 중간에 삽입된 관계절이 의미를 흐려놓지 않도록 59행의 ðæt wē suma bēc의 의미를 반복한다.

65. ne mægen 즉 oðfœste wesan이 생략.
first '시간'의 의미를 가지는 명사이다.

73-74. hwīlum. . . andgiete 때때로 가까이 때때로 자유롭게

74-76. 여기서 언급된 알프레드의 협력자들 모두 Wessex의 경계 밖의 출신들이었다는 것을 간파하는 것은 흥미로운 일이다. 890년부터 사망한 해인 914년까지 Canterbury의 주교였던 Plegmund는 머시안 출신이다. Asser(909년 혹은 910년)는 Welsh의 성직자이었으며 그는 일년의 6개월은 알프레드의 왕실에 나머지 6개월은 자신의 나라에 머물렀다; 그는 알프레드왕의 라틴어 전기의 저자이며, 이 전기에 왕에 대한 수많은 전설이 후에 혼합되었다. Grimbold 혹은 Grimbald(903년)는 성(Saint) Bertin-그는 약 898년 경에 영국에 건너와 Winchester에 있는 New Minster(대성당, 수도원의 부속 교회당)의 수도원장이 되었다.-의 Flemish 수도원의 승려이었다. John는 고대 색슨인으로서 알프레드왕이 Athelney에 건립한 수도원의 원장이 되었다.

80. bið 'there will be'. 현재 시제가 미래를 나타내기 위하여 사용되었다(§232).
æstel. 이 단어는 아마 후기 라틴어 astella, '조각, 판(chip, plank,

board)' 혹은 라틴어 *hastula*, '작은 창(little spear)'에서 파생되었을 것이다. 이는 중세영어와 현대영어 방언들에서 'board, plank'의 의미를 가진 *astel*로 살아 남게 되었다. 고대영어에서 유일하게 발견되는 다른 곳은 Ælfric의 「어휘집(Glossary)」이다. 여기서 이 단어는 그렇지 않았다면 알려지지 않았을 단어인 라틴어 *indicatorium*을 번역하는데 사용되었다. 고대영어의 어휘의 의미로 제안되는 많은 의미 가운데 두 종류의 의미가 고려할 만하다: (a) 책 표지의 첫 번째 (두꺼운) 표지와 (b) 서표(book mark). 첫 번째 제안된 의미는 œstel의 높은 가치와 더 잘 어울린다. 반면에, 두 번째 의미는 관련된 라틴어로부터 추론할 수 있는 한 Ælfric의 *indicatorium*과 더 잘 어울린다.

81. on '~의 가치의(of the value of)'.

    mancessa *mancus*의 복수 속격, *mancus*는 은화 30 페니에 해당하는 외국 금화. 이 화폐는 고대영어 시기의 계산 화폐[231]로 사용되었으며, 10세기에는 소 한 마리의 가치를 가진 것으로 인용된다. 이 어휘는 최초의 아랍어 외래 차용어의 예로서 흥미로운 단어이다: 아랍어의 '금형으로 찍어낸'의 의미를 가진 단어에서 파생되었다.

85. hīe는 'to be'의 복수형인 동사 *wǣren* 을 통하여 볼 때 아마도 책과 œstel을 지시하는 것으로 보여진다; 86행의 *hīe*는 단수 대격이거나, 복수 대격일 수 있다; 86행의 hīo는 동사 *sīe*를 통하여 볼 때 단수임에 틀림없으며, 책만을 지시한다.

---

231) 계산(계정) 화폐(money of account): 계산 상으로 사용하는 추상적인 화폐단위.

2. 영국에 대한 기술

이 글은 731년에 완료된 Bede의 *Historia Ecclesiastia*(교회사)[232]의 고대영어 번역의 시작 부분이다: 고대영어 번역은 알프레드왕 지배시에, 아마도 그의 지도하에 이루어졌다. 이는 네 개의 필사본에 보존되어 있으며, 이 가운데 가장 오래된 것은 번역한 당시 보다 적어도 1세기 이후의 것이다. 네 개의 필사본 모두에 대한 J. Schipper의 해석이 Grem의 *Prosa*(Leipzig, 1897)에 주어져 있다; T Miller 판(Early English Text Society, 1890-8)은 주로 Bodleian MS. Tanner 10에 기반한다. 본서의 문헌은 Cambridge 대학 도서관의 Kk. 3.18의 필사본에 기반한다.

3-4. myccele fæce. 차이를 측정하는 도구격: '상당한 거리를 두고 있는(some distance away)'. 전치사 *ongegen*은 선행하는 명사 dǣ-lum(§231)을 지배한다. *cc*는 뒤에 오는 *l*의 영향 때문이다(§104).
4. ehta의 초기형은 *eahta*. 후기 서색슨 변화(§53)에 의하여 *h* 앞에서 *ea*는 *e*가 된다.
hund는 범위(extent)의 대격(§224); mīla는 부분 속격(§133).
6. Gallia Belgica. Gaul의 셋으로 분할된 지역 가운데 하나로서 *Caeser*는 Belgae인이 거주하는 곳으로 기술하고 있다(*De Bello Gallico*, 1권).
9. berende. '~을 생산하는'

---

[232] 원 제목은 「영국민의 교회사(*Historia Ecclesiastica Gentis Anglorum*)」이다.

10. '~으로 유명한'이란 말이 *fiscwyllum* 앞에 있는 것으로 암묵적으로 해석된다. 라틴어는 *fluviis quoque multum piscosis ac fontibus praeclara copiosis*이다.

14. meregrota. 이 단어는 라틴어 *margarita*에서 차용하였으며, 희랍어에서 파생하였다. 그러나 고대영어형은 민간어원에 의하여 수정되어왔다: 이 단어를 *mere* '바다(sea)'와 *grot* '조각(particle)'의 결합된 것으로 연관지었다.

16. tælhg. *telg*의 통상적인 형태; œ에 관하여는 §40을 보기. *hg*는 아마도 자음이 마찰음이라는 것을 나타내기 위한 철자일 것이다.

22. neddran. 단수 주격의 가장 오래된 형으로 *nǣdre*, 빈도가 덜한 *nēdre*(§30)가 있다. r은 선행하는 자음의 겹자음화(§30)를 야기시켰고, 그리고 나서 선행하는 모음이 단음화 되었다(§65(a)).

25. ānes wana þrittgum[233], '30에서 하나가 없는' 즉 '29'; *wana*는 '부족, 결핍'의 의미를 지닌 실사이며 여기서는 굴절변화하지 않는 형용사로 취급된다.

27. læssan. 복수 여격, 초기형은 *læssum* (§122 주2)
    unrīm. '수없이 많은 수'는 여기에서처럼 때때로 굴절변화를 하지 않는다.

29. nihte. *niht*는 1음절어 자음 격변화(§113)에 속하므로, 복수 대격은 통상적으로 *niht*가 된다. 여기서 -*e*와 33행의 -*a*는 ō-격변화와의 유추작용 때문이다.

30-31. þe . . .ðe는 상관관계에 있다; 두 번째 ðe만이 번역될 필요가 있다.

---

233) ānes wana þrittgum,
    thirty less one   => twenty nine

주석(Notes)

3. 신약에서

복음서(Gospels)의 서색슨판은 일곱 개의 필사본에 보존되어 있으며, 그 중 일부는 불완전하다. 본서의 문헌은 Corpus Christi College Cambridge 140 필사본에 기반하고 있다. 이 필사본은 11세기 초에 씌여졌으며, J. W. Bright판(4권, Boston, 1904-6)의 기초가 된다. 다른 판으로 W. W. Skeat판(4권, Cambridge, 1871-1878)이 있다.

복음서의 고대영어 번역물의 독자는 불가피하게 이 번역과 1611년 흠정역 번역을 비교하고 있음을 발견하게 된다. 흠정역 번역은 영산문의 수작으로 인정되고 있기 때문에, 고대영어 번역이 그러한 문체상의 비교를 겪는 것은 자연스러운 일이나, 서색슨 방언 씌여진 복음서는 초기임에도 불구하고, 영산문이 불가타 번역본[234]에 표현된 생각들을 명쾌하고도, 간결하게 번역하고 있음을 보여주고 있다는 점에서 주목할 만하다.

1-2. sī, tōbecum과 gewurðe는 온건한 명령을 나타내기 위하여 사용된 3인칭 단수 가정법 현재형이다.
3. syle. y는 초기형 -e에서 비롯한다(§195 주5).
7. tō는 선행하는 명사 mē를 지배한다(§231).
9. gegaderude. gegaderode의 초기형 (§196 주).
10. lybbende는 후기 서색슨 방언에서 아주 흔하였던 i 철자 대신에 y를 사용(§10)한 예이다.

---

234) 불가타(Vulgate) 역 성서: 4세기 말 성 Jerome이 라틴어로 번역하여 편집한 로마 가톨릭 교회의 공인 성서

11. hig는 *hī*의 역철자(inverted spelling)이다(§10).
13. men 단수 속격 (§113).
14. hēolde. 가정법은 목적을 나타내기 위하여 사용되고 있다(§235 (e)).
17. fæder. 단수 속격 (§115).
18. ārise, fare 미래를 대신하는 현재(§232).
27. þæne. 남성 단수 대격형 þone의 후기 고대영어 변이형(§138 주 2).
28. hring. 고대영어에서 부정 관사는 자주 생략된다(§229).
29. ān fætt styric는 두 동사 *bringað*와 *ofslēað* 모두의 목적어이다. *styric*의 *i*에 관하여는 §75 보기.

   utun, 초기형은 *wutun*이며 *w*가 *u* 앞에서 탈락됨(§93). 기원에 있어서, *(w)utun, (w)uton*은 동사 *wītan*, '가다(to go)'의 1인칭 복수 기원법(optative)형이며, 고대영어에서는 'let us'의 의미로 빈번하게 사용된다.

4. 타이어의 아폴로니우스에서

로맨스인 타이어의 아폴로니우스의 고대영어판은 Corpus Chirsti College Cambridge 201 필사본에서만 발견되며, Zupitza의 편집이 Herrig 의 서고 97권 17쪽에 주어져 있다. 이 이야기는 라틴어판을 통하여 소실 된 희랍어 원전에서 비롯해왔다고 생각되어진다. 이 라틴어판은 백 개 이상의 필사본에 보존되어 있다. 이들 필사본이 서로 서로 많이 다르지 만, 라틴어판은 고대영어를 설명하는데 유용한 도움이 되는 경우가 자주 있다. 로맨스의 인기는 수많은 판의 라틴 필사본들의 존재와 *Gesta Romanorum*(153장), Gower의 *Confessio Amantis*(8권), Shakespeare의 *Pericles*를 포함하는 많은 중세 작품과 그 이후의 작품들에서, 이야기가 계속 등장하는 것을 통하여 보여진다.

11세기 전반부에 속하는 고대영어판은 단지 부분일 뿐이나, 고대영어 로맨스 소설의 독창적인 예로서 흥미로운 작품이다. 본서의 발췌문은 Tarsus의 왕인 Arcestrates의 궁전에서 연회로 시작한다. 왕은 그의 왕 국의 해안에 타고 온 배가 난파한 아폴로니우스를 막 맞이하였다.

4. gewænde. œ에 관하여 §40을 보기.
6. sit. *sittan*의 3인칭 단수 직설법 현재형의 모음 어중탈락을 가진 형태. 3인칭 단수는 초기에 *siteþ*이었다. 어간이 긴 동사(§72)와의 유추에 의하여 비강세의 *e*가 탈락되고, 이후 동화(§90)에 의하여 *tþ*는 *tt*로 되었으며, *tt*는 *t*로 단순화(§102)되었다.
11. āxsa. 이 형태는 철자상의 변이형들인 ācsa와 āxa(x는 cs에 대한

철자이다.) 사이의 혼동된 결과이다; cf. 17행 āxsast.

13-14. Đēah . . . þēah는 상관관계에 있다: '비록 ~하지만, 그러나 (although . . . yet)'.

16. þīn gelymp 중성 복수형. '당신의 모험들 (혹은 불행들)'. 라틴어는 *casus tuos*이다.

17. namon. *nama*의 단수 여격형. -*on*에 관하여는 §112 주4 보기.

21. ealle. 어말의 -*e*에 관하여 §118 주2 보기.

29. þū eart ūre. '당신은 우리 가운데 하나이다'.

32. þancian은 사람은 여격형을 사물은 속격형을 취한다.

34. hāt feccan. 44행의 주 보기.

   gecīg ðe þīne frȳnd. '너의 친구들을 너에게 부른다' (§231)

43. gefēol ' . . . 우연히 하게 되었다.(has chanced)'. 라틴어로는 *incidit*.

44. *hāt*의 목적어는 암묵적으로 이해되어진다: '하프를 (누군가가) 나에게 주도록 명령하다'[235]; cf. 1행의 §238.

45. sillan. *i*에 관하여 §195 주2를 참고하기.

   wāst '당신은 알게 될 것이다'(§232); *nū*는 nāst에 걸린다.

52. Apollines 아폴로(Apollo)

54. hearpenægle은 있는 그대로 해석하면 'harp-nail(하프-손톱)'이다. 이 단어는 고대영어 저자들이 외래 차용어를 사용하고자 하지 않음을 보여준다.[236] 라틴어로는 *plectrum*(기타나 만돌린의 채)으로서, 현대영어에서는 사용해야만 하는 단어이다.

---

[235] 하프를 가져올 사람은 문장에 표시되지 않았음. 현대영어로 번역하면 'but command (someone) to give me harp now'가 된다.

[236] 이러한 어형성(word-formation) 과정을 loan-translation 혹은 calque라고 한다.

59. plegode '공연된'.
60. heom. *eo*에 관하여는 §136 주3 보기.
70. fæder 세 번째 발췌문의 17행에서처럼, 단수 속격(§115).
71f. dēorwurðan, 형용사의 약변화형으로서 강변화 형이 기대되는 위치에서 사용되고 있다. 이러한 사용은 시에서 흔히 발견되고, 산문에서는 거의 발견되지 않는다(§227(e)).
76. æfter þāre cwēne hǣse '공주의 명령에 따라'. 이러한 구문에 관하여 §229를 보기.
80. gōda. 형용사의 약변화형이 호격으로 사용된다(§227(d)).
81. bēon 2인칭 복수 가정법 현재형. 가정법이 소망을 나타내기 위하여 사용되면, 대체로 3인칭으로 사용되나(§234), 이따금씩 여기에서처럼 2인칭으로도 사용된다. 84행의 *gān*은 1인칭으로 사용되고 있다.
82. mǣden은 *mœgden*('아가씨, 소녀, 처녀')에서 만들어 졌다(§99).
83. heom cwæð tō '그들에게 말했다'(§231).

5. 알프리치의 「대화」에서

알프리치의 「대화(Colloquy)」는 교사와 학생들 사이의 라틴어 대화로서 4개의 필사본에 보존되어있다. 고대영어로 행간의 주석이 있는 유일한 문헌은 B. M. Cotton Tiberius A.III이며 본서의 발췌문도 여기에 기초하고 있다. 여기에서는 「대화」의 고대영어 부분만이 주어져 있다: Cotton 필사본의 라틴어와 고대영어 문헌을 함께 실은 완전한 문헌은 G. N. Garmonsway에 의하여 편집되었다(Metheun의 고대영어 총서, 1939). 아마도 라틴어 「대화」는 알프리치의 작품일 것이나, 부분 부분에서 라틴어에 대한 무지를 드러내는 영어 어휘 해설(glosses)은 11세기 전반부의 다른 사람에 의하여 덧붙여졌을 것이다. 「대화」는 영어 교육의 역사에 있어 가장 초기 자료 가운데 하나로서, 또한 작품이 보여주는 앵글로 색슨족의 일상 생활의 모습 때문에, 관심의 대상이 된다.

1. cildra는 *cild*의 복수 주격의 후기형이며, 초기형은 정상적으로는 *cildru*였을 것이다(§69 주2, §117).
2. tǽce: 소망 동사 뒤에서 가정법 사용(§235(b)).
3. gewæmmondlīce. œ는 전설 모음변이의 결과; 더 통상적인 형태는 œ 대신에 *e*를 가진다(§40).
4. rēce 1인칭 1복수 직설법 현재. 어미 -*e*는 동사뒤에 바로 대명사가 오면 -*aþ*어미 대신에 사용된다(§158).
   sprecan은 복수 가정법 현재의 후기형으로 초기형은 -*en*을 가진다(§158).

6.	næs는 '결코 ~아닌'(not at all)의 의미를 가지는 강조 부사.
8-9.	hit ne cunnan는 라틴어 *nescire*에 대한 영어 주석으로 '무지하다'(be ignorant)로 가장 잘 번역될 수 있을 것이다.
12.	weorkes. 철자 *c* 대신에 *k*의 사용에 관하여는 26행의 *geiukodan*과 §9를 참고하기.
13.	dæg는 굴절변화되지 않은 고어의 장소격의 잔재이다.
14.	seofon tīda. 교회법이 정한 일곱 개의 '시과(hours)'237)는 수도원의 하루의 중요한 의식이다. 65-74행의 주와 A. Hamilton Thompson의 「영국의 수도원(*English Monsateries*)」의 136-140쪽을 참고하기.
22.	yrþlincg '경작자, 농부', *eorþe* '대지, 땅'의 파생어(본서의 세 번째 문헌의 17행 참고). 학생들이 「대화」에서 기술되는 모든 직업에 실재로 종사할 것 같지는 않다. 라틴어 사용을 연습시키기 위하여 교사는 학생들 각각에게 역할을 부여하고, 학생들에게 질문을 하였다.
24.	oxon 복수 대격. -*on*에 관하여 §112 주4 보기. hig는 *hī*에 대한 역철자(inverted spelling)이다(§10).
24-25.	Nys hit '. . .(존재)하지 않는다. . . . 없다'
26-27.	geiukodan. . . syl. 라틴어의 두 개의 절대 탈격(ablative absolutes)238)에 해당하는 두 개의 절대 여격(dative absolutes). *gefœstnodon*은 *sceare*와 *cultre*를 지시하기 때문에 복수이다. 복수 여격 어미 -*an*에 관하여는 §118 주 2 보기.

---

237) 시과(時果 hours): 가톨릭에서 하루에 몇 차례 정해진 시각에 하는 기도.
238) 절대 탈격(ablative absolute)은 탈격을 사용한 명사구로서 시간, 조건, 주절에서 기술되는 행위의 상황을 나타내는데 사용된다. 본문의 고대영어에서는 대격이 사용되고 있다. 현대영어의 분사 구문과 유사하다.

34. hīg는 '건초(hay)'의 의미를 가진 명사이다; hig는 '그들을(them)'의 의미를 가진 대명사이다. 35행의 Hig는 감탄사이다.
40. begyst. 초기 서색슨형은 begietst이었다. ts는 아마도 ss로 동화되었고(§90), 이는 다른 자음 앞에서 단순화 되었다(§101). y는 ie에서 발달한 후기 서색슨형이다.
42. fixas는 fiscas에서 음위전환된 결과(§92).[239]
44. 라틴어는 hamum이고, 주석자는 이 단어가 ancgil '갈코리(hook)'를 의미하였는지, 혹은 æs '미끼'를 의미하였는지 확실하게 몰랐다(본문의 주 참고).

   wyrpe는 weorpe 대신에 사용된 철자일지도 모르며, 이는 후기 고대영어에 wyr-와 weor- 모두 wur-가 되었다는 사실 때문에 가능할 것이다(§§59, 60).

   syprtan 게나 가재를 잡는데 사용한 잔가지로 짠 단지 혹은 통 (wicker pot).
65-74. 여기서 언급된 의식의 일부는 14행에서 언급된 '시과'들이다: ūhtsang(조과 matins), prīm(제1시과 prime), under(n)tīd(제3시과 tierce), middæg(제6시과 sext), nōn(제9시과 none), æfen-(sangc)(만과 vespers), 그리고 niht-sangc(종과 compline)이다. 이에 더하여, 보충의 기도가 언급된다.
66. mīnon, 초기형 mīnum, 소유 형용사로 사용되는 인칭 대명사의 단수 여격형.
70. mæssan de dæge 라틴어 missam de die, 특별한 날을 위한 미사.
71. sungan, 초기형 sungon. 1인칭 복수 직설법 과거형.
73. gearuwe, 초기형 gearwe (§76).

---

[239] fiscas[fiskas]에 음위전환이 일어나 [fiksas]이 되었으며, 여기서 [ks] 발음은 철자 <x>로 표기되게 되었다.

79. āhsast는 ācsast의 역철자로서 이는 *weaxan* '자라다(to grow)'과 같은 단어에서 *hs*가 *cs*로의 변화 때문에 이루어졌다.
80. ānra gehwylc '각각(each one)'(§129).
81. ytst. *y*는 *i*의 고대영어 후기형이며, 이는 *etan*의 *e*에서 비롯하며, 게르만어에서 *e*에서 *i*로의 상승화(raising)에 의하여 만들어졌다 (§19).
82. 소년은 너무 어리기 때문에, 수도사들에게 금지된 고기를 먹도록 허용되었다.
85. ǣigra. 구개음 *g* 앞에서 *i*는 활음(glide)이며, 어말의 *-a*는 후기 고대영어 어미이다(1행의 *cildra* 참고); 초기 고대영어형은 ǣgru 이었다.
87. etst. 규칙형은 *itst*이었을 것이나, 원형과 같은 형태들과의 유추 작용의 결과로 *i*를 *e*가 대신해 왔다.

어휘풀이(Glossary)

본 어휘집은 문법의 색인으로서의 역할도 한다. 문법의 출전은 단락으로 표시되고, 다른 출전은 산문 문헌의 발췌문의 번호와 행으로 표시된다.

þ와 ð 사이의 구별은 무시되고, þ가 둘 모두에 사용된다.

단어의 순서는 알파벳순이다 (æ은 ad 다음에 오고, þ는 t 다음에 온다).

전후 단어의 상호 참조는 일반적으로 산문 발췌문에 나오는 형태들에 주어지고, 문법에만 나오는 형태들에는 주어지지 않는다.

명사의 성은 약어인 *m., f., n.*로 표시된다(명사라는 것이 포함되어 있다). *sv.*와 *wv.* 뒤의 숫자는 문법에서의 동사의 부류를 나타낸다.

ac cj. *but* 그러나 1.39, 46.
āc f. *oak* 떡갈나무 §113.
ǣ f. *law (of God)* (하느님의) 법 1.52.
æcer m. *field* 들, 벌판, 3.32, 5.28; §§11, 74, 82.
ǣfen-glōmung f. *twilight* 황혼 2.30.
ǣfen-(sangc) m. *vespers* 만과(晩課), 저녁기도 5.74.
ǣfre adv. *ever* 지금까지, 내내, 언제나 1.47.
æfter prep. 여격과 함께 사용. *after* ~뒤에, 후에 1.39, 3.8, *according to* ~에 따라서 4.76.

ǣfterra comp. adj. *second* 두 번째의 §128.
ǣg n; pl. ǣgru, ǣigra, *egg* 계란 5.85; §117.
ǣghwā pron. *each one* 각각 §143
ǣghwæþer, ǣgþer pron. *each of two* 둘이 각각; ǣgþer ge A ge B *both A and B* A와 B 둘 다240) 1.4, 7; §143.
ǣghwilc pron. *each one* 각각 §143.
ǣgþer은 ǣghwæþer를 보기.
ǣht f. *property* 재산 3.7, 8.
ǣigra는 ǣg를 보기.
ǣl m. *eel* 장어 5.55.
ǣlc adj. *each, every* 각각의, 모두의, 매, 마다 1.79, 80, 2.18; §145
ǣlepūta m. *eel-pout*, burbot 모캐(대구과의 민물고기) 5.55.
ǣlmihtig adj. *almighty* 전지전능한 1.21.
ǣni(g) adj. pron. *any* 어떤, 어떠한 1.22, 5.29; §§64, 89, 145.
ǣnne는 ān을 보기.
æppel m. *apple* 사과 §82.
æps, æspe f. *aspen* 뱀 §92.
ǣr prep. 여격과 함께 사용. *before* ~전에 1.69.
ǣr adv. *formerly* 이전에 1.37, 4.28; superl. ǣrest *first* 첫 번째의 1.52; §126.
ǣrcebiscep m. *archbishop* 대주교 1.75.
ǣrende n. *message* 메시지 §108.
ǣrendgewrit n. *letter* 편지 1.17.
ǣrendwreca m. *messenger* 전달자 1.7.
ǣrra adj. comp. *former* 전자의; superl. ǣrest(a) *first* 첫 번째의 §§126, 128.
ǣr-þǣm-þe cj. 가정법과 함께 사용. *before* ~전에 1.31.
æstel m. *book-mark* 서표 1.80 n. 82.
æt prep. 여격과 함께 사용. *at, in* ~에 1.85, *from* ~로부터 1.74.
ætforan prep. 여격과 함께 사용. *before* ~전에 5.72.
ǣton은 etan을 보기.

---

240) A와 B의 삽입은 역자에 의한 것임.

æþelborenness f. *noble birth* 고귀한 출신, 출생 4.14, 18.
æþele adj. *noble* 고귀한 2.24; §120.
āfeallan sv. 7 *to decline* 쇠퇴하다 1.69.
āfi(e)rran wv. 1 *to remove* 제거하다 §40.
āfirsian wv. 2 *to drive away* 쫓아내다, 몰아내다 4.35.
āg v. *I possess* 나는 소유한다 §§199, 210.
agen prep. 대격과 함께 사용. *towards* ~로 향하여, 의 쪽으로 3.23.
agen adj. *own* 자기 자신의 1.36, 46.
āhreddan wv. 1 *to rescue* 구출하다 §193.
āhsian은 āxian을 보기.
āhwā pron. *anyone* 어떤 사람이든지, 누군가, 아무도 §143.
āhwæþer pron. *one of two* 둘 가운데 하나 §143.
ald는 eald를 보기.
ālȳfan wv. 1 *to allow* 허락하다 4.27
ālȳsan wv. 1 *to deliver, set free* 전달하다, 석방하다 3.5
am은 bēon을 보기.
āmyrran wv. 1 *to waste* 낭비하다 3.42, *to spend, squander* 소비하다, 탕진하다 3.11
ān adj. pron. *one, a single* 하나(의), 1. 17, *alone* 홀로(일반적으로 약변화) 4.39; acc. m. ānne, ænne 1.20, 4.49; f. āne l. 80; **ānra gehwylc** *each one* 각각의 것(사람) 5.80; §§65, 128, 129, 145, 227.
ancgil m. *fish-hook* 낚시 갈코리 5.44.
and, ond cj. *and* 그리고 1.2, 2.2; §64.
andgiet n. *sense, understanding* 감각, 의식, 이해 1.74; §14.
andgitfullicost adg. superl. *most intelligibly* 가장 이해하기 쉬운 1.78.
andsaca m. *adversary* 반대자, 적대자 §14.
andswarian, andswerian wv. 2 *to answer* 대답하다 §193.
andweard adj. *present* 현재의 4.57; §118.
andwlita m. *face* 얼굴 4.6.
andwyrdan wv. 1 *to answer* 대답하다 1.47; §194.
ānlēpe adj. *single* 하나의, 혼자의 1.20.

ann v. 여격, 속격과 함께 사용. *I grant* 나는 수여(인정, 승낙)한다 §202.

ānne ān을 보기.

ār f. *honour* 영광 §§69, 109.

ār n. *copper* 2.20.

ārǣdan wv. 1 *to read* 읽다 1.66, 70.

ārās는 ārīsan을 보기.

ārecc(e)an wv. 1; 2 sing. imper. ārece; pret. āre(a)hte *to relate* 말하다, 이야기하다 4.16, 1.78.

ārfæst adj. *virtuous* 덕이 있는, 지조있는 §118.

ārīsan sv. 1; pret. sing. ārās; pret. pl. ārison *to arise* 일어나다 3.18, 21, 5.72; §165.

arn은 irnan을 보기.

āseolcan sv. 3 *to become sluggish* §32.

āstīgian wv. 2 *to climb into* ~안으로 올라가다 5.43.

āstyrian, āstirian wv. 1 *to move* 움직이다 3.23, 4.55.

āwendan wv. 1 *to translate* 번역하다 1.79.

āwiht, āht, ōht pron. *anything* 무엇, 아무것; tō āhte *at all* ~전혀, 조금도 §§145, 150.

āwrītan sv. 1 *to write, narrate* 쓰다, 이야기하다 1.36.

āxian, āxsian, āhsian wv. 2 *to ask* 질문하다, 묻다 3.34, 4.11, 5.79; §92.

B

bæcere m. *baker* 빵 굽는 사람 5.21.

bæþ n. pl. baþo *bath* 목욕 2.18.

bannan sv. 7 *to summon* 소환하다, 부르다 §190.

baþian wv. 2 *to bathe* 목욕하다 §13.

baþo는 bæþ를 보기.

be, bī, big prep. 여격과 함께 사용. *about, concerning* ~에 관하여 5. 67, *by* ~에 의하여 4.70, *for* ~대하여; 부사 형성 be fullan *fully, completely* 충분히 1.45; be sūþan prep. 여격의 구와 함께 *south of* 남쪽의 cf. 1. 20; bī wrītan *to copy* 베끼다 1.87; §10.

bē(a)cen n. *beacon* 횃불, 봉화 §53.
beadu f. *battle* 전쟁, 전투 §§76. 109.
bē(a)g, bēah m. *ring* 반지 §§53, 85.
beald adj. *bold* 대담한 §106.
bealu n. *evil* 악마 §108.
bēam m. *tree* 나무 §12.
bēan f. *bean* 콩 5.85.
b(e)arn n. *child* 아이 §33.
bearu m *grove* 작은 숲 §§87, 108.
bēatan sv. 7 *to beat* 때리다 §190.
bebēodan, bebīodan sv. 2 *to command* 명령하다 1.22, 81.
bebod n. *command* 명령 3.39; §14.
bēc는 bōc를 보기.
beclyppan wv. 1 *to embrace* 껴안다 3.24.
becuman sv. 4; pret **becōm** *to come* 오다 4.3, *to befall* 일어나다, 닥치다 1.26.
bedd n. *bed* 침대 5.66.
befæstan wv. 1 *to apply* 적용하다 1.25.
befeolan sv. 3 *to apply oneself* 전념하다, 몰두하다 1.64.
beforan prep. 여격과 함께 *before, in the presence of* ~앞에, ~의 면전에서 3.20, 25.
begān v.; 2 sing. pres. **begǣst** *to set about* 착수하다. 하다 5.22.
begēaton은 begietan을 보기.
bēgen adj. *both* 둘 다 §130.
begietan sv. 5; 2 sing. pres. **begyst**; pret. pl. **begēaton** *to gain, obtain* 얻다 1.15, 38, 5.40.
begiondan prep. *beyond* ~너머 1.19.
begyst는 begietan 보기.
behātan sv. 7; pret. sing **behēt** *to promise* 약속하다 4.74.
behealdan sv. 7 *to behold* 보다, 지켜보다 2.30.
behēfe prep. 여격과 함께 사용. *fitting, suitable* 적합한, 적절한 5.6; §14.

어휘풀이(Glossary) 217

behēt은 **behātan** 보기.
behionan prep. 여격과 함께 사용. *on this side of* 이쪽에 1.16.
belgan sv. 3 *to become angry* 화가 나다 §173.
benc f. *bench* 벤치, 의자 §13.
beneah v. *it suffices* 충분하다 §208.
bēo f. *bee* 벌 §112.
bēodan sv. 2 *to command* 명령하다 §167.
bēon v; 1 sing. pres. **eom**; 3 sing. pres. **biþ, byþ** 1.80, 3.20.
beorgan sv. 3 *to protect* 보호하다 §32, 175.
bēorscipe m. *feast* 잔치, 연회 4.64.
bepǣcan wv. 1 *to deceive* 속이다 §194.
beran sv. 4 *to carry* 전달하다, 나르다, 가지고 있다 §§14, 19, 23, 25, 26, 70, 156, 157, 158, 160, 161, 177.
berende ppl. adj. 속격과 함께 사용. *productive* 생산적인 2.9, 20.
berstan sv. 3 *to burst* 갑자기 (감정등이) 복바치다, 폭발하다 §§35, 91, 171.
besēon sv. 5; pret. sing **beseah** *to look* 보다 4.81.
besierwan wv. 1 *to lie in wait for* 누워 ~를 기다리다 §194.
besorgian wv. 2 대격과 함께 사용. *to sorrow for* ~을 슬퍼하다 4.7.
beswin(c)gan sv. 3; pp. **beswun(c)gen** *to beat* 때리다 5.7, 80.
bētan wv. 1 *to make amends* 수정하다, 고치다 §194.
bet(e)ra, betre, bet(e)st는 **gōd**를 보기.
betwē(o)nan adv. *from time to time* 때때로 5.15.
betwyh prep. 여격과 함께 사용. *between* ~사이에 2.2.
beþencan wv. 1; pret **beþōhte** reflex. *to consider* 고려하다, 되돌아보다 3.16.
bewendan, bewændan wv. 1 reflex. *to turn* 돌리다 4.23.
bī는 **be**를 보기.
bīdan sv. 1 *to wait for* ~기다리다 §164.
biddan sv. 5 *to ask, bid* 명령하다 4. 79, *to pray, beseech* 기도하다, 간청하다 4.26; §§28, 90, 156, 157, 159, 160, 184.
bīen-codd m. *bean-pod* 콩깍지 3.15.
big는 **be**를 보기.

bigleofa m. *livelihood, food* 생계, 음식 5.41.
bigþ는 **bycgan**을 보기.
bilewit adj. *gentle, kind* 점잖은, 친절한 5.9.
bindan sv. 3 *to bind* 묶다 §§18, 20, 101, 156, 157, 162, 172.
binne f. *manger* 여물통, 구유 5.33.
birnan sv. 3 *to burn* 태우다 §172.
biscep m. *bishop* 주교 1.1, 75.
biscepstōl m. *bishopric* 주교직 1.79.
bisgu f. *occupation* 직업 1.71.
bītan sv. 1 *to bite* 물다 §164.
bit(t)er adj. *bitter* 쓴, (격)심한, 비참한 §82.
biþ는 **bēon**을 보기.
blæc adj. *black* 검은 2.21.
blǣcan wv. 1 *to bleach* 하얗게되다, 표백하다 2.16.
blǣdre, blæddre f. *bladder* 방광, 수포 §104.
blandan sv. 7 *to mingle* 섞(이)다 §189.
blāwan sv. 7 *to blow* 바람이 불다 §190.
bledsian wv. 2 *to bless* 축복하다 §65.
bliccet(t)an wv. 1 *to glitter* 반짝이다 §103.
blind adj *blind* 안 보이는 §§118, 122, 137.
blissian wv. 2 *to rejoice* 즐거워하다, 축하하다 4.32.
blīþe adj. *joyful* 즐거운, 기쁜 §146.: *joyfully, gladly* 즐겁게, 기뻐서 4.69; §146.
blōtan sv. 7 *to sacrifice* 희생하다 §190.
blōwan sv. 7 *to blossom* 꽃이 피다 §190.
bōc f. ; pl **bēc** *book* 책 1.33, 45; §§13, 113.
bōcere m. *scribe* 필경사 §108.
bodian wv. 2 *to proclaim* 선언하다, 공언하다 §196.
bōsm m. *bosom* 가슴 §13.
brād adj. *broad* 넓은 2.5; §124.
bræmbel, brembel m. *bramble* 가시가 있는 관목, 나무딸기 속의 식물 §§65,

57.

brēadru n. pl. *crumbs* 부스러기 §117.

brēaw, brǣw m. *eyelid* 눈꺼풀 §57.

brecan sv. 5 *to break* 깨다, 부수다 §180.

bregdan, brēdan sv. 3 *brandish, to move quickly* (무기, 흉기를) 휘두르다, 빨리 움직이다 §§18, 32, 171.

bregu m. *prince* 왕자 §111.

bringan wv. 1 *to bring* 가져오다 3.27, 29; §195.

brōc f. *breeches* 반바지 §113.

brōþor m. *brother* 형제 3.35, 45; §115.

brūcan sv. 2 여격과 함께 사용. *to enjoy, eat* 즐기다, 먹다 5.82; §§40, 170.

bucca m. *he-goat* 숫염소 §9.

būgan sv. 2 *to bow* 절하다, 인사하다 §170.

būr m. *bower, room* 부인의 내실, 방 4.75.

burg, burh f. *city, town* 도시 §§13, 75, 85, 113.

burhsittende adj. *town-dwelling* 도시에 사는 3.13.

būtan, būton prep. 여격과 함께 사용. *without, in addition to* ~없이, ~에 더하여 2.27; cj. 가정법과 함께 사용. *unless* ~이 아니라면 1.85.

butere f. *butter* 버터 5.85.

bycgan wv. 1; 3 sing. pres. **bigþ** *to buy* 사다 5.51; §195.

bysgian wv. 2 *to occupy, employ* (남을) 종사시키다, ~에 힘을 쓰다 5.14.

bysig adj. *busy* 바쁜 §§70, 71, 119.

byþ는 **bēon**을 보기.

cann v. ; pl. **cunnon**; pret. **cūþe** *I know, am able* 알다, 할 줄 알다.[241] 1.16, 5.17; §§22, 199, 203.

---

241) cunnan은 현대영어의 *can*과 동일한 의미를 가지지 않았으며, 주로 'to know how'의 의미로 사용되었다. 오히려 고대영어 mægen이 '~할 수 있다'로서 현대영어 *can*의 의미로 사용되었으며 이시기에는 '허락하다'의 의미는 가지지 않았다.

capitolmæsse f. *first mass* 첫 번째 미사 5.69.
c(e)ald adj. *cold* 추운 §27.
ce(a)lf n. *calf* 송아지 §117.
ceaster f. *town, city* 도시 2.25, 5.50.
ceaseterwara m. pl. *citizens* 도시인들 5.52.
celf ce(a)lf를 보기.
ceorfan sv. 3 *to cut, carve* 자르다, 새기다 조각하다 §§37, 53, 175.
cēosan sv. 2 *to choose* 선택하다 §§12, 13, 77, 79, 83, 84, 90, 110, 119, 168.
ciele m. *cold*[242] 추운 §36.
cild n.; pl. **cildru, cildra** *child* 어린이, 아이 5.1, 82; §§64, 117.
cinn f. *chin* 턱 §83.
cinn은 **cynn**을 보기.
cirice, cyrce f. *church* 교회 1.32, 5.66.
clǣne adj. *clean* 깨끗한 5.47,86; adv. *completely* 완전히 1.15; §§66. 124.
clǣnsian wv. 2 *to cleanse* 깨끗이 하다 §66.
clēa f. gen. dat. sing. **clawe** *claw* 발톱 §§27, 62, 93, 109.
clif n. *cliff* 벼랑 §46.
climban sv. 3 *to climb* ~에 오르다 §172.
clipian, cliopian, clypian wv. 2 *to call, cry out* (큰소리로)부르다, 크게 소리치다(외치다) 3.34; §§45, 73.
cnapa m. *boy* 소년 5.30.
cnāwan sv. 7 *to know* 알다 §190.
cnēo(w) n. 1 무릎 §13.
cniht, cneoht m. *boy, youth* 소년, 젊은이 §§9, 50.
cnyll m. *ringing of a bell* 벨소리가 울림 5.65.
cōm은 **cuman**을 보기.
coss m. *kiss* 입맞춤 §42.
costnung f. *temptation* 유혹 3.5.
crabba m. *crab* 게 5.62.

---

242) 현대영어 *chill*의 고대영어 형태.

cræft m. *skill* 기술, 재주, 솜씨 4.55, 63.
crāwan sv. 7 *to crow* (수탉이) 울다 §190
Crīsten adj. *Christian* 기독교의 1.29, 57.
cū f. *cow* 소 §113.
culter m. *coulter* (쟁기의 술바닥에 대는) 보습 끝의 날 5.27.
cuman sv. 4; 3 sing. pres. **cymeþ**; pret. **cōm** *to come* 오다 1.2, 2.30; §§13, 23, 40, 93, 162, 179.
cunnon, cūþe; cwǣdon, cwæþ cann; cweþan을 보기.
cweccan wv. 1 *to shake* 흔들다 §195.
cwellan wv. 1 *to kill* 죽이다 §195.
cwēn f. *princess* 공주 4.76.
cweorn f. *mill* 방앗간 §111.
cweþan sv. 5; pret. sing. **cwæþ**; pret. pl. **cwǣdon** *to say* 말하다 1.36, 47, 4.4; §182.
cwic adj. *alive* 살아있는 §§59, 118.
cȳdde는 **cȳþan**을 보기.
cyld f. *cold* 추운 5.31.
cymeþ는 **cuman**을 보기.
cynehelm m. *crown* 왕관 4.49.
cyning(c), kyning, cyng(c) m. *king* 왕 1.1, 4.1, 2, 5, 22; §§72, 100.
cynn, cinn n. *kind, kin, race* 종족 2.7, 12; §§11, 52, 83.
cȳpan wv. 1 *to sell* 팔다 5.49.
cȳpmann m. *merchant* 상인 5.20.
cyrce는 **cirice**를 보기.
cyre f. *choice* 선택 §§77, 110.
cȳse m. *cheese* 치즈 5.85; §44.
cyssan wv. 1 *to kiss* 입맞춤을 하다 3.24, 4.2; §§13, 42, 101, 194.
cyst f. *choice* 선택 §110.
cȳþan wv. 1; pret. **cȳdde** *to make known* 알리다 1.2; §§90, 194.

D

dǣd f. *deed* 행위, 업적 §110.

dæg, dæi m. ; pl. **dagas** *day* 하루, 낮, 날 2.32, 5.13, **dæges** *by day* 낮 동안 §§113, 149, 225; §§13, 27, 71, 79, 89, 105, 108, 156.

dægrǣd n. *daybreak* 새벽, 동틀 녘 5.24.

dægredlic adj. *morning* 아침의 5.68.

dæi는 **dæg**를 보기.

dǣl m. *part* 부분 3.7.

dǣlan wv. 1 *to divide, share* 나누다, 분배하다 3.8.

dagas는 **dæg**를 보기.

dēad adj. *dead* 죽은 3.30, 45.

dēag v. *I avail* 나는 쓸모가 있다, 소용이 되다 §§199. 201.

deagung f. *daybreak, dawn* 새벽, 동틀 녘 2.31.

dear(r) v.; pres. subj. **durre, dyrre** *I dare* 나는 감히 ~하다 5.25, 79; §§199, 205.

dehter는 **dohtor**를 보기.

delfan sv. 3 *to dig* (땅을) 파다 §173.

dēman wv. 1 *to judge* 판결하다, 판단하다 §§11, 40, 72, 95, 194, 199.

Dene m. pl. *Danes* 덴마크인들 §110.

deorfan sv. 3 *to work* 일하다 5.23.

dēorwurþe adj. *valuable* 소중한, 귀한 4.71.

derian wv. 1 *to injure* 해를 가하다 §193.

dēst, dēþ는 **dōn**을 보기.

dīgol n. *secret* 비밀 5.80.

dōgor n. *day* 낮, 하루, 날 §§117. 256.

dohtor f.; dat. sing. **dehter** *daughter* 딸 4.2, 23; §§40, 41, 115.

dōm m. *judgement* 심판, 판결 §40.

dōn v. 2 sing. pres. **dēst**; 3 sing. **dēþ**; 2 sing. pret. **dydest** *to do, perform* 하다, 수행하다 1.12, *to act* 상연하다, 공연하다 4.40, *to make* 만들다 3.21, *to put, place* ~놓다, 두다 1.68, *to remove* 제거하다 1.82.

dreccan wv. 1 *to afflict* 괴롭히다, 시달리게 하다 §195.

drencan wv. 1 *to give to drink* 마실 것을 주다 §194.
drēosan sv. 2 *to fall* 떨어지다 §168.
drepan sv. 5 *to strike* 치다 §180.
drincan sv. 3; pret. pl. **druncon** *to drink* 마시다 5.17; §§18, 172.
drohtnian wv. 2 *to live* 살다 5.83.
druncon은 **drincan**을 보기.
dryhten, drihten m. *lord* 주인, 국왕, 하나님 §§52, 108.
dūfan sv. 2 *to dive* 다이빙하다 §170.
durre는 **dear(r)**를 보기.
duru f. *door* 문 §111.
dwellan wv. 1. *to hinder* 방해하다, 가로막다 §195.
dydest는 **dōn**을 보기.
dynnan wv. 1 *to make a noise* 시끄러운 소리를 내다 §193.
dysi(g) adj. *foolish* 어리석은 §10, 64.

ēa f. *river* 강 5.43.
ēac adv. *also moreover,* 또한, 게다가 1.9, 57; **ēac swylce, swylce ēac** *likewise* 마찬가지로, 그밖에 2.9, 5.19.
ēage n. *eye* 눈 4.22; §§54, 112.
e(a)hta num. *eight* 여덟 2.4; §§13, 53, 128.
eahtatēoþa num. *eighteenth* 열여덟번째 §128.
eahtatīene num. *eighteen* 열여덟 §128.
eahtoþa num. *eighth* 여덟번째 §128.
ēalā interj. *oh! alas!* 오! 슬프도다! 3.16, 5.1.
eald, ald adj.; comp. **ieldra, yldra, ældra, eldra**; superl. **ieldest** *old, former* 늙은, 오래된, 이전의 4.26.; **yldran** m. pl. *ancestors* 조상들 1.37; §§27, 33, 40, 44, 51, 124.
eall adj. pron. *all* 모두 1.12, 31, 4.57; §§102, 118, 227; adv. *altogether* 모두, 통틀어, 아주 §149; **ealles** adv. *altogether* 모두, 통틀어, 아주 §225; **mid ealle** *altogether* 모두, 통틀어, 아주 §150.

eallunga adv. *altogether* 모두, 통틀어, 아주 §148.
ealneg adv. *always* 늘 1.85; §§14, 149.
ēalond n. *island* 섬 2.1, 6.
ealu n. *ale* 에일, 맥주의 일종 §§47, 114.
eardian wv. 2 *to inhabit* 거주하다 §196.
ēare n. *ear* 귀 §112.
earm adj. *poor, wretched, miserable* 가난한, 불쌍한 비참한 4.80; §124.
earme adv. *miserably* 불쌍하게, 비참하게 §152.
eart는 **bēon**을 보기.
ēast adv.; comp. **ēasterra**; superl. **ēastmest** *eastwards* 동쪽으로 §127.
ēaþe adv.; comp. **īeþ** *easily* 쉽게 1.61; §153.
Ēbrēisc adj. *Hebrew* 히브리(어)의 1.52.
ednīwian wv. 2 *to renew* 새롭게하다 4.25.
efn adj *even* 평평한, 공평한 §90.
efnan, æfnan wv. 1 *to perform* 수행하다 §40.
efne adv. *indeed* 정말로 3.39.
eft adv. *afterwards* 후에 1.46, 53.
ege m. *fear* 공포, 두려움 5.25.
ehta는 **e(a)hta**를 보기.
el(n)boga m *elbow* 팔꿈치 §97.
elne adv. *vigorously* 활발하게, 힘차게 §149.
ende m. *end, conclusion* 끝, 결론 4.22.
en(d)le(o)fan num. *eleven* 열하나 §128.
en(d)le(o)fta num. *eleventh* 열한번째 §128.
Englisc adj. *English* 영국의, 영국민의 1.66; *English language* 영어 1.18; §13.
ēode, eom은 **gān**; **bēon**을 보기.
eornostlīce adv. *indeed* 정말로 §147.
eorþe f. *earth* 이 세상 3.2, *land, country* 땅, 나라 2.9; §13.
ēow(er)는 **gē**를 보기.
eowesre m. *sheepfold* 양 우리 §56.

어휘풀이(Glossary)

erian wv. 1 *to plough* 경작하다 5.27; §3.

etan sv. 5; 2 sing. pres. **etst, ytst**; pret. pl. **ǣton** *to eat* 먹다 3.15, 30, 5.84, 87; §180.

ēþel m. *territory* 경계, 국경 1.9.

F

fæc n. *space, interval* (시간, 공간)간격, 사이 2.4.

fæder m.; gen. sing. **fæder** *father* 아버지 3.1, 17, 4.28; §115.

fǣge adj. *fated* 운명지워진, (~할)운명인 §120.

fægen adj. *glad* 기쁜 §§119, 122.

fæger adj. *fair, beautiful* 아름다운 2.17,4.59; §§13, 27.

fǣringa, fǣrunga adv. *suddenly* 갑자기 4.1; §148.

fæs(t)nian wv. 2 *to fasten* 조이다, 고정시키다 5.26; §97.

fæt n.; pl. **f(e)atu** *vessel* 배 §§27, 47, 108.

fǣt(t) adj. *fat* 살찐 3.29, 36.

fæþm m. *embrace* 포옹 §84.

fage f. *plaice* 넙치, 식용가자미 5.62.

fāh adj. *hostile* 적대적인, 적의가 있는 §118.

fangen는 fōn을 보기.

faran sv. 6. *to go* 가다 3.18; §§40, 41, 47, 185.

fealdan sv. 7 *to fold* 접다 §§106, 190.

feallan sv. 7; pret. pl. **fēollon** *to fall* 떨어지다 4.22; §190.

fearh, fǣrh m. *pig* 돼지 §54.

fēa(we), fēawa adj. *few* 소수의 1.16, 19; §§121, 227.

feccan wv. 1 *to fetch* 가져오다 4.34, 36.

fēdan wv. 1. *to feed* 먹이다 §§66, 194.

fēhst는 fōn을 보기.

fela adj. indecl. 속격과 함께 사용. *many* 많은 3.17, 5.63.

feld m. *field* 벌판, 들, 밭 5.24; §111.

fēng는 fōn을 보기.

fēog(e)an wv. 1 *to hate* 미워하다 §9.

feoh n. *money* 돈 5.41.
feohtan sv. 3 *to fight* 싸우다, 전쟁하다 §§32, 40, 50, 175.
feolan sv. 3 *to penetrate, enter* 관통하다, 안으로 들어가다 §§32, 173.
fēollon는 **feallan**을 보기.
fēond, fīond m. *enemy* 적 §§12, 63, 95, 116.
feorh n. *life* 삶, 인생, 목숨 §108.
feorlen adj. *distant* 멀리 떨어진 3.10.
feorr adv. adj.; comp **fyrra** *far* 멀리있는, 먼 3.22; §40, 124, 126, 151, 153.
feorran adv. *from afar* 멀리서 §151.
fēower num. *four* 넷 4.70; §128.
fēowertēoþa num. *fourteenth* 열네번째(의) §128.
fēowertīene num. *fourteenth* 열넷 §128.
fēowertig num. *forty* 사십 §128.
fēowertigoþa num. *fortieth* 사십번째(의) §128.
fēo(we)rþa num. *fourth* 네 번째(의) §128.
fēran wv. 1 *to go, travel* 가다, 여행하다 3.9, 12.
feter f. *fetter* 족쇄 §156.
fīf num. *five* 다섯 §128.
fīfta num. *fifth* 다섯 번째(의) §128.
fīftēoþa num. *fifteenth* 열다섯번째(의) §128.
fīftīene num. *fifteen* 열다섯 §128.
fīftig num. *fifty* 오십 §128.
fīftigoþa num. *fiftieth* 오십번째(의) §128.
findan sv. 3; pp. **funden** *to find* 발견하다 1.53; §172.
fiorm f. *use* 사용, 용도 1.34.
firen f. *crime* 범죄 §69, 109.
first m. *time* 시간 1.65.
fisc m. pl. **fiscas, fixas** *fish* 물고기 5.46, 85; §§13, 92.
fiscere m. *fisherman* 어부 5.19, 39.
fiscian, fixian wv. 2 *to fish* 물고기를 잡다 5.57.
fiscwylle adj. *rich in fish* 물고기가 풍부한 2.10.

어휘풀이(Glossary)

fixas, fixian은 fisc, fiscian을 보기.
flǣscmete m. *meat* 고기 5.82.
flēan sv. 2 *to flay* (동물이나 식물의) 껍질을 벗기다 §186.
flēon sv. 2 *to flee* 도망가다 2.22; §§40, 169.
flōc n. *fluke, flounder* 가자미 5.62.
flōr f. *floor* 마루 §111.
flōwan sv. 7 *to flow* 흐르다 §57, 190.
folc n. *people, nation* 사람들, 민족 1.6, 4.60.
folgian wv. 2 *to follow* 따르다 3.13.
fōn sv. 7; 2 sing. pres **fēhst**; pret. sing. **fēng**; pp. **(ge)fangen** *to seize, catch* 잡다 2.11,5.60; **tō rīce fēng** *came to the throne* 왕좌에 오르다 1.21; §§3, 21, 63, 77, 78, 189.
for prep. 여격과 함께 사용. *for* ~을 목적으로, 위하여 5.25, *on account of* ~때문에 1.26, *for the sake of* ~때문에 5.8; **for hwī** *why* 왜 5.57.
forbærnan wv. 1 *to burn* 태우다 1.31.
forbēodan sv. 2 *to forbid* 금하다 §162.
ford m. *ford* 얕은 여울, 걸어서 건널 수 있는 곳 §111.
fore adv. *before* 전에, 앞에 §§126, 127.
forgiefan, forgyfan sv. 5; pret. sing. **forgeaf** *to forgive* 용서하다 3.4, 4.84.
forgiefen(n)es f. *forgiveness* 용서 §103.
forgietan sv. 5 *to forget* 용서하다 §181.
forgyfan은 **forgiefan**을 보기.
forgȳman wv. 1 *to neglect, disregard* 내버려두다, 무시하다 3.40.
forhergian wv. 2. *to ravage* 약탈하다 1.31.
forlǣtan sv. 7; pret. sing **forlēt**; pl. **forlēton** *to leave, relinquish* 내버려두다, 포기하다, 단념하다 4.58, *to lose* 잃(어버리)다 1.40, *to neglect* 내버려두다, 무시하다 1.49.
forlēosan sv. 2 ; pret. sing. **forlēas** *to lose* 잃(어버리)다 4.17; §168.
forlēt(on)은 **forlǣtan**을 보기.
forliden ppl. adj. *shipwrecked* 난파된 4.8.
forma adj. superl. *first* 첫째의, 최고의 §§127, 128.

formest(a) adj. superl *first* 첫째의, 최고의 §§127, 128, 134.
forspillan wv. 1 *to squander* 낭비하다 3.10.
forstandan sv. 6; pret. sing. **forstōd** *to understand* 이해하다 1.78.
forþ adv. *forth* 앞으로 4.59; §126.
for-þam, for-þǣm, for-þon cj. *for, because* 왜냐하면 3.30, 5.58; adv. *therefore* 그러므로, 따라서 1.22, 40.
for-þam-þe, for-þǣm-þe, for-þan-þe cj. *because* 왜냐하면 1.34, 1.27, 3.36.
for-þȳ adv. *therefore* 그러므로, 따라서 1.84, *accordingly* ~따라서, 의하여 1.58.
forwandigende ppl. adj. *hesitatingly* 망설이며, 주저하며 4.13.
forweorþan, forwurþan sv. 3; pret. sing. **forwearþ** *to perish* 굶어죽다 3.18, 31, 46.
fōt m.; pl. **fēt** 발 3.29; §§68, 113, 156.
fox m. *fox* 여우 §42.
fracod adj. *worthless* 가치없는, 무익한 5.6.
frætuwe f. pl. *trappings* 장신구, 예복 §76.
fram, from prep. 여격과 함께 사용. *from* ~로부터 1.82, 2.5, *by* ~에 의하여 4.27.
fram adj. *bold* 대담한 §40.
frēa m. *lord* 주인, 왕, 하나님 §112.
fremman, fræmman wv. 1 *to perform* 하다, 수행하다 §40, 193.
frēo(h), frīo adj. *free* 자유로운 1.63, 5.37.
frēond m.; pl. **frȳnd** *friend* 친구 3.41, 4.34; §116.
frēondlīce adv. *in a friendly manner* 친절하게 1.2; §147.
frēosan sv. 2 *to freeze* 얼(리)다 §168.
fretan sv. 5 *to devour* 게걸스레 먹다 §180.
fricgan sv. 5 *to ask* 질문하다 §184.
frignan sv. 3 *to ask* 질문하다 §§64, 162, 172.
frīo는 **frēo(h)**를 보기.
frogga m. *frog* 개구리 §13.
from은 **fram** prep.를 보기.

frȳnd는 frēond를 보기.

fugelere m, *fowler* 새 사냥꾼 5.20.

fugol m. *bird* 새 2.10; §§13, 55, 74.

full adj. 속격과 함께 사용. *full* 가득 찬 5.27; be fullan *fully, completely* 충분히, 전적으로, 완전히 1.45; §55.

ful(l) adv. *completely* 전적으로, 완전히 §149.

fultum m. *help* 도움 1.62.

funden은 findan을 보기.

furh f. *furrow* 고랑, 논밭을 간 뒤의 고랑 §§13, 113.

furþor, furþur adv. *further* 더 멀리, 게다가 1.67.

furþra adj. comp. *superior* 우월한 §126.

furþum adv. *even* 심지어 1.17, 20.

fūs adj. *eager* 열심인, 열망하는 §40.

fyl(i)gan wv. 1 *to follow* 따르다 §75.

fyllan wv. 1 속격과 함께 사용. *to fill* 채우다 1.33, 5.33; §194.

fȳr n. *fire* 불 2.22.

fyrd f. *English army* 영국 군대 §4.

fyrest(a) adj. superl. *first* 첫째의, 최고의 §§126, 128, 134.

fyrmest(a) adj. superl. *first* 첫째의, 최고의 §127, 128, 134.

fyrra는 feorr를 보기.

fȳsan wv. 1 *to send forth* 보내다, 파견하다 §40.

fyxen f. *vixen* 암여우 §42.

G

gād n. *lack* 결핍, 부족 §87.

gādīsen n. *iron goad* 철 막대기 5.30.

gǣlsa m. *wantonness, pride* 방탕, 거만, 오만 3.11.

gǣrs n. *grass* 풀 §91.

gagates m. *agate* 마노 2.21.

galan sv. 6 *to sing* 노래하다 §185.

gān v. ; pret. sing. ēode *to go* 가다 3.37; *to come* 오다 4.2; §§40, 212, 215.

gangan sv. 7 *to go, walk* 가다, 걷다 §190.

gārsecg m. *sea, ocean* 바다 2.1.

gāt f. *goat* 염소 §113.

ge cj. *and* 그리고 1.4, 7, 8.

gē pron. *you* 당신 4.81; §§136, 137.

gēa adv. *yes* 예 5.36.

geǣmetigian wv. 2 대격, 속격과 함께 사용. *to free* 자유롭게하다 1.24.

geanwyrde adj. *professed* 서약을 한 5.13.

gē(a)r n. *year* 해, 년도 3.39; §§38, 53.

geāra adv. *long ago* 오래전에 §149.

gearu adj. *ready* 준비된 5.73; §§3, 86, 121, 122, 146.

gearwe adv. *completely* 완전히, 철저히 §146.

geat n. *gate* 대문 2.26.

gebelgan sv. 3; pret. sing. **gebealh** reflex *to become angry* 화가 나다 3.37.

gebēorscipe m. *feast* 연회, 잔치 4.10, 77.

geblissian wv. 2 *to rejoice* 기뻐하다, 축하하다 3.44.

gebrōþru m. pl. *brothers* 형제들 5.14, 67.

gebyrian wv. 1 *to befit* 적합하다 3.44, *to belong* 속하다 3.8.

gecīgan wv. 1 *to call, summon* 부르다, 소환하다 4.34.

gecnāwan sv. 7 *to understand* 이해하다 1.61.

gecwæþ은 **gecweþan**을 보기.

gecwēman wv. 1 *to please* 기쁘게하다 4.8.

gecweþan sv. 5; pret. **gecwæþ** *to say* 말하다 4.1.

gedæghwāmlic adj. *daily* 일상의, 나날의 4.1.

gedafenian wv. 2 *to be fitting* 적합하다 3.3.

gedeorf n. *labour, trouble* 노동, 노고, 수고 5.35, 36.

gedōn v. *to do* 하다 4.28; *to make* 만들다 4.30, *to bring it about* 가져오다, 야기하다 1.61.

geedcucian wv. 2 *to come to life* 되살아나다 3.31, 45.

geendian wv. 2 *to come to an end* 끝내다 4.77.

geendung f. *end* 끝, 종말 4.64.

gefangen은 **fōn**을 보기.

gefeallan sv. 7; pret. sing **gefēol** *to apply oneself* 전념하다 4.64; *to come by chance* 우연히 오다 4.43.

gefēhst는 **gefōn**을 보기.

gefeoht n. *fight* 싸움 §50.

gefēol은 **gefeallan**을 보기.

gefēon sv. 5 *to rejoice* 기뻐하다, 축하하다 §§183, 84.

gefēra m. *companion* 동료 5.17, 29.

geflit n. *dispute* 논쟁 2.30.

gefōn sv. 5; 2 sing. pres. **gefēhst** *to catch* 잡다 5.42, 52.

gefrignan sv 3 *to learn* 배우다 §§99, 162.

gefyllan wv. 1 *to fill* 채우다 3.15.

gegaderian sv. 2 *to gather together* 함께 모이다 3.9.

gegyrla m. *dress, clothing* 옷 3.27.

gehæftan wv. 1 *to confine, imprison* 가두다 5.44.

gehālgod는 **hālgian**을 보기.

gehealdan sv. 7; pret. pl. **gehīoldon** *to preserve* 보존하다 1.8.

gehī(e)ran, gehīoldon는 **gehȳran, gehealdan**을 보기.

gehwā pron. *each one* 각각의 것(사람) §143.

gehwæþer pron. *each of two* 둘 각각 §143.

gehwilc, gehwylc pron. *each* 각각; **ānra gehwylc** *each person* 5.80; §§129, 143.

gehȳran, gehī(e)ran wv. 1 *to hear* 듣다 3.33; §162.

geiukod는 **iucian**를 보기.

gelædan wv. 1 *to lead* 이끌다 3.5.

gelǣred ppl. adj. *learned* 학식있는 1.83.

gelǣstan wv. 1 *to carry out* 수행하다, 실행에 옮기다 §194.

gelaþian wv. 2 *to invite* 초대하다 4.9.

gelī(e)fan wv. 1 *to believe* 믿다 1.23.

geliornian wv. 2 *to learn* 배우다 1.53, 55.

gelymp n. *adventure* 모험 4.21, *event, misfortune* 사건, 불행 4.16.

gemǣne adj. *common* 공공의, 흔히있는 §14.

gemǣngan wv. 1 *to join, blend, mingle* 섞다 4.37, 56.

geman v.; pret. **gemunde** *I remember* 나는 기억한다 1.30, 68; §207.

gemēt(ed)는 **mētan**을 보기.

gemiltsigend m. *pitier* 더 불쌍한, 더 가여운 4.80.

gemunde은 **geman**을 보기.

gemynd nf. *mind, memory* 마음, 기억 1.3.

gemyne adj. *mindful* 조심하는, 주의하는 §120.

genam은 **geniman**을 보기.

geneah v. *it suffices* 충분하다 §208.

genēalǣcan wv. 1 여격와 함께 사용. *to approach* 다가가다 3.33.

genemned은 **nemnan**을 보기.

genesan sv. 5 *to be saved* 구출되다 §182.

genihsum adj. *abundant* 풍부한 2.15.

geniman sv. 4; pret. sing. **genam** *to take, seize, catch* 잡다 4.54, *to take away* 제거하다 5.45.

genōg, genōh adj. *enough* 충분한 3.17; §§118, 227.

geō, (g)iū adv. *formerly* 이전에 1.3, 44, 2.24; §§13, 83.

geoc n. *yoke* 멍에 §38.

geolu adj. *yellow* 노란색의 §121.

geōmor adj. *sad* 슬픈 §119.

geong, iung adj. ; comp. **gingra**; superl. **gingest** *young* 젊은, 어린 3.6, 9; 실사로서 젊은이 4.35; §§13, 38, 83, 124.

georn, gioron adj. *willing, eager* 기꺼이 ~하는, 간절히 ~하고 싶어하는 1.11; §§37, 146.

georne adv. *willingly* 기꺼이 §146.

gēotan sv. 2 *to pour* 쏟아 붓다 §167.

gerestan wv. 1 *to rest* 쉬다 4.85.

gerȳman wv. 1 *to extend* 확장하다 1.9.

gesǣliglic adj. *happy* 행복한 1.4.

gesāwon은 **gesēon**을 보기.

gesceaft f. *creation* 창조 §14.
gescrǣpe adj. *fit, suitable* 적합한 2.8, 19.
gescȳ n. *pair of shoes* 신발 3.28.
gesēon, gesīon sv. 5; pret. sing. **geseah**; pl. **gesāwon** *to see* 보다 1.31, 39, 4.14, 77.
gesettan wv. 1 *to set, place* 놓다 2.2.
gesi(e)hþ f. *sight* 광경, 보기. §54.
gesingian, gesyngian wv. 2 *to sin, offend* 죄를 짓다, 감정을 해치다 4.24.
gesīon은 **gesēon**을 보기.
gesittan sv. 5 *to sit, take possession* 앉다, 소유하다, 점유하다 §84, 162.
gesthūs n. *inn, lodging* 여관, 거처 4.84.
gestrēon n. *property* 재산 §40.
gesund adj. *safe well* 안전한, 안녕한 4.79.
gesyllan, gesellan wv. 1 **to sell** 팔다 5.53.
getogen은 **tēon**을 보기.
geþencean wv. 1 *to think* 생각하다 1.26, *to think of* 숙고하다, 간주하다 1.20.
geþēode, geþīode n. *language* 언어 50.
gewæmmodlīce adv. *corruptly* (언어)를 전와시켜, 부정확하게 5.3.
gewendan, gewændan wv. 1 *to go* 가다 4.79, *to turn* 돌리다 4.4.
geweorþan, gewurþan sv. 3 *to be fulfilled* 가득차다, 가득하다 3.2.
gewiht n. *weight* 무게 4.71.
gewilnian wv. 2 *to wish* 희망하다 3.14.
gewislīce, gewyslīce adv. *certainly, plainly* 확실히, 단순히 4.20, *indeed* 참으로, 정말로 5.33.
gewistfullian, gewystfullian wv. 2 *to feast* 잔치를 벌이다 3.30, 41, 44.
gewistlǣcan wv. 1. *feast, make merry* 잔치를 벌이다, 즐겁게 하다 3.32.
gewītan sv. 1 *to depart* 떠나다 §164.
geworden은 **weorþan**을 보기.
geworht은 **wyrcan**을 보기.
gewrit n. *writing, document* 글, 서류 1.66.

gewurþan은 geweorþan을 보기.

gewyslīce, gewystfullian은 gewislīce, gewistfullian을 보기.

gi(e)fan, gyfan sv. 5 *to give* 주다 4.26, 66; §§12, 13, 36, 51, 77, 83, 85, 181.

gi(e)fu f. *gift* 선물 4.76; §109.

gieldan sv. 3 *to pay* 지불하다 §§36, 174.

giellan sv. 3 *to yell* 소리지르다 §174.

gielpan sv. 3 *to boast* 자랑하다 §174.

gierwan wv. 1 *to prepare* 준비하다 §§93, 194.

giest m. *stranger* 이방인 §68.

gī(e)t, gȳt adv. *still, yet* 여전히, 아직 1.39, 3.22, 4.45.

gif cj. 직설법과 가정법과 함께 사용. *if* 만일 ~한다면 1.14, 4.11, 15, 혹은 5.80.

gifan, gifu는 gi(e)fan, gi(e)fu를 보기.

gimm, gym m. *gem* 보석 2.22.

gingra, gingest은 geong을 보기.

gioguþ f. *youth, young man* 젊음, 젊은이 1.63.

giond prep. 대격과 함께 사용. *throughout* 전체에 걸쳐 1.3, 5.

giorn은 georn을 보기.

git pron. *you two* 당신 둘 다 §§136, 137.

gīt는 gī(e)t를 보기.

giū는 geō를 보기.

glæd adj.; superl. gladost *glad* 기쁜 §§13, 118, 124.

glēaw adj. *wise* 현명한, 지혜로운 §121.

god m. God 하나님 1.6, 12, n. *heathen god* 이교도 신 4.53; §11.

gōd adj. *good* 좋은 1.44, 4.4; comp. bet(e)ra, superl. bet(e)st §§11, 13, 118, 125.

godcund adj. *religious* 종교적인, 신앙심이 있는 1.4, 10.

gōddōnd m. *benefactor* 은인, 은혜를 베푸는 사람 §116.

godspell n. *gospel* 복음(서) §65.

gold n. *gold* 금 4.70; §§42, 116.

goldhord n. *treasury* 보물, 보고 4.67.

gōs f.; pl. gēs *goose* 거위 §§13, 22, 113.
grēat adj.; comp. grīetra, superl. grīetest *great* 큰, 거대한 §124.
Greccas m. pl. *Greeks* 그리스인 1.53.
grēne adj. *green* 초록의 §11.
grētan wv. 1 *to greet* 환영하다, 인사하다 1.1, 4.78.
grōwan sv. 7 *to grow* 자라다 2.9; §190.
grūt f. *coarse meal* 빈약한, 보잘 것 없는 식사, 조식(粗食) §113.
guma m. *man* 사람, 남자 §112.
gyfan은 gi(e)fan을 보기.
gylden adj. *golden* 황금의 §§42, 70, 119.
gylt m. *guilt, offence* 죄 3.4.
gyltend m. *offender* 죄인 3.4.
gym은 gimm을 보기.
gyrd f. *rod* 매, 막대, 잔가지 5.83.
gȳt는 gī(e)t를 보기.

H

habban wv. 3; 2 sing. pres. hæfst, hafast; 3 sing. hæfþ; pret. hæfde *to have* 가지다 1.14, 22, 5.11; §§11, 13, 197.
hacod m *pike* 강꼬치 고기(입이 뾰족한 담수어) 5.55.
hād m. *rank, order* 지위 1.4, *position* 지위, 자리 1.68, *condition, sex* 조건, 성별 2.19.
hæbb(e)n, hæfde, hæfdon, hæfst, hæfþ은 habban을 보기.
hǣlan wv. 1 *to heal* 치료하다 §40.
hæle m. *man* 사람, 남자 §114.
hǣlend m. *Saviour* 구세주 §116.
hæleþ m. *man* 사람, 남자 §114.
hærincg m. *herring* 청어 5.61.
hǣs f. *command* 명령 4.76.
hǣþen adj. 실사로 사용됨. *heathen* 이교도 4.52.
hafast, hafaþ는 habban을 보기.

hāl adj. *safe, whole* 안전한, 온전한 3.36; §40.
hālga m. *saint* 성인 5.68.
hālgian wv. 2; pp. **gehālgod** *to hallow, sanctify* 성스럽게하다. 3.1.
hālig adj. *holy* 성스러운 §§72, 119, 122, 123, 137.
hām m. *home* 집 4.79, 5.25; §§11, 66.
hām-stede m. *homestead* 집과 대지, 농장 §66.
hand f. *hand* 손 3.28, 4.50; §§69, 111.
hās adj. *hoarse* 목이 쉰 5.31.
hāt adj. *hot* 뜨거운 2.18.
hātan sv. 7; pret. **hēt** *to command, bid* 명령하다 1.1, 4, 36, *to call* 부르다 2.2; §§155, 157, 188, 189, 233.
hē pron. *he, it* 그, 그것 4.7; **þe his** *whose* 누구의; **þe him** *to whom* 누구에게
hēafod n. *head* 머리 4.49; §§64, 136, 230.
hēah adj.; comp **hīehra, hīerra**; superl. **hīehst** *high* 높은 1.68; §§63, 90, 118, 124.
healdan sv. 7; pret. **hēold, hīold** *to hold, occupy* 가지다, 차지하다 1.37, *to tend* 돌보다 3.14, reflex. *to behave* 행동하다 5.77; §190.
heall f. *hall* 홀 4.54.
hēan wv. 1 *to exalt* 높이다, 승진시키다 §194.
heard adj. *hard* 힘든, 엄(격)한 냉혹한 §12.
hearpe f. *harp* 하프 4.34, 36.
hearpenægl m. *plectrum* 하프채 4.54.
hearpestreng m. *harp-string* 하프줄 4.55.
hearpian wv. 2 *to play on the harp* 하프를 연주하다 4.36.
hēawan sv. 7 *to hew* 베다, 잘라내다 §190.
hebban sv. 6 *to raise* 올리다 §§81, 187.
hefig adj. *heavy, severe* 심한, 가혹한 4.15.
helan sv. 4 *to conceal* 숨기다, 감추다 §177.
helpan sv. 3; pp. **holpen** *to help* 돕다 §§18, 19, 20, 32, 119, 156, 173.
hēo, hīo pron. *she, it* 그녀, 그것 1.15; §136.
heofon, heofen m. *heaven* 하늘 2.1, 25; §45, 72, 73.

hēold은 healdan을 보기.
heolstor, helustr m. *darkness* 어둠 §45.
heom, heora는 hīe를 보기.
heorot m. *hart* 수사슴 §45.
heoru m *sword* 칼 §111.
hēr adv. *here* 여기에 1.38, 50; §151.
here m. *invading army* 적군 §§4, 40, 88.
hergian sv. 2 *to harry, ravage* 약탈하다 §4.
herian wv. 1 *to praise* 칭찬하다, 찬미하다 4.38, 40; §79.
hēt은 hātan을 보기.
hī은 hīe을 보기.
hider, hieder adv. *here* 여기에; **hieder on lond**, *here in this land* 여기 이땅에서 1.13; §§10, 151.
hīe, hī, hig pron. *they, them* 그들, 그들을 5.34; §§10, 45, 136.
hieder은 hider을 보기.
hiene, hiera는 hē, hīe를 보기.
hī(e)ran, hȳran, hēran wv. 1 *to hear* 듣다 §§12, 40, 51, 162.
hierde m. *shepherd* 양치기 §108.
hierdebōc f. *shepherd's book* 목자의 책 1.73.
hiere는 hēo를 보기.
hīerra는 hēah 보기.
hig interj. *O!* 아! 5.35.
hīg n. *hay* 건초 5.34.
hig는 hīe를 보기.
him은 hē, hit, hīe보기.
hindema adj. superl. *hindmost* 맨 뒤의 §127.
hine, hīo는 hē, hēo 보기.
hīold(on)은 healdan을 보기.
hionan adv. *from here* 여기에서부터 §151.
hiora, hira는 hīe보기.
hire는 hēo 보기.

his는 **hē, hit** 보기.

hit pron. *it* 그것 1.31; §136.

hīw n. *colour* 색깔 2.14.

hlāf m. *bread* 빵 3.3, 17.

hlāford m. *lord* 주인, 왕 5.23, 26; §§94, 108.

hlēapan sv. 7 *to run* 달리다 §190.

hli(e)hhan sv. 6 *to laugh* 웃다 §§13, 40, 81, 187.

hlūd adj. *loud* 시끄러운 §13.

hnesce adj. *soft* 부드러운 §13.

hnitu f. *nit* 서캐(이의 유충) §113.

hnutu f. *nut* 견과류 §113.

hōlunga adv. *without cause* 이유없이 §148.

hōn sv. 7 *to hang* 매달다 §189.

hors n. *horse* 말 §91.

hrēam m. *noise, shouting* 큰소리, 소리 지르기 5.31.

hrēosan sv. 2 *to fall* 떨어지다 §168.

hring m. *ring* 반지 §13.

hrīþer n. *cow, ox* (황)소, pl. *cattle* 가축 §117.

hron m. *whale* 고래 2.11.

hrōpan sv. 7. *to shout* 소리지르다 §190.

hrycg m. *back* 뒤 §13.

hū adv. *how* 어떻게 1.4, 7, 9.

hūlic pron. *of what kind* 무슨 종류의 §142.

hund n. 속격과 함께 사용. *hundred* 백(100) 2.4; §§64, 128, 133.

hundeahtatig num. *eighty* 팔십 §128.

hundeahtatigoþa num. *eightieth* 팔십번째(의) §128.

hundendlefontig num. *one hundred and ten* 백십(110) §128.

hundendleftigoþa num. *one hundred and tenth* 백십번째(의) §128.

hundnigontig num. *ninety* 구십 §128.

hundnigontigoþa num. *ninetieth* 구십번째(의) §128.

hundred n. *hundred* 백(100) §§64, 128.

hundseofontig num. *seventy* 칠십 §128.
hundseofontigoþa num. *seventieth* 칠십번째(의) §128.
hundtēontig num. *hundred* 백(100) §128.
hundtēontigoþa num. *hundredth* 백번째(의) §128.
hundtwelftig num. *one hundred and twenty* 백이십(120) §128.
hundtwelftigoþa num. *one hundred and twentieth* 백이십번째(의) §128.
hungor, hunger m. *hunger* 기아, 굶주림 3.12, 18; §13.
hunta m. *hunter* 사냥꾼 §71.
hūs n. *house* 집 5.19.
hwā pron. interr. *who* 누구 5.51; indef. *anyone* 누구, 어떤 사람 1.87; **swā hwā swā** *whoever* 누구나; **nāt hwā** *someone* 누구, 어떤 사람; §§64, 141, 143, 144.
hwænne pron. interr. *when* 언제 5.74.
hwǣr adv. *where* 어디에서 5.49, *anywhere* 어디에서든지 1.86.
hwæt adj. *bold* 대담한 §118.
hwæt pron. interr.; inst. **hwī hwȳ, hwon** *what* 무엇 4.5; adv. *why* 왜 5.79; **swā hwæt swā, lōc hwæt** *whatever* 무엇이든지; **nāt hwæt** *something* 어떤 것, 무엇인가 §144.
hwæthwugu pron. *something* 어떤 것, 무엇인가 §143.
hwæþer pron. *which of two* 둘 가운데 어떤 것; **swā hwæþer swā, lōc hwæþer** *whichever* 어떤 것이든 §§142, 143, 144.; cj. 직설법과 가정법과 함께 사용. *whether* ~인지 (아닌지), ~일지 어떨지 2.30.
hwanon, hwonan adv. *whence* 어디에서 4.10; §151.
hwelc, hwilc, hwylc adj. pron. *what, what sort of* 무엇, 무슨 종류의 **swā hwelc swā** *whichever* 어떤 것이든지 1.3, 5.38, 54; **nāt hwelc** *someone* 누군, 어떤 사람 §144.
hwelchwugu pron. *someone* 누군, 어떤 사람 §143.
hwettan wv. 1 *to incite* 자극하다 §193.
hwī는 **hwæt**를 보기.
hwilc는 **hwelc**를 보기.
hwīlum, hwīlon adv. *sometimes* 때때로 1.73, 5.58; §149.

hwītra, hwittra adj. comp. *whiter* 더 하얀 §104.

hwon은 대명사 hwæt을 보기.

hwonan은 hwanon을 보기.

hwōpan sv. 7 *to threaten* 협박하다, 위협을 가하다 §190.

hwȳ는 pron. hwæt를 보기.

hwylc는 hwelc를 보기.

hȳ는 hēo, hīe를 보기.

hycg(e)an wv. 3. *to think* 생각하다 §197.

hȳdan wv. 1. *to hide* 숨다 §11.

hyne는 hē를 보기.

hyngran wv. 1 *to be hungry* 배가 고프다 §72, 194.

hyre는 hēo를 보기.

hȳrsumian wv. 1 *to obey* 복종하다 1.7.

hys, hyt는 hē보기.

ic pron.; 대격, 여격 mē; 속격 mīn 1.18, 19; §§136, 137, 227.

īdel adj. *idle, empty* 쓸모없는, 속이 빈 5.6.

īecan wv. 1 *to increase* 증가하다 §194.

ielde m. pl. *men* 남자들, 사람들 §110.

ielfe m. p. *elves* 난장이들 §110.

ierre, iorre, eorre adj. *angry* 화난 §40.

īl, igil m. *hedgehog* 고슴도치 §§64, 89.

ilca adj. *same* 같은 §140, 227.

in(n) adv. *in, inside* 안에, 안으로 3.37; §151.

innan, innon adv. *within, from within* 안에, 안으로부터; prep 여격과 함께 사용. *inside* 안에 4.53, 74; §151.

innanbordes adv. *at homes* 집에서 1.8; §149.

inne adv. *within* 안에 §§127, 151.

innemest adj superl. *inmost* 가장 안쪽에 §127.

innon은 innan을 보기.

īow(er)는 gē을 보기.
irnan sv. 3: pret. sing. arn *to run* 달리다 3.24; §§35, 172.
is는 bēon을 보기.
īsern n. *iron* 철 2.20.
iū는 geō을 보기.
iucian swv. 2; pp. geiukod *to yoke* 멍에나 쟁기를 매달다 5.24, 26.
iūgeāra adv. *formerly* 전에 2.1.
iung는 geong을 보기.

kynerīce n. *kingdom* 왕국 1.71.
kyning은 cyning(c)을 보기.

lācan sv. 7 *to move, play* 움직이다, 놀다 §§188, 189.
Læden n. *the Latin language* 라틴어 1.18.
Lædengeþīode n. *the Latin language* 라틴어 1.67.
Lædenware m. pl. *Romans* 로마 사람들 1.55.
lǣfan wv. 1 *to leave* 남기다 1.38.
lǣn f. *loan* 빌려주다 1.86.
lǣran wv. 1 *to teach* 가르치다 1.66, 67; §194.
lǣs f.; dat. sing. lǣswe *pasture* 목초지 2.8.
lǣs는 lȳt을 보기.
lǣssa는 lȳtel을 보기.
lǣst는 lȳt, lȳtel을 보기.
læt adj.; superl. lætest, lætemest *late* 늦은 §127.
lǣtan, lētan sv. 7 *to allow* 허용하다 §§188, 189.
lāgon은 licgan을 보기.
lagu m. *sea* 바다 §111.
lamb n. *lamb* 양 §117.
lamprede f. *lamprey* 칠성장어 5.56.

land, lond n. *land, country* 땅, 나라 1.13, 50, 2.17; §24.

lang adj.; comp. **lengra**; superl. **lengest** *long* 긴 2.4, 32; §§13, 124.

lange, longe adv. ; comp. **leng**; superl. **lengest** *long* 긴 1.83; §153.

lār f. *learning* 배움, 배우기, 학문 1.13, *teaching* 가르침 1.11, *study* 공부 1.68.

lārēow m. *teacher* 선생. 교사 1.22, 4.69.

lēad n. *lead* 납 2.20.

lēaf f. *leave, permission* 허락, 허가 4.30.

lēan sv. 6 *to blame* 비난하다 §186.

leax m. *salmon* 연어 5.61.

leccan wv. 1 *to moisten* 축축하게하다 §195.

lecgan wv. 1 *to lay* ~을 놓다 4.74; §§81, 193, 197.

Ledengereord n. *the Latin language* 라틴어 5.16.

lēfan은 **lȳfan**을 보기.

leng은 **lange**를 보기.

lengest는 **lang, lange**를 보기.

lengra는 **lang**를 보기.

lēode m. pl. **people** 사람들 §110.

lēof adj. *dear, beloved* 친애하는, 사랑하는 4.5, *welcome* 환영받는, 반가이 맞아지는 5.8, *Sir* (지위를 나타내는 호격) 선생님 5.36; §§118, 124.

lēogan sv. 2; 3 sing. pres. **līehþ** *to tell lies* 거짓말하다 §90.

lēoht adj. *light, bright* 밝은 2.29.

lēon sv. 1 *to lend* 빌려주다 §166.

leornian, liornian wv. 2 *to learn* 배우다 1.45, 4.44; §§12, 32, 196.

leornung, liornung f. *learning* 배움 5.7; *study* 공부 1.64.

lesan sv. 5 *to gather* 모으다 §182.

lētanīa m. *litany* 연도(連禱)(기도의 한 형식으로 선창자가 외는 기도에 따라 회중이 따라함) 5.69.

libban, lybban sv. 3 *to live* 살다 3.10; §§45, 197.

licgan sv. 5 ; 3 sing. pres. **ligeþ, līþ**; pret. pl. **lāgon** *to lie, lie down* 누워있다, 놓여있다 2.29; §§28, 29, 64, 83, 89, 184.

līcian wv. 2 impers. *to please* 기쁘게하다 4.61.
līcuma m. *body* 몸, 신체 §94.
legeþ는 **licgan**을 보기.
liornian, lionung는 **leronian, leornung**를 보기.
lītle은 **lȳtle**을 보기.
līþan sv. 1 *to go* 가다 §§77, 165.
loc n. *lock* 걸쇠, 자물쇠 2.26.
lofsang m. *hymn of praise* 찬미 5.68.
lond, longe는 **land, lange**를 보기.
lopystre f. *lobster* 가재 5.63.
lufian wv. 2 *to love* 사랑하다 1.27; §§55, 196.
lufigend m. *lover* 연인 4.81.
luflīce adv. *lovingly* 1.2 사랑하여, 친절하게 1.2; §147.
lufu f. *love* 사랑 4.64.
lūs f. *louse* 이 §113.
lūtian sv. 2 *to lurk, lie hidden* 숨어있다 5.25.
lybban은 **libban**을 보기.
lȳfan, lēfan wv. 1 *to allow* 허락하다 1.28, 4.66.
lȳt adv.; comp. **lǣs**; superl. **lǣst** *little* 적은, 작은 §153.
lȳtel adj.; comp. **lǣssa**; superl. **lǣst** *little* 적은, 작은 1.34, 2.27; §§65, 90, 125.
lȳtle, līlte adv. *a little* 조금은, 조금 4.66.

mā는 **micle**를 보기.
mǣd f. *meadow* 목초지, 초원 §109.
mǣden n. *maiden* 아가씨, 처녀 4.12, 19.
mæg v.; pl. **magon**; pret. **meahte** *I can, am able* ~할 수 있다 1.20, 78, *I may* ~해도 된다[243] 4.84.

---

243) 하지만 이 의미는 저자의 해석인 것 같다. 대부분의 문법서에서는 이 과거-현

mǣg m.; pl. māgas *kinsman* 귀족 §28.
mæg(e)þ f. *maiden* 아가씨, 처녀 §114.
mǣgþ f. *tribe, nation* 부족, 나라 2.5.
mæsse f. *mass* 미사 5.70.
mæsseprīost m. *mass-priest* 미사주교 1.76.
mǣst는 micel, micle를 보기.
magon은 mæg를 보기.
magu m. *son* 아들 5.70.
man, mon indef. pron. *one* 사람, 그것 1.13, 39; §§145, 233.
man v. *I think* 나는 생각한다 §§199, 207.
mān adj. *evil* 사악한 §8.
mancus m. *a coin worth thirty silver pence* 은화 30 페니 가치의 동전 1.81 n.
manig, monig adj. pron. *many* 많은 1.18, 70, 5.65; §§71, 119, 123, 227.
manigfeald adj. *various, manifold* 다양한 1.71.
man(n), mon(n) m.; dat. sing./nom. pl. men(n) *man* 남자, 사람 1.63, 82, 3.13; §§8, 24, 40, 102, 113.
māra는 micel을 보기.
maþelian wv. 2 *to speak* 말하다 §14.
māþ(þ)um m.; gen. pl. māþma *treasure* 보물 1.32.
māwan sv. 7 *to mow* 풀을 베다 §190.
max m. *net* 그물 5.43.
mē는 ic를 보기.
meahte는 mæg를 보기.
meduma, medema adv. *midway* 중도에 중간에 §127.
meltan sv. 3 *to melt* 녹다 §173.
menigeo, menigu f. *multitude* 다수, 대중, 군중 1.33; §109.
men(n)은 man(n)을 보기.
me(o)du m. *mead* 미드술(벌꿀술) §111.
meol(u)c f. *milk* 우유 §113.

재 동사는 현대영어의 허락의 의미로는 사용되지 않았다라고 기술하고 있다.

어휘풀이(Glossary) 245

meowle f. *maiden* 아가씨, 처녀 §56.

meregrota m. *pearl* 진주 2.14.

mereswȳn n. *porpoise, dolphin* 돌고래 2.12, 5.61.

metan sv. 5. *to measure* 측정하다 §180.

mētan wv. 1; pp. **gemēt, gemēted** *to find* 발견하다 2.21, 3.46; §66.

mete m. *food* 음식 5.48.

metod m. *creator* 창조자 §108.

micel, mycel adj.; dat. sing. **myccle** *great* 거대한, 다수의 1.33, 2.3, 3.11; comp. **māra** 1.50; superl. **mǣst** 2.3; §§3, 104, 119, 125.

micle, mycele adv. *greatly, by far* 대단히, 훨씬, 단연코 2.32; comp. 속격과 함께 사용 **mā** *more* 더 많이 1.50; superl. **mǣst** *most* 가장 많이 §§3, 149, 153.

mid prep. 여격과 함께 사용. *with* ~함께 1.42, by ~에 의하여, *in* ~안에 1.10.

mid(d) adj.; superl. **mid(e)mest** *middle* 가운데의; **on middre nihte** *in the middle of the night* 한밤중에 2.29; §§120, 127.

middæg m. *midday, sext* 제6시과 5.71.

middangeard m. *earth* 지상, 대지 2.28, 33.

mid-þȳ-þe, mid-þī-þe cj. 직설법과 함께 사용. *when* ~때에 4.1, 22.

mīl f. *mile* 마일 2.4.

mildheortnes(s) f. *mercy, compassion* 자비, 연민 3.23.

mīn(e)은 **ic**를 보기.

mislic adj. *various* 다양한 1.71.

mis(s)enlic adj. *various, different* 다양한, 다른 2.7, 12.

mōd n. *heart, mind* 마음, 정신, 용기 1.42, 4.64.

mōdor f. *mother* 어머니 §115.

mon은 **man(n)** m., **man** pron.을 보기.

mōnaþ m. *month* 달 §114.

monig은 **manig**을 보기.

monn은 **man(n)**을 보기.

morgen m. *morning* 아침 2.31.

mōt v.; pret. mōste I *may* ~허락하다, 허용하다 4.66; §209.
moþþe f. *moth* 나방 §13.
munuc m. *monk* 수도사 5.13; §11.
murcnung f. *sorrow* 슬픔 4.30.
murnan sv. 3 *to mourn* 슬퍼하다, 애도하다 §176.
mūs f. *mouse* 쥐 §113.
mus(cu)le f. *mussel* 조개류 2.13, 5.62.
myccle, mycel(e)은 micel, micle를 보기.
myltystre f. *prostitute* 창녀 3.42.
myne m. *minnow* 연준모치, 잡어 5.55.
mynster n. *church*[244] 교회 1.83.

nā adv. *not* ~이 아니다 4.44, 5.80.
nǣdle, nēþl f. *needle* 바늘 §107.
næfde = ne hæfde §94.
nǣfre adv. *never* 결코 ~이 아니다 3.39, 40.
næfþ = ne hæfþ 4.44.
nǣnig pron. *no one* 아무도 ~않다 §145.
nǣnne은 nān을 보기.
nǣre(n), nǣron, nǣs = ne wǣren, ne wǣron, ne wǣs §§94, 213.
næs adv. *by no means* 결코 ~이 아니다 5.6.
nāht는 nāwiht를 보기.
nāhwæþer pron. *neither of two* 둘 다 아니다; cj. *neither* 둘 다 아니다;
　　　nōhwæþer ne . . . *neither . . . nor* ~도 아니고, 또 ~도 아니다
　　　1.27; §143.
nam은 niman을 보기.
nama m. *name, reputation* 이름 명성 1.28, 81.
nān adj. *no* ~이 아닌; acc. sing. m. nǣnne 1.45, 65; pron. *no one* 아무도

---

244) 현대영어 *minster*의 고대영어 형태.

~않다 §§145, 222.

nānwuht pron. 속격과 함께 사용. *nothing* 아무것도 아니다 1.35.

nāst, nāt = **ne wāst, ne wāt** 4.7, 45; §§94, 200

nāwiht, nāht, nōht pron. *nothing* 아무것도 아니다 1.18; §145.

ne adv. *not* ~이 아니다 1.20; *nor* 4.10 ~도 아니다 4.10 ; **ne . . . ne** *neither . . . nor* ~도 아니고, 또 ~도 아니다 2.16; §§213, 222.

nēah adj. (긍정문에서 거의 사용안됨) comp. **nēarra**; superl. **nīehst, nȳhst** *near* 가까운 §§32, 124.

nēah adv.; comp. **nēar**, superl. **nīehst, nȳhst** *near* 가까이 2.28; §151.

neaht은 **niht**를 보기. 2.28; §151.

nēan adv. *from near* 가까이로부터 §151.

nearu adv. *narrow* 좁은 §121.

nēat n. *ox, cow* 암소, 황소 2.8.

neddre f. *adder* 뱀 2.22.

nefa m. *nephew* 조카 §112.

nellan = **ne willan** 5.9; §216.

nemnan wv. 1; pp. **genemned** *to name, call* ~라 부르다 3.22, 26.

nēod f. *zeal, pleasure* 열심, 열중, 즐거움 4.17.

neom = **ne eom** 5.36.

nerian wv. 1 *to save* 구하다 §§72, 81, 193.

nīedbeþearf adj. *necessary* 필요한 1.59.

nigon num. *nine* 아홉 §128.

nigontēoþa num. *nineteeth* 열아홉번째(의) §128.

nigontīene num. *nineteen* 열아홉 §128.

nigoþa num. *ninth* 아홉 번째(의) §128.

niht, neaht f. *night* 밤 2.29, 30; **nihtes** *by night* 밤에 §§113, 225.

niht-sangc m. *compline* 종과(終課) 5.74.

niman sv. 4; pret. sing. **nam, nōm**; pret. pl. **nōmon**; pp. **(ge)numen** *to take* 잡다, 가지다 4.50, *to catch, gather* 잡다, 모으다 2.12; §§23, 25, 26, 179.

nis = **ne is** §213.

niþan, nioþan adv. *below* 아래에, 밑에 §§127, 151.
niþer adv. down 아래에, 밑에 §151.
niþþerra adj. comp. lower 더 아래의; superl. niþemest lowest 가장 아래의 §127.
nōht는 nāwiht를 보기.
nōhwæþer은 nāhwæþer를 보기.
nolde, noldon = ne wolde, ne woldon 1.41, 3.37; §§94, 216.
nōm(on)은 niman을 보기.
nōn n. *nones* 제9시과 5.72.
norþ adv. *northwards* 북쪽으로 2.4; §127.
norþdǣl m. *northern part, north* 북쪽 2.2, 28.
norþerra, nyrþra adj. comp. *more northern* 더 북쪽의; superl. norþmest §127.
nosu f. *nose* 코 §§84, 111.
notu f. *employment* 직업, 일 1.65.
nū adv. *now* 지금 1.14, 21.
numen은 niman을 보기.
nȳhst는 nēah를 보기.
nyl(l)e, nyllan = ne wil(l)e, ne willan §§58, 216, 222.
nys = ne is 5.24.
nyste = ne wiste §58.

O

of prep. 여격과 함께 사용 *from* ~로부터 1.17, 2.15, *by* ~에 의하여 5.40, *with* ~와 함께 3.15.
ofdūne adv. *down* 아래에 §150.
ofslēan sv. 6; pret. sing ofslōh, ofslōg; pp. ofslægen *to kill* 죽이다 3.29, 36; §119.
oft adv.; superl. oftost *often* 1.3, 24; §152.
on prep. 여격 혹은 대격과 함께 사용. *in* ~의 안에 1.6, 13, *into* 안으로 1.3, 18, *on* ~의 위에 3.2, *at* ~에 5.23, *during* ~동안에 5.32, *against* ~

에 대(항)하여, 어긋나게 3.19, *because of* ~때문 3.18, 4.32 *of the value* ~의 가치의 1.81; **on dæg** *daily* 매일 5.81

onbelǣdan sv. 1 *to inflict upon* ~에 해를 가하다 5.10.

oncnāwan sv. 7 *to admit* 인정하다 4.46.

ond는 **and**를 보기.

ondrǣdan sv. 7 *to fear* 두려워하다 §§188, 189.

onfēng는 **onfōn**을 보기.

onfindan sv. 3 *to discover* 발견하다 §84.

onfōn sv. 7; pret. **onfēng** *to receive* 받다 §3.36.

ongēan adv. *opposite* 마주하고 있는 2.5. *again* 다시 4.4

ongegen prep. 여격과 함께 사용 *opposite* 마주하고 있는 2.4.

ongemang prep. 여격과 함께 사용 *among* ~가운데 1.70.

ongietan, ongiotan sv. 5 *to understand, perceive* 이해하다, 알아차리다 1.35; §§14, 181.

onginnan sv. 3; pret. sing. **ongan**; pret. pl. **ongunnon** *to begin* 시작하다 4.37, 38.

ongiotan은 **ongietan**을 보기.

onlūtan sv. 2 *to incline* (마음을) 기울이다 1.42.

onman v. *I esteem* 나는 ~라고 여긴다(생각한다) §207.

onsacan sv. 6 *to strive against* ~에 대항하여 싸우다, 분투하다 §14.

onsendan wv. 1 *to send* 보내다 1.80.

onstāl m. *supply* 공급, 제공 1.22.

onw(e)ald m. *power, authority* 힘, 권위, 권력 1.6, 8.

onweg adv. *away* 저쪽으로, 떨어져서 2.23; §§14, 150.

ōra m. *ore* 광석 2.20.

ostre f. *oyster* 굴 5.61.

oþ prep. 대격과 함께 사용. *until* ~때까지 1.65.

ōþer adj. *other* 다른 1.27, 54; num. *second* 두 번째의; pron. *another* 다른 것 (사람) 1.87; §§122, 128, 134, 227.

oþfæstan wv. 1 *to set (to a task)* ~일에 고정하다 1.64.

oþfeallan sv. 7 *to decline* 쇠(퇴)하다 1.15, 49.

oþþe cj. *or* 혹은 1.17, 86.
oxa m.; pl. **oxan, oexen, oxon** *ox* 황소 5.24, 26; §§11, 112.
oxanhyrde m. *ox-herd* 황소 떼(무리) 5.18.

P

pæþ m.; pl. **paþas** *path* 길 §§16, 29.
peni(n)g m. *penny* 페니 §100.
plega m. *play, game* 연극, 게임 4.9.
plegian wv. 2 *to act* 연기하다 4.59.
plēon sv. 5 *to risk* 모험하다 §183.
plōg m. *a measure of land* 땅의 측정 단위 §13.
prīm n. *prime* 제1시과 5.68.
pund n. *pound* 파운드(무게 단위) 4.70.
pyffan wv. 1. *to puff* (연기 등을) 내뿜다 §13.

R

rǣcan sv. 1 *to reach* 다다르다 §195.
rǣdan, rēdan sv. 7 *to advise* 충고하다 §§188, 189.
rǣding f. *reading* 독서 5.14.
raþe adv. *quickly* 빨리 3.27.
rēaf n. *treasure* 보물 4.72.
rēcan wv. 1 *to care* 돌보다 5.5.
reccan wv. 1. *to narrate* 이야기 하다 §195.
recceleas adj. *careless* 부주의한 1.48.
regen m. *rain* 비 2.16.
rēwyt n. *rowing* 노젓기 5.58.
rīce n. *sovereignty* 주권, 통치권 1.21, *kingdom, country* 왕국, 나라 1.80.
rīdan sv. 1 *to ride* 타다, 타고가다 §§11, 13.
riht adj. *correct* 올바른 5.5
rihte adv. *correctly* 올바르게 5.2.
rōwan wv. 7 *to row* 노를 젓다 §190.

sǣ mf. *sea* 바다 4.18, 5.57; §62.

sǣcocc m. *cockle* 조가비, 새조개류 5.62.

sǣd n. *seed* 씨 §28.

sægest는 secgan을 보기.

sǣwiht fn. *creature living in the sea* 바다에 사는 생물 2.10.

same adv. *similarly* 유사하게, 마찬가지로; swǣ same *similarly* 마찬가지로, 유사하게 1.55.

sang m. *singing, song* 노래하기, 노래 4.37.

sang은 singan을 보기.

sār n. *wound, grief* 상처, 슬픔 4.26.

sārlic adj. *sad* 슬픈 4.6.

sārness f. *grief* 슬픔 4.35.

sāwan sv. 7 *to sow* 씨를 뿌리다 §190.

sāwol f. *soul* 영혼 §§69, 109.

sāwon은 sēon을 보기.

sc(e)acan sv. 6 *to shake* 흔들다 §9, 185.

sc(e)ādan sv. 7. *to divide* 나누다 §189.

sceadu f. *shadow* 그림자 §93.

sc(e)afan sv. 6 *to shave* 수염을 깎다 §185.

sceal v.; pret. pl sc(e)oldon *I must* ~해야 한다 1.14, 5.33.

scē(a)p n. *sheep* 2.8

scear mn. *ploughshare* 보습 5.27.

scearn n. *dung* 대변, 배설물 5.34.

scencan wv.1 *to pour out* 쏟아내다 §194.

sceoldon은 sceal을 보기.

sceort adj.; comp. scyrtra; superl. scyrtest *short* 짧은 §§38, 124.

scēota m. *trout* 송어 5.55.

scēotan sv. 2 *to shoot* 쏘다 §167.

scēowyrhta m. *shoemaker* 구두 수선공 5.20.

scēp은 scē(a)p를 보기.

scēphyrde m. *shepherd* 양치기 5.18.

sceþþan sv. 6 *to injure* 상처를 주다 §187.

scieppan sv. 6. *to create* 창조하다, 만들다 §187.

scieran sv. 4 *to cut* 자르다 §§36, 178.

scip, scyp n. **ship** 배 5.43; §§46, 108.

scōh m. *shoe* 신발 §13.

scrīdan은 scrȳdan을 보기.

scrīþan sv. 1 *to go* 가다 §165.

scūd n. *garment, clothing* 옷 5.41; §113.

scrȳdan, scrīdan sv. 1 *to dress, clothe* 옷을 입히다 3.28, 4.49.

scūfan sv. 2 *to push* 밀다 §170.

scū(w)a m. *shadow* 그림자 §63.

scyp은 scip을 보기.

sē pron. art.; instr. þȳ þon *that, the* 그(것) 1.85 rel. *who, which* 관계대명사 그(사람/것) 1.81, *he, it* 그사람, 그것 §230; **on þon** *so* 그래서 2.31; **þȳ. . . þȳ** *the. . . the* ~하면 할수록 ~하다 1.50; §138.

sealde(st)은 sellan을 보기.

sealtere m. *salt-maker* 소금만드는 사람 5.20.

sealtsēaþ m. *salt-spring* 염전 2.18.

sēc(e)an sv. 1; pret. sōhte *to seek* 구하다 1.13, 4.84; §§40, 195.

secgan wv. 3; 2 sing. pre. **sægest**; imper. sing. **sege** *to say* 말하다 4.15; §§13, 64, 83, 99, 197.

sēfte adj. *soft* 부드러운 §146.

seglan, siglan wv. 1. *to sail* 항해하다 §194.

sel(d)lic adj. *strange* 낯설은, 이상한 §97.

seldon adv. *seldom* 거의~않다 5.58.

sēlest adj. superl. *best* 가장 좋은 3.27; §125.

self, sylf, silf adj. *himself* 그 자신 4.56, 같은 2.28; (대명사를 강조) 1.27; §§140, 230.

sellan, syllan, sillan wv. 1.; imper. sing. **syle**; pret. **sealde** *to give* 주다 1.25, 3.3, 16, 4.45; §§32, 195.

sēlra adj. comp. *better* 더 좋은 §125.
sendan wv. 1 *to send* 보내다 §101.
sēo는 sē를 보기.
sē(o)c adj. *sick* 아픈 §54.
seofon num. *seven* 일곱 5.14, 69; §128.
seofontēoþa num. *seventeenth* 열일곱번째(의) §128.
sefontīene num. *seventeen* 열일곱 §128.
seofoþa num. *seventh* 일곱번째(의) §128.
seolfor, siolfro n. *silver* 은 2.21, 4.71; §45.
seolh m. *seal* 물개 2.11; §108.
seolm, sealm m. *psalm* 찬송가, 시편 5.69.
sēon sv. 5; pret. pl. sāwon *to see* 보다 §§13, 28, 63, 98, 183.
sēoþan sv. 2 *to boil* 끓(이)다 §168.
seoþþan은 siþþan을 보기.
setl n. *seat* 자리 4.6.
settan wv. 1. *to put, place* 놓다 4.49, 5.88; §§11, 40, 81, 90, 193.
sī는 bēon을 보기.
sibb f. *peace* 평화 1.8.
sīe(n), siendon은 bēon을 보기.
si(e)x, six num. *six* 여섯 §§50, 128.
si(e)xta, syxta num. *sixth* 여섯번째(의) §128.
si(e)xtēoþa num. *sixteenth* 열여섯번째(의) §128.
si(e)xtīene num. *sixteen* 열여섯 §128.
si(e)xtig num. *sixty* 육십 §128.
si(e)xtigoþa num. *sixtieth* 육십번째(의) §128.
sigor m. *victory* 승리 §117.
silf, sillan은 self, sellan을 보기.
sīn pron. reflex. *his, its* 그(것)의 §137.
sindon은 bēon을 보기.
singan, sincgan, syngan sv. 3; pret. sing. sang; pret. pl. sungon *to sing* 노래하다 5.13, 67, 74; §13.

sint, sīo는 bēon, sē를 보기.
si(o)du m. *custom, morality* 관습, (사회의) 도덕체계 1.8; §111.
siolfor는 seolfor를 보기.
sittan sv. 5 *to sit* 앉다 4.6; §§11, 29, 90, 159, 160, 162, 184.
sīþ adv. *late* 늦은 §127.
sīþemest adj. superl. *latest* 최근의 §127.
siþþan, seoþþan, syþþan adv. *afterwards* 이후에, 나중에 1.55; §§45, 65, 67.
slǣpan sv. 7; pret. pl. slēpon, slǣpton *to sleep* 자다 5.71; §189.
slāw adv. *slow* 늦은 §121.
slēan sv. 6 *to strike* 치다, 때리다 §§15, 34, 64, 77, 98, 156, 162, 186.
slēpon은 slǣpan을 보기.
smēþe adj. *smooth* 매끄러운 §146.
smōþ adj. *smooth* 매끄러운 §146.
smōþe adv. *smoothly* 매끄럽게 §146.
snā(w) m. *snow* 눈 §87.
snīþan sv. 1 *to cut* 자르다 §165.
sōft adj. *soft* 부드러운 §146.
sōfte adv.; comp. sēft *softly* 부드럽게 §§22, 146, 153.
sōhte는 sēc(e)an을 보기.
sōna adv. *at once, immediately* 곧, 즉시 sōna swā *as soon as* ~하자마자, ~하자 곧 4.36; §148.
sōþlīce adv. *indeed* 실로, 정말로, 사실은 3.5, 6, *truthfully* 진실로 4.21.
spanan sv. 6 *to entice* 유혹하다 §185.
spannan sv. 7 *to fasten, clasp* 꽉 조이다, 고정하다 §§185, 190.
spēd f. *wealth, riches* 부, 재산 1.63, 3.42.
speld n. *splinter* 부스러기, 파편 §117.
spēow는 spōwan을 보기.
spere n. *spear* 창 §110.
spitu m *spit* 침 §111.
spor n. *track, footprint* 자취, 흔적 1.42.
spōwan sv. 7; pret. spēow impers. *to succeed*[245] 성공하다 1.42.

어휘풀이(Glossary)　　　　　　　　　　　　　　　　　　　　　255

sprǣc f. *speech* 이야기, 연설 §§57, 190.
sprecan sv. 5; 2 sing. pres. **sprycst, spricst** *to speak, say* 이야기하다 5.2, 11; §13.
sprot(t) m. *sprat, small fish* 유럽산 청어류의 작은 물고기 5.56.
sprycst은 **sprecan**을 보기.
spurnan sv. 3. *spurn* 쫓아내다, 추방하다 §176.
spry(ge)an wv. 1 *to go, follow* 가다, 따라가다 1.40; §193.
spyrte f. *wicker pot* 잔가지로 짠 통, 단지 5.44.
stæfn, stefn f. *voice* 목소리 4.57.
stān m. *stone, precious stone* 돌, 보석 2.21; §108.
standan sv. 6; pret. pl. **stōdon** *to stand* 서다 1.32; §13, 185.
stearc adj. *severe* 가혹한 5.25.
stede m. *place* 장소 §110.
stelan sv. 4 *to steal* 훔치다, 도둑질하다 §177.
stellan wv. 1 *to place* ~에 놓다 §195.
steorfan sv. 3 *to die* 죽다 §175.
steppan sv. 6 *to step* 걷다, 걸음을 옮기다 §187.
stille adj. *still, quiet* 조용한 4.13.
stilnes(s) f. *peace, quiet* 평화, 고요 1.62, 4.53.
stiria m. *sturgeon* 철갑상어 5.61.
stōdon은 **standan**을 보기.
stōw f. *place* 장소 1.37, 2.8.
strang adj.; comp. **strengra**; superl. **strengest** *strong* 강한 §124.
streccan wv. 1 *to stretch* 펴다, 뻗다 §195.
stregdan sv. 3 *to strew* (씨를) 뿌리다 §171.
strengþu f. *strength* 힘 §109.
strīenan wv. 1 *to acquire* 취득하다, 습득하다 §40.
studu f. *pillar* 기둥 §113.

---

245) 비인칭 구문에서는 *profit, avail, help*(~에게 이롭다, 사용되다, 도움이 되다)의 의미로 쓰인다.

styccemǣlum adv. *here and there* 여기 저기 §149.
styric n. *calf* 송아지 3.29.
sulh f.; dat. sing. **syl** *plough* 쟁기 5.24, 27; §113.
sum adj.; sing. *a certain, a* 어떤 1.57, 3.6; pl. *some* 어떤, 무슨 1.59, 2.8; pron. *someone* 누군가, 어떤 사람 §§145, 219.
sumor m.; dat. sing. **sumera** *summer* 여름 2.29, 32.
sungon은 **singan**을 보기.
sunne f. *sun* 태양 2.16.
sunu m. *son* 아들 3.6, 9; §§69, 105, 111.
sūþ adv. *southwards* 남쪽으로 §127.
sūþan adv. *from the south* 남쪽으로부터; **be sūþan** *south of* ~의 남쪽 1.20.
sūþdǣl m. *southern part, south* 남쪽 2.5, 33.
swā, swǣ adv. cj. *so, such* 그러한 4.6, *as* ~에 따라 1.23, *in such a way* 그러한 방법으로 4.50, *to such an extent* 그런 정도로 1.48; **swā swā** *as* ~에 따라 3.2; **swā . . . swā** *as . . . as* 5.52, *as. . . so* ~하면 할수록 ~하다246) 2.17; **swā þæt** *so that* 그래서 2.29.
swæþ n. *track, footprint* 흔적, 자취 1.39.
swā-hwæt-swā pron. pl. *whatever* 무엇이든지 4.26, 66.
swāpan sv. 7 *to sweep* 쓸어내다, 청소하다 §190.
swā-wylce-swā adj. pl. *whatever* 무엇이든지 5.56.
swēg m. *noise, sound* (시끄러운) 소리 3.33, *music* 음악 4.38.
swēgcræft m. *musical performance* 음악연주 4.38, 43.
swelc, swilc, swylc pron. adj. *such* 그러한 5.63; §145.
swelce, swilce, swylce cj. 가정법과 함께 사용 *as if* 마치 ~인 것처럼 1.36; **ēac swilce, swylce ēac** *likewise* 마찬가지로 2.9, 4.79.
swelgan sv. 3 *to swallow* 삼키다 §173.
swellan sv. 3 *to swell* 부풀어 오르다 §173.
sweltan scv. 3 *to die* 죽다 §173.

---

246) the + 비교급, the + 비교급과 같은 문장이지만, 현대영어와 달리 각 절을 swā 가 이끌며, 주어와 동사 모두 갖추고 있다.

sweord, swurd n. *sword* 칼 §59.
sweoster, swostor, swustor f. *sister* 자매 §§48, 59, 115.
sweotol, swutol adj. *clear, evident* 명확한, 확실한 2.31; §§48, 146.
sweotole adv. *clearly* 명확하게, 확실히 §146.
swerian sv. 6. *to swear* 맹세하다 §187.
swēte adj. *sweet* 달콤한 §146.
swice adj. *deceitful* 속이는, 기만하는 §120.
swīgende (swīgan의 현재분사) *remaining silent* 침묵을 지키는 §4.41.
swīge f. *silence* 침묵 4.53.
swīgian wv. 2 *to be silent* 침묵을 지키다 4.39.
swilc, swilce는 swlc, swelce을 보기.
swingell f.; acc. pl. swincgla *blow, chastisement* 때리기, 매질 5.10.
swīþe, swȳþe adv. *very* 매우 1.2, 61, 2.14; swīþe swīþe *very much, indeed* 아주 많이, 정말로 1.43.
swōgan sv. 7 *to sound* 소리내다 §190.
swōt adj. *sweet* 달콤한 §146.
swōte adv. *sweetly* 달콤하게 §146.
swustor, swutol은 sweostor, sweostol을 보기.
swylc, swylce는 swelc, swelce를 보기.
swymman, swimman sv. 3 *to swim* 헤엄치다 5.56.
swȳn, swīn n. *swine, pig* 돼지 3.14, 15.
swȳþe, sȳ는 swīþe, bēon을 보기.
syl은 sulh를 보기.
syle, syllan; sylf는 sellan; self를 보기.
symle adv. *always* 항상, 늘 3.43.
synd(on), syngan은 bēon, singan을 보기.
syngian sv. 2 *to sin, offend* 죄를 짓다, 해를 가하다 3.19, 25.
synt는 bēon을 보기.
sȳþerra, sūþerra adj. comp. *more southern* 더 남쪽의; superl. sūþmest §127.
syþþan은 siþþan을 보기.

tǣcan wv. 1 *to teach* 가르치다 5.2; §195.
tǣlan wv. 1 *to blame* 나무라다, 비난하다 4.41.
tælhg, telg m. *dye* 염색 2.16.
tēah는 **tēon**을 보기.
tēar, tæhher m. *tear* 눈물 4.22; §82.
tela adv. *well* 잘 §148.
tellan wv. 1 *to count* 세다 §195.
temian wv. 1 *to tame* 길들이다 §193.
teohhian, tiohhian wv. 2 *to think* 생각하다 §32.
tēon wv. 1 *to accuse* 죄를 씌우다, 비난하다 §§32, 166.
tēon sv. 2; pret. sing **tēah**; pp. **getogen** *to draw* 이끌어내다; *to instruct* 가르치다 4.63; **forþ tēah** *had recourse to* ~에 의존하다 4.59; §169.
tēond m. *accuser* 고발자 §116.
tēoþa num. *tenth* 열 번째 §128.
ticcen n. *kid* 아이 3.40.
tīd f. *time* 시간 1.5, *hour* (몇)시, 시간 5.14.
tīen num. *ten* 열(10) §128.
tīma m. *appropriate time* 적절한 시간 5.75.
timbran wv. 1 *to build* 세우다 §194.
timbrian wv. 2 *to build* 세우다 2.26.
tō prep. 여격과 함께 사용 *to* ~에 1.21, 3.7, *towards* ~로 향하여 4.23 *as* ~로서 5.48; (목적을 나타내는 동명사와 함께 사용되어) 1.60; **tō lǣne** *on loan* 대출 중인 1.86 ; **tō þǣm. . . þæt** *in order that* ~하기 위하여 1.24; adv. *too* 또한 4.15.
tōbecuman sv. 4 *to come about* 가져오다 3.2.
tō-dæg adv. *today* 오늘(날) 3.3, 5.64; §150.
tōdǣlan wv. 1. *to separate, divide* 분리하다, 나누다 2.19.
tōforan prep. 여격과 함께 사용. *before, in front of* ~앞에 5.88.
tōgenȳdan wv. 1 *to compel* 쫓아내다 5.10.
torr m. *tower* 탑 2.26.

어휘풀이(Glossary)

tōþ m. *tooth* 치아 §§22, 96, 113.
trēo(w) n. *tree* 나무 2.7; §§56, 62, 87, 108.
trum adj. *strong* 강한 2.26.
trymian wv. 1 *to strengthen* 강화시키다 §193.
tū은 twēgen을 보기.
tūn m. *estate, farm* 농장, 토지 3.14.
tunge f. *tongue* 혀 §112.
turf f. *turf* 잔디 §113.
twā은 twēgen을 보기.
twēgen, tū, twā num. *two* 둘(2) 2.4, 3.6, 4.70; §§128, 130.
twelf num. *twelve* 열둘 §128.
twelfta num. *twelfth* 열두번째(의) §128.
twentig num. *twenty* 스물 4.72; §128.
twentigoþa num. *twentieth* 스무번째(의) §128.
twifeald adj. *twofold* 이중의 §135.
twiwa adv. *twice* 두 번, 두 배 §148.

þ

þā adj. pron. pl. *these, those* 이/저 것들, 이/저 사람들 1.67, *these things* 이 것들 5.67; þā þe *who, which* 누구, 어떤 것, ~하는 사람/것 1.37, 59; §138.
þā adv. *then* 그리고 나서, 그러자 1.5, 9, 3.6; þā þā *when* ~때에 1.20; þā . . . þā *when* . . . *then* ~때에. . . 그리고 나서 1.30; §220.
þǣm, þǣne는 sē를 보기.
þænne는 þonne를 보기.
þǣr, þār adv. *there* 거기에 2.22, 3.10; þǣr þǣr *where* 어디에서, ~에서 1.25; §§11, 151, 220.
þǣra는 þā를 보기.
þǣre, þǣs는 sē를 보기.
þæt cj. 접속사 *that* 1.2, *in order that* ~하기 위하여 4.20.
þæt pron. art. *it* 그것 2.4, *the* 이, 그 §138.

þām은 sē, þā를 보기.

þancian wv. 2 여격과 함께 사용. *to thank* 감사하다 4.32; §13.

þancung f. *thankfulness* 감사 5.86.

þār는 þǣr를 보기.

þāra, þāre는 þā pron. sē를 보기.

þās는 þes를 보기.

þe rep. pron. indecl, *who* 누구, ~하는 사람(들) 1.6, *which* 어떤 1.59; cj. *when* ~때에 1.66; þe . . . þe *(whether)* . . . *or* ~인지 혹은 ~인지 2.30.

þē는 þū를 보기.

þēah adv. *nevertheless* 그럼에도 불구하고 4.14; cj. 가정법과 함께 사용. *although* ~일지라도 4.13.

þēahhwæþere adv. *nevertheless* 그럼에도 불구하고 5.15.

þearf v. *I need* ~하는 것이 필요하다 §§199, 204.

þearle ad. *hard, severely* 어렵게, 힘들게, 가혹하게 5.23, *very much* 대단히 많이 4.61.

þēaw m. *custom, habit* 관습, 습관; pl. *virtues, morality* 가치, 도덕체계 1.29.

þeccan wv. 1 *to cover* 덮다 §195.

þegnian wv. 2 *to serve* 시중들다, 섬기다 §99.

þen(e)an wv. 1; pret. þōhte *to think* 생각하다 §§9, 13, 21, 195.

þēning f. *mass-book* 미사책 1.16.

þēon wv. 1 *to prosper* 번창하다 §166.

þēos는 þes를 보기.

þēo(w), þīo(w) m. *servant* 하인 1.33, 3.34; þēow mann *servant* 하인 4.73; §108.

þēowian wv. 2 *to serve, work for* 섬기다, ~위하여 일하다 3.39.

þerscan sv. 3 *to thresh* 도리깨로 두드리다 §171.

þes adj. pron. *this* 이것(의) 3.30, 4.8; §§139, 227.

þicgan sv. 5 *to receive* 받다 §184.

þider adv. *thither* 저쪽으로, 저기에 §151.

þīn은 þū를 보기.

어휘풀이(Glossary)

þincan은 þyncan을 보기.
þing(c) n. *thing* 물건, ~것 4.47, 73; pl. *possessions* 소유물 3.9; §13.
þīod, þēod f. *people, nation* 민족 1.57.
þīos는 þes를 보기.
þīo(w)는 þēo(w)를 보기.
þīowotdōm m. *service* 예배 1.12.
þis, þisne, þissa, þisse, þis(s)es, þisum은 þes를 보기.
þon은 sē를 보기.
þonan adv. *thence* 그 후, 그 때부터 §151.
þonc m. *thanks* 감사 1.21, 84.
þone은 sē를 보기.
þonne, þænne adv. cj. *then* 그리고 나서, 그때 2.22, *when* 5.75, *than* 2.33, 5.8.
þrēotēoþa num. *thirteenth* 열세번째(의) §128.
þrēotīene num. *thirteen* 열셋 §128.
þridda num. *third* 세 번째(의) §128.
þrī(e), þrīo, þrēo num. *three* 셋 §128.
þrifeald adj. *threefold* 삼중의 §128.
þrītig, þrittig num. *thirty* 삼십 §128.
þrītigoþa num. *thirtieth* 삼십번째(의) §128.
þrittig는 þrītig를 보기.
þrūh f. *trough* 여물통 §113.
þū pron. *thou* 당신 (이인칭 단수) 1.23; §§136, 137.
þūhte는 þyncan을 보기.
þurh prep. 대격과 함께 사용. *by means of, with the help of* ~에 의하여, ~의 도움으로 1.56, *through* ~을 통하여 2.19.
þus adv. *thus* 따라서 4.73, 75.
þūsend n. *thousand* 천(1000) §§128, 133.
þwēan sv. 6 *to wash* 씻다 §186.
þweorh adj. *perverse* 심술궂은 §118.
þȳ는 sē를 보기.

þȳn wv. 1 *to press* 누르다 §194.
þyncan, þincan wv. 1; pret. þūhte impers. *to seem* ~인 것 같다 1.58, 4.15; §§21, 40, 78, 195.
þyslic pron. *such* 그러한 §145.
þysum은 þes를 보기.
þȳwan wv. 1 *to drive* 몰다 5.24, 30.

U

ufan adv. *above* ~위에 §127.
uferra adj. comp. *higher* 더 높은; superl. ufemest §127.
ūhstang m *matins* 아침기도, 조과(朝課) 5.67.
unclǣne adj. *unclean* 깨끗하지 않은 5.46, 47.
uncūþ adj. *unknown* 알지 못하는, 알려지지 않은 1.83.
under prep. 대격과 함께 사용. *under, in* ~아래, ~안에 2.28, 5.82; §64.
understandan, understondan sv. 6 *to understand* 이해하다 1.17, 4.20.
undertīd f. *tierce* 제3시과 5.70.
ungeāra adv. *recently* 최근에 §149.
ungecnāwen ppl. adj. *unknown* 알지 못하는, 알려지지 않은 4.60.
ungelǣred adj. *ignorant* 모르는, 무지한 5.2.
ungewunelic adj. *unwonted, unusual* 보통이 아닌, 드문, 이례적인 4.60.
unrīm n. *countless number* 셀 수 없는(무수히 많은) 수 2.27.
unrōt adj. *sad* 슬픈 4.14.
ūp(p) adv. *above, up* ~위에 §151.
uppan, uppon prep. 대격과 함께 사용. *upon* ~위에 4.49; adv. *above* ~위에 §151.
uppe adv. *on high, up* 높이, 위에 §151.
uppon은 uppan을 보기.
ūre, ūs(er)은 wē를 보기.
ūt adv. *out* 밖으로 4.69, *abroad* 해외로 1.9; §§127, 151.
ūtan adv. *from outside* 밖으로부터 §151.
ūtanbordes adv. *abroad* 해외로 1.13.

ūte adv. *outside, abroad* 밖으로, 해외로 1.14; §151.
ūterra adj. comp. *outer* 밖의; superl. **ūt(e)mest** §127.
utun v. *let us* ~합시다 3.29n.
ūtweorpan, ūtwyrpan sv. 3 *to throw away* 버리다, 폐기하다 5.47.

wadan sv. 6 *to go* 가다 §185.
wǣdl, wēþl f. *poverty* 가난, 빈곤 §107.
wǣdla m. *pauper* 빈민 3.12.
wǣre(n)은 **wesan**을 보기.
wǣrlīce adv. *warily* 주의 깊게 5.77.
wǣron, wæs는 **wesan**을 보기.
wæsp, wæps m. *wasp* 말벌 5.77.
wæstm mn. *fruit* 과일 2.7.
wæter n. *water, expanse of water* 물, 망망한 대해 2.10, 18; §108.
wæterian wv. 2 *to provide water for* ~에 물을 제공하다 5.34.
wamb f. *stomach* 배, 위 3.15.
wana adj. indecl. *wanting, less* 결한, 부족한 5.25.
wange n. *cheek* §112
wāt v. ; 2 sing. pres. **wāst**; infin. **witan**; pret.pl. **wiston** *I know* 알다 1.34, 4.45, 5.80; **to wiotonne** *to know* 아는 것 1.60; §§198, 200.
wāwan sv. 7 *to blow* 바람이 불다 §190.
waxgeorn adj. *greedy* 탐욕스러운 5.87.
wē pron.; gen. **ūser, ūre**; acc. dat. **ūs** *we* 우리 1.21, 26, 42; §§96, 136, 137.
wealcan sv. 7 *to roll* 굴리다, 말다 §190.
weald m. *wood* 나무 §111.
wealdan sv. 7 *to wield* 휘두르다 §190.
wealdend m. *ruler* 지배자 §116.
wealhstod m. *interpreter* 해석자 1.56.
weall m. *wall* 벽 2.25.
weallan sv. 7 *to boil* 끓(이)다 §190.

wearþ은 **weorþan**을 보기.

weaxan sv. 7 *to grow* 자라다 §44, 190.

weccan wv. 1 *to awake* 깨우다 §195.

wecg m. *(mass of) metal* 다량의 금속 2.20.

weg m. *way* 길, 방법 §89.

wel adv. *well* 잘 4.44, *with ease* 쉽게 1.66; §153.

wela m. *wealth, riches* 부, 재산 1.38, 41.

welhwǣr adv. *everywhere* 모든 곳에서 1.84.

welig adj. *rich* 부유한 2.6, 4.31.

welwillendness f. *benevolence, good will* 호의 4.33.

wēnan wv. 1 *to think* 생각하다 1.18, *to expect* 기대하다 1.47; §194.

wendan wv. 1 *to translate* 번역하다 1.46, 53.

wēoh, wīh m. *idol* 우상 §54.

weolcscyll f. *whelk, shellfish* 쇠고둥류의 식용고둥 2.13.

weoloc m. *whelk* 식용고둥 2.15.

weoloc-rēad adj. *scarlet, purple* 보라색의 2.15.

we(o)rc, weork n. *work, task* 일, 과업 5.12, 22; §§13, 54.

weorpan sv. 3; 1 sing. pres. **weorpe, wyrpe** *to throw* 던지다 5.43, 44; §§12, 32, 175.

weorþan sv. 3 ; pret. **wearþ**; pp. **geworden** *to be, become* ~이다, ~이되다 1.48, *to happen* 발생하다 4.53; §§80, 155, 175, 233.

wēpan sv. 7 *to weep* 울다 §§160, 190.

wer m. *man* 남자 §20.

werod, weryd n. *crowd, multitude* 대중, 군중 3.34, *troop* 군대 §69.

wesan v. ; pret. sing. **wæs**; pl. **wǣron** *to be* ~이다 1.16, 69, 5.9; §§29, 155, 182, 213, 233.

west adv. *westwards* 서쪽으로 §127.

westdǣl m. *western part, west* 서쪽 2.2.

westerra adj. comp. *more westerly* 더 서쪽의; superl. **westmest** §127.

wīfmann, wimman m. *woman* 여자 §§65, 90, 113.

wīg n. *war* 전쟁 1.10; §8.

어휘풀이(Glossary) 265

wiga m. *warrior* 군사 §8.
wīgend m. *warrior* 군사 §116.
wiht, wuht fm. *thing* 것 §59.
wilde adj. *wild* 야생의 §§106, 120, 122, 123, 137.
willa m. *will, pleasure* 의도, 즐거움 3.2.
willan, wyllan v.; pret. **wolde** *to wish* 소망하다[247] 1.67, 4.28; §§9, 58, 64, 212, 216, 237.
wilnung f. *desire* 소망, 욕망 1.49; §109.
wīn n. *wine* 포도주 §8.
wind m. *wind* 바람 §18.
windan sv. 3; pp. **wunden** *to twist* 비틀다 §119.
wine m. *friend* 친구 §§8, 68, 110.
winewincle f. *winkle, shellfish* 경단고둥류의 식용고둥, 조개류 5.62.
wīngeard m. *vineyard* 포도밭 2.9.
winsum adj. *pleasant* 즐거운, 유쾌한 4.37, 56.
winter m. *winter* 겨울 2.33, 5.25.
wiota, wiotonne은 **wita, wāt**를 보기.
wīs adj. *wise, learned* 현명한, 학식있는 1.56.
wīsdōm m. *wisdom, learning* 지혜, 학문 1.10, 13.
wiste, wiston은 **wāt**를 보기.
wit pron. *we two* 우리 둘 다 §§136, 137.
wita, wiota, wuta m. *scholar* 학자 1.3, 44; §48.
witan은 **wāt**를 보기.
wīte n. *punishment, torment* 벌, 고통, 고문 1.26; §108.
wlæc adj. *tepid* 미지근한 §118.
wlōh f. *fringe* 가장자리, 술 §113.
wolde, woldon은 **willan**을 보기.
word n. *word* 단어 1.1, 73; §§13, 108.

---

[247] 하지만 많은 문법서에서 willan의 주된 의미는 현대영어와 달리 '기꺼이 ~하다(be willing to)'라고 설명하고 있다.

woruld f. *world* 세상 1.26; §48.
woruldcund adj. *secular* 세속의 1.4.
woruldþing n. *worldly affair* 세상 일 1.23.
wræclīce adv. *in exile* 유랑 중인 3.10.
wræstlian wv. 2 *to wrestle* 맞붙어 싸우다 §65.
wrecan sv. 5 *avenge* 복수하다 §180.
wrēon sv. 1 *to cover* 덮다 §166.
wrītan sv. 1 *to write, copy* 쓰다, 베끼다 1.87; §164.
wrīþan sv. 1 *to twist* 비틀다 §165.
wudu m. *wood* 나무 §§48, 111.
wulf m. *wolf* 늑대 §§13, 55, 84.
wunden은 windan을 보기.
wundrian wv. 2 *to wonder* 의아해하다, 놀라다 1.43.
wundrum adv. *wonderfully* 훌륭하게 §149.
wurþian wv. 2 *to honour* 공경하다, ~에게 영광이 되다 2.24.
wurþlic adj. *honoured* 영광인 4.6.
wyllan은 willan을 보기.
wyrcan wv. 1; pret. **worhte**; pp. **geworht** *to make* 만들다 2.15; §§75, 195.
wyrdan wv. 1 *to injure, damage* 해를 가하다 2.16.
wyrm, wurm m. *serpent* 뱀 §60.
wyrpe는 weorpan을 보기.
wyrt f. *vegetable* 채소, 야채 5.85.
wyrþe adj. *worthy* 가치있는 3.20, 26.

yfel adj. comp. **wiersa, wyrsa, wursa**; superl. **wier(re)st** *evil* 나쁜, 사악한; n. *evil* 악 3.5; §§60, 125.
yfele adv. *badly* 나쁘게, 서투르게 4.40; §153.
yferra adj. comp. *higher* 더 높은; superl. **yfemest** §127.
yldo f. *age* 나이 2.19.
yldra는 eald를 보기.

ymb prep. 대격과 함께 사용. *in, concerning* ~안에, ~에 관하여 1.11, 12.
ymbsittende adj. *sitting near* 가까이 앉아있는 4.3, 51.
yppan wv. 1 *to reveal, betray* 누설하다, 폭로하다 5.79.
yrþlin(c)g m. *farm labourer* 농장 노동자(일꾼) 3.17, 5.22.
ys는 **bēon**을 보기.
ȳterra adj. comp. *outer* 밖의; superl. **ȳt(e)mest** §127.
ytst는 **etan**을 보기.

주해에 사용된 참고 문헌[248]

Algeo, J. & T. Pyles. 2004. *The Origins and Development of the English Language*. 5th edition. Boston: Thomson Wadsworth.

Campbell, A. 1959. *Old English Grammar*. Oxford: Oxford University Press.

Clark Hall, J. R. 1960, *A Concise Anglo-Saxon Dictionary*. 4th edition, reprinted in 1996. Toronto, Buffalo & London: University of Toronto Press.

Crossley-Holland, K. 1984. *The Anglo-Saxon World, An Anthology*. Oxford & New York: Oxford University Press.

Crystal, D. 1995. *The Cambridge Encyclopedia of The English Language*. Cambridge & New Yokr: Cambridge University Press.

Fennell, B. 2001. *A History of English: A Sociolinguistic Approach*. Oxford: Blackwell.

Leo Sherley-Price, D. H. Farmer & R. E. Latham. 1990. *Bede Ecclesiastical History of the English People*. London & New York: Penguin Books.

Millward, C. 1989. *A Biography of the English Language*. Chicago & London: Holt, Rinehart and Winston, Inc.

Mitchell, B. & F. Robinson, 2001. *A Guide to Old English Grammar*. 6th edition. Oxford: Blackwell.

Treharne, E. 2000. ed. *Old and Middle English, An Anthology*. Oxford:

---

248) 역자가 주해에 주어진 설명에 참조한 참고 문헌이다. 특히 주어진 웹사이트에서는 본서에서 소개되고 있는 문헌들의 필사본, 배경, 어휘풀이, 번역 등과 같은 다양한 정보 및 고대영어 사전을 온라인으로 제공하여 준다.

Blackwell.

Sweet, H. 1953. *Sweet's Anglo-Saxon Primer*. 9th edition. revised by N. Davis. Oxford: the Clarendon Press.

http://www.apocalyptic-theories.com/literature/aelfpref/mepref.html 2005-06.
http://www.departments.bucknell.edu/english/courses/engl440/pastoral.shtml 2005-06.
http://www.doe.utoronto.ca/ 2005-06.
http://www.engl.virginia.edu/OE/index.html 2005-06.
http://www.fordham.edu/halsall/basis/bede-book1.html 2005-06.
http://www.georgetown.edu/labyrinth/library/oe/oe.html 2005-06.
http://www.georgetown.edu/faculty/ballc/apt/apt_mne.html 2005-06.
http://www.kentarchaeology.ac. 2005-06.
http://www.poets.org/poet/php/prmPID/284 2005-06.
http://www.towson.edu/~tinkler/prose/1oe.html 2005-06.
http://www.ucalgary.ca/UofC/eduweb/engl401/index.htm 2005-06.
http://www.poets.org/poet/php/prmPID/284 2005-06.
http://sunsite.berkeley.edu/OMACL/Anglo/ 2005-06.
http://www.amazon.com/gp/reader/019811169X/ref=sib_dp_pt/102-7244003-6883332#reader-page 2005-06.
http://www.amazon.com/gp/reader/0198111789/ref=sib_dp_pt/102-7244003-6883332#reader-link 2005-06.

찾아보기

ㄱ

가정법(Subjunctive) 93, 94, 147, 148, 149, 150, 151, 152
강변화 동사(Strong Verbs) 90, 91
  제1군 강변화 동사 95, 96, 98
  제2군 강변화 동사 95, 97
  제3군 강변화 동사 19, 20, 23, 95, 98, 111
  제4군 강변화 동사 21, 95, 99, 100, 101
  제5군 강변화 동사 95, 101
  제6군 강변화 동사 95, 100, 102
  제7군 강변화 동사 95, 103, 104
강세 15, 16
게르만어 22, 25, 33, 35, 39, 42, 45, 46, 53, 57, 66, 71, 89, 90, 96, 103
격(Cases) 131
  주격(Nominative) 131
  속격(Genitive) 88, 133, 136, 139
    부분 속격(Partitive Genitive) 80, 133, 140, 202
  대격(Accusative) 87, 132
  여격(Dative) 88, 135
    절대 여격(Dative Absolute) 210
  사격(Oblique) 45, 48, 55, 56, 60, 61, 94, 140
  도구격(Instrumental) 87, 135, 202
  탈격(Ablative) 87
    절대 탈격(Ablative Absolute) 136, 210
  호격(Vocative) 137, 208
겹자음화(Doubling) 44, 45, 46, 51, 52, 72, 93, 94, 102, 203
고대 고지독일어(Old High German) 7, 22, 45
고대 색슨어(Old Saxon) 7, 45
고딕어(Gothic) 6, 22, 25, 27, 28, 33, 35, 36, 38, 39, 40, 44, 48, 50, 51, 53, 104
과거 90, 144, 146
과거분사 74, 94
과거완료 144
과거-현재 동사(Preterite-Present Verbs) 92, 115
관계 대명사(접사) 140
관사 138
  부정관사 139
  정관사 83, 84, 137, 138, 139, 140

구개음화 15(자음의 전향화 참고)
구개자음 32, 101

ㄴ

노섬브리안 방언(Northumbrian) 8, 45

ㄷ

단순모음화 32
단순 미래 90, 143
단순화(Simplification) 52, 69, 83, 110, 199, 211
도약율(Sprung Rhythm) 2
동게르만어 6
동명사 94, 153
동화(Assimilation) 49, 83, 211

ㄹ

라틴어 65, 92, 201, 203, 207, 210
룬(Rune) 문자 8

ㅁ

머시안 방언(Mercian) 7, 8, 23, 31
명령법(Imperative) 93
명사의 격변화
  1음절어 자음 격변화 60
  a 격변화 54, 58, 62, 67, 87
  i-격변화 57, 62, 79
  n-격변화 59, 73
  nd-어간 64

r-어간 63
u-격변화 58, 69
ō-격변화 56, 58, 61, 62, 67
þ-어간 62
인구어 es-, os- 어간 65
모음의 단음화(Shortening) 37, 49, 53, 203
모음의 장음화(Lengthening) 35, 52
  보상적 장음화 20, 21, 36, 43, 51
모음의 전향화(Fronting) 18, 22, 26, 114, 197
모음의 후향화(Retraction) 18, 22, 24, 55
모음전환(Ablaut 혹은 Gradation) x, 91, 100
모음화(Vocalization) 48, 73
무성음화(Unvoicing) 48, 49, 69

ㅂ

배수사(Multiplicative Adjectives) 80
베르너 법칙(Verner's Law) 42, 43, 44, 47, 66, 96, 99, 101, 103, 105, 118
병렬(Apposition) 127
부사 87
부정(Negation) 131
부정 대명사 85, 146, 152
부정사(Infinitive) 93, 94, 152, 153
부정접사(Negative Particle) 33, 121, 131

북게르만어　7
분사　136
분열(Fracture)　23, 24, 25, 30, 32, 34, 50, 97, 98, 99, 197
불규칙 비교　76
비교급　74, 75, 76, 77, 89, 138
비음　20, 21, 43, 100
비인칭 구문　197
비인칭 동사(Impersonal Verbs)　148, 153

ㅅ

상관관계(Correlation)　127, 198, 203
서게르만어　7, 21, 29, 42, 43, 45, 47, 51, 52, 93
서색슨 방언(West Saxon)　7, 8, 21, 23, 24, 27, 28, 30, 32, 34, 35, 53, 92, 93, 94, 104, 111, 123, 197, 204
소유 대명사　82
소유 형용사　137
수동태(Passive)　90, 146, 152
수사(Numerals)　77
　기수　78, 79
　서수　78, 80, 138
시제(Tenses)　143
실재 동사(Substantive Verbs)　120

ㅇ

알프레드왕　5
앵글로 색슨 연대기(Anglo-Saxon Chronicle)　6
앵글로-프리지안(Anglo-Frisian)　7, 19, 21
앵글리안 방언(Anglian)　8, 24, 26, 27, 28, 31, 33, 35, 38, 53, 92, 93, 104, 105, 114, 121, 197
약변화 동사(Weak Verbs)　90, 106
　제1군 약변화 동사　44, 106, 114
　제2군 약변화 동사　29, 112, 114
　제3군 약변화 동사　113
어간　42, 52
　긴 어간(long stem)　44, 54, 56, 58, 69, 70
　짧은 어간(short stem)　44, 54, 56, 58, 70, 71
어말 모음(Final Vowels)　38
어중 모음(Medial Vowels)　39
어중탈락(Syncope)　29, 31, 37, 39, 53, 55, 56, 63, 71, 76, 93
역철자(Inverted Spelling)　11, 82, 205, 210, 212
원순모음화　21, 33
원순음화　51
원시 게르만어　106, 115
원시 고대영어　25, 26, 36, 38, 44, 55, 58, 75, 97
유성음화(Voicing)　43, 47
유추(작용)　18, 22, 28, 29, 31, 37, 39, 45, 47, 48, 51, 61, 62, 64, 65, 66, 69, 73, 83, 92, 93, 96, 98, 99,

　　　　100, 102, 103, 110, 114, 115
음변화　11, 17, 90, 111
　　독립적인 음변화　17, 18
　　의존적인 음변화　17, 18
음위전환(Metathesis)　24, 50, 98, 211
음절　16, 19, 30, 38, 64, 106
　　개음절(open syllable)　22
　　경음절(light syllable)　38
　　단음절(short syllable)　40
　　장음절(long syllable)　40, 51, 55
　　중음절(heavy syllable)　38
의문 대명사　85
이중모음화　23
이화작용　40, 76, 113
인칭 대명사　81, 83, 92, 93, 140, 141
일치(Concord)　128

ㅈ

자음 소실(Loss)　34, 35, 36, 42, 43,
　　44, 48, 50, 55, 62, 69
자음의 전향화(Fronting)　46
재귀(대명)사(Reflexive)　83, 141
전설 모음변이(Front Mutation)　18,
　　22, 23, 24, 26, 28, 29, 30, 35, 38,
　　39, 40, 46, 57, 60, 61, 64, 75, 87,
　　89, 93, 94, 100, 102, 106, 110,
　　112, 114, 115, 120, 209

전설 이중모음화　30
전치사　142
전향 이중모음화(Front
　　Diphthongization)　25, 99, 100
주요부(principal parts)　91, 96, 98
지시 대명사　83, 129, 135, 140, 141
지시 형용사　137
직설법 현재(Present Indicative)　92

ㅊ

최상급　74, 75, 76, 77, 89, 138
축약(Contraction)　33, 34, 51, 123
축약(Contracted)동사　97, 110

ㅋ

켄트 방언(Kentish)　7, 23, 30, 92,
　　93, 94, 114, 122

ㅎ

현재　90
현재분사　64, 74
형용사의 강변화(Strong Declension)
　　67, 79, 80, 82
형용사의 약변화(Weak Declension)
　　73, 79, 80, 84
후설 모음변이(Back Mutation)　30,
　　34, 37, 82, 114, 116, 197